D'accord! 3

Langue et culture du mon

Testing Program

Printed in the United States of America.

ISBN: 978-1-62680-211-7

2 3 4 5 6 7 8 9 10 BB 18 17 16 15

Table of Contents

UNIT TESTS

EXAMS

LISTENING SCRIPTS

OPTIONAL TEST SECTIONS

ANSWERS

Introduction

Contextualized, communicative, and flexible, the **D'ACCORD! Level 2** Testing Program offers:

- two Quizzes (I and II) for each of the textbook's vocabulary presentations and grammar points.
- two Lesson Tests (I and II) for each of the textbook's 16 lessons.
- two Unit Tests (I and II) for each unit of the textbook's eight units.
- two Exams (I and II) for **Unités préliminaire–3**, **Unités 4–7**, and **Unités préliminaire–7**.
- Scripts for the listening activities, Optional Test Sections, and Answer Keys.

The Quizzes

96 Quizzes, two versions (I and II) for each vocabulary presentation and grammar point, allow you to quickly assess students' grasp of the structures and concepts they are studying. Every Quiz I focuses more on discrete activity formats, whereas every Quiz II focuses more on open-ended formats. Both versions are based on a 20-point scale.

The Lesson and Unit Tests

The Lesson and Unit Tests come in two different versions, **Tests I** and **II**. They offer highly contextualized, comprehensive evaluation, consisting of discrete-answer as well as communicative activities that test language proficiency. The two versions are ideal for purposes of administering makeup tests.

Each Lesson and Unit Test begins with a listening section that focuses on the grammar, vocabulary, and theme of the respective lesson or unit. In order for students to complete this section, you may either read from the script in the Listening Scripts section of the **D'ACCORD! Level 2** Testing Program or play the corresponding Testing Program MP3 file. The accompanying activity focuses on global comprehension and understanding key details while prompting new grammar structures in students' answers.

After the listening section, you will find test activities that check students' knowledge of the corresponding lesson's or unit's active vocabulary and grammar structures. These activities combine communicative tasks with discrete-answer items. Formats include, but are not limited to, art-based activities, personalized questions, sentence completions, and cloze paragraphs.

Each test ends with a writing activity that emphasizes personalized communication and self-expression. Students are asked to generate a brief writing sample using the vocabulary and grammar of the corresponding textbook lesson or unit within a natural, realistic context.

The Lesson Tests are two pages each, and the Unit Tests are four pages each. Both are based on a 100-point scale. The former are designed to take about twenty minutes to complete, the latter about forty minutes. Point values for each test section are provided in parentheses at the end of each activity's direction lines.

The Exams

Each assessment begins with a listening comprehension section, continues with achievement and proficiency-oriented vocabulary and grammar checks, and ends with a personalized writing task. The assessments are cumulative and comprehensive, encompassing the main vocabulary fields, key grammar points, and the principal language functions covered in the corresponding textbook units. The scripts for the listening passages are also located in the Listening Scripts section of the **D'ACCORD! Level 2** Testing Program.

Like the Lesson Tests and Unit Tests (versions I and II), these assessments are based on a 100-point scale; point values for each activity are provided in parentheses at the end of each activity's direction lines. The Exams are six pages each and are designed to take about fifty minutes to complete.

The Optional Test Sections

For instructors who wish to evaluate students in areas that fall outside the scope of the assessments provided, five optional assessment activities targeting different knowledge and skills are provided. Brief activities separately review the **Roman-photo** video (one per lesson), the **Culture** textbook section (one per lesson), the **Panorama** textbook section (one per unit), the **Flash culture** video (one per unit), and **Lecture Supplémentaire** activities (one per lesson).

The optional **Lecture Supplémentaire** selections, presented as various forms of realia such as advertisements, articles, or personal correspondence, are accompanied by a set of questions designed to test students' overall comprehension of the text.

For scoring the optional sections, we suggest assigning a total value of 10 points per optional section administered and adding them to the 100 points that the main assessment is already worth. When you have added a student's total points earned, simply divide that sum by the total number of points possible (110, 120, 130, and so on). Then move the decimal point two places to the right to obtain the student's equivalent score out of 100.

The Testing Program MP3s and RTF word processing files

For your convenience, this Testing Program consists of two additional multimedia ancillaries. The **D'ACCORD! Level 2** Testing Program MP3s provide the recordings for the listening sections of the tests and exams. The scripts for these recordings are provided in this Testing Program. The Testing Program is also available in RTF (Rich Text File) word processing files so that you may tailor the materials to your classes and curriculum. The Testing Program MP3s and RTF word processing files are on the **D'ACCORD! Level 2** Supersite.

Some Suggestions for Use

While the materials reflect the content of the corresponding lessons in the **D'ACCORD! Level 2** student text, you may have emphasized certain vocabulary topics, grammar points, or textbook sections more or less than others. Because of this possibility, it is strongly recommended that you look over each assessment before you administer it to ensure that it reflects the vocabulary, grammar, and language skills you have stressed in your class. Additionally, you should feel free to modify any quiz, test, or exam by adding an optional section or adapting an existing activity so that the testing material meets the guidelines of "testing what you teach."

You can alleviate many students' test anxieties by telling them in advance how many points are assigned to each section and what sorts of activities they will see. You may even provide them with a few sample test items. If, for example, you are administering Quiz I for **Leçon 1A**, you may want to create a few items in the format of the activities in the quiz and show them to students.

When administering the listening sections, it is a good idea to begin by going over the direction lines with students so that they are comfortable with the instructions and the content of what they are going to hear. You might also want to give them a moment to look over any listening-based items they will have to complete and let them know if they will hear the narration or questions once or twice. If you read from the scripts yourself instead of playing the Testing Program MP3s, it is recommended that you read each selection twice at a normal speed, without emphasizing or pausing to isolate specific words or expressions.

Like many instructors, you may also want to evaluate your students' oral communication skills at the end of each semester or school year. For ideas and information, see the Oral Testing Suggestions section in this Testing Program.

We hope you find the **D'ACCORD! Level 2** Testing Program a valuable tool for evaluating your students' progress and saving you precious time. We would like to take this opportunity to acknowledge the contributions of writers Myriam Arcangeli, Séverine Champeny, Julie Cormier, Virginia Dosher, Patricia Ménard, and Jaishree Venkatesan, all of whom worked tirelessly to create this Testing Program.

*The **D'ACCORD! Level 2** authors and the Vista Higher Learning Editorial Staff*

Oral Testing Suggestions

These suggestions for oral tests are offered for every two units to meet your needs; you can decide to administer them two, three, or four times during the year. The suggestions consist of two parts: questions and situations. As often done with proficiency-oriented assessments, the situations are in English in order not to reveal to students the French vocabulary fields and structures they are intended to elicit. The questions, on the other hand, are provided in French to allow you to use them readily without time-consuming advance preparation.

As you begin each oral test, remind students that you are testing their ability to understand and produce acceptable French, so they must give you as complete an answer as possible. It is strongly recommended that you establish a tone in which the test takes on, as much as possible, the ambience of natural communication, rather than that of an interrogation or artificial exchange in which the teacher asks all the questions and students answer them. It is important to start by putting students at ease with small talk in French, using familiar questions such as **Comment ça va?** and commenting on the weather or time of day. During the test, it is also a good idea to give students verbal or gestural feedback about the messages they convey, including reactions, comments, signs of agreement or disagreement, and/or transitions in the form of conversational fillers. Finally, as you end the test, it is recommended that you bring students to closure and put them at ease by asking them simple, personalized questions.

If the oral test revolves around a situation, you can have two students interact or you can play the role of one of the characters. To build students' confidence and comfort levels, you might want to begin the interaction so students have some language to which to react.

Many evaluation tools or rubrics exist for the grading of oral tests. Here is a simplified rubric, which you should feel free to adjust to reflect the type of task that students are asked to perform, the elements that you have stressed in your classes, and your own beliefs about language learning.

Oral Testing Rubric

Fluency	1	2	3	4	5	**24–25**	Excellent (A)
Pronunciation	1	2	3	4	5	**21–23**	Very Good (B)
Vocabulary	1	2	3	4	5	**18–20**	Average (C)
Structure	1	2	3	4	5	**15–17**	Below Average (D)
Comprehensibility	1	2	3	4	5	**Below 15**	Unacceptable (F)

Oral Testing Suggestions for *Unités préliminaire–1*

Questions

- Décris ta maison ou ton appartement.
- Décris la maison ou l'appartement que tu espères avoir un jour.
- Quelles tâches ménagères fais-tu souvent?
- Quelles tâches ménagères faisais-tu quand tu étais plus jeune?
- Comment était ta maison ou ton appartement quand tu étais petit(e)?
- Connaissais-tu déjà un(e) élève de notre classe l'année dernière?
- Quels sont tes plats préférés?
- Sais-tu cuisiner? Quels plats prépares-tu souvent?
- Quels bons restaurants connais-tu?
- Qu'est-ce que tu achètes quand tu fais les courses au supermarché?

Situation

A friend has just prepared a delicious meal for you. Ask him or her to explain the ingredients that went into preparing it.

Oral Testing Suggestions for *Unités 2–3*

Questions

- Décris ta routine quotidienne. Par exemple, à quelle heure te lèves-tu?
- À quelle heure t'es-tu couché(e) hier soir?
- Tombais-tu souvent malade quand tu étais enfant? Quels symptômes avais-tu?
- T'es-tu cassé un bras ou une jambe quand tu étais plus jeune? As-tu eu un accident? Décris-le.
- Que peut-on faire pour être en pleine forme?
- As-tu une voiture? Tes parents ont-ils une voiture? La conduis-tu souvent? Où allez-vous avec votre voiture?
- Pourquoi faut-il des ordinateurs dans toutes les salles de classe au lycée?

Situation

Your grandfather or grandmother just bought his or her first computer and is learning how to use it. He or she asks you a few basic technology questions. After answering them, give your grandmother or grandfather a few words of advice about technology in general. He or she will react to your advice.

Oral Testing Suggestions for *Unités 4–5*

Questions

- Indique comment aller du lycée/de chez toi à ton restaurant préféré.
- Crois-tu que tu réussiras tes examens?
- Que feras-tu dès que tu auras ton diplôme?
- Quel travail auras-tu un jour?
- Si tu avais un million de dollars, que ferais-tu?
- Que ferais-tu si tu étais directeur/directrice du lycée?
- Si tu avais six mois de vacances, où irais-tu?

Situation

A tourist is lost in your town, and you give him or her directions. Since you are so helpful, he or she asks how to get to all the other places on his or her list of things to see and do.

Oral Testing Suggestions for *Unités 6–7*

Questions

- Quel problème écologique t'inquiète le plus?
- Que fais-tu pour protéger l'environnement?
- Que proposes-tu qu'on fasse pour prévenir l'effet de serre?
- Est-il important qu'on puisse sauver la planète? Pourquoi?
- Aimes-tu les arts? Lesquels? Pourquoi?
- Es-tu un(e) artiste? Que fais-tu?
- À quel(s) genre(s) de spectacle assistes-tu?

Situation

You are discussing your future with one of your parents, but you disagree about many different things. Explain your preferences and objections to him or her.

Nom ______________________ Date ______________________

Leçon PA

VOCABULARY QUIZ I

1 **Associez** Match each verb in Column A with the room in Column B associated with that action. Use each room only once. (6 x 1 pt. each = 6 pts.)

A	B
______ 1. dormir	a. le garage
______ 2. déjeuner	b. la salle de séjour
______ 3. garer (*park*) la voiture	c. le jardin
______ 4. admirer les fleurs	d. la cave
______ 5. regarder la télé	e. la chambre
______ 6. conserver le vin	f. la salle à manger
	g. le sous-sol

2 **Ajoutez** Add the word from the list that belongs with each group. (5 x 1 pt. each = 5 pts.)

une affiche	une commode	un lavabo
des rideaux	un fauteuil	un studio

1. une maison, un appartement, ______________________
2. une douche, une baignoire, ______________________
3. un balcon, une porte, ______________________
4. une chaise, un canapé, ______________________
5. un mur, un miroir, ______________________

3 **Complétez** Complete each sentence with the vocabulary word that best fits. (9 x 1 pt. each = 9 pts.)

1. Les voisins sont bizarres et il y a trop de criminalité dans ce ______________________ !
2. Je n'ai pas d'argent pour payer le ______________________ à la propriétaire.
3. Range (*Put away*) tous tes vêtements dans l'______________________.
4. Mon frère va ______________________ à Paris parce que sa fiancée habite là-bas.
5. Où as-tu acheté le beau ______________________ sous la table?
6. Mes cousines habitent dans une ______________________ moderne avec piscine.
7. Quand est-ce que tu vas ______________________ dans ton nouvel appartement?
8. La commode de Véronique a six ______________________.
9. Ma grand-mère est très faible et elle ne peut pas (*cannot*) monter les ______________________.

Nom ______________________ Date ______________________

Quizzes

Leçon PA

VOCABULARY QUIZ II

1 **Les catégories** Write two vocabulary words that fit each category. (6 x 0.5 pt. each = 3 pts.)

Au mur	On met des vêtements dedans (*inside*)	Dans la salle de bains

2 **Une conversation** M. Cambu is looking for a furnished one-bedroom apartment, and he is talking to a potential landlord about the living room and bedroom furniture. Write a conversation consisting of at least four exchanges between them. (5 pts. for vocabulary + 2 pts. for style = 7 pts.)

3 **Ma maison idéale** You have just found the house of your dreams. Write your friend an e-mail describing the number of rooms and their layout. Use prepositions of location. Remember to comment on the neighborhood as well. (7 pts. for vocabulary + 3 pts. for creativity = 10 pts.)

Nom ____________________ Date ____________________

Quizzes

Leçon PA.1

GRAMMAR QUIZ I

The *passé composé* vs. the *imparfait* (Part 1)

1 **Choisissez** Select the correct past tense form to complete each sentence. (6 x 0.5 pt. each = 3 pts.)

1. Nous (déménagions / avons déménagé) plusieurs fois cette année.
2. Les professeurs de l'autre lycée (ont été / étaient) toujours gentils.
3. Mon père (a fait / faisait) du cheval quand il avait cinq ans.
4. J'(avais / ai eu) de mauvaises notes en chimie l'année dernière.
5. Ses filles (ne sont pas nées / ne naissaient pas) dans cet hôpital.
6. (Achetais-tu / As-tu acheté) tes vêtements quand tu étais petit(e)?

2 **Complétez** Complete these sentences with the **passé composé** or the **imparfait.** (7 x 1 pt. each = 7 pts.)

1. Aminata ____________________ (mettre) une belle robe blanche pour aller à son interview.
2. Ton mari et toi ____________________ (avoir) fréquemment envie de partir?
3. Mon oncle ____________________ (prendre) le journal chaque matin à six heures.
4. Tu penses que Fabrice et Denis ____________________ (monter) au deuxième étage pour l'interview?
5. Flora et Laure ____________________ (rentrer) à minuit hier.
6. Baptiste et moi ____________________ (choisir) un bel appartement près de l'aéroport.
7. Il ____________________ (falloir) souvent louer le studio aux touristes.

3 **Mettez au passé** Rewrite each sentence in the **passé composé** or the **imparfait** as appropriate. (5 x 2 pts. each = 10 pts.)

1. Mes parents et moi allons au restaurant deux fois par semaine.

   ____

2. D'habitude, êtes-vous fatigués après un match de football?

   ____

3. Tes grands-parents jouent régulièrement au tennis.

   ____

4. Le concert commence à huit heures.

   ____

5. Elle meurt dans un accident.

   ____

Nom ______________________ Date ______________________

Quizzes

Leçon PA.1

GRAMMAR QUIZ II

The *passé composé* vs. the *imparfait* (Part 1)

1 **Questions personnelles** Answer these questions using complete sentences. (5 x 1 pt. each = 5 pts.)

1. Quel âge avais-tu quand Barack Obama est devenu président?

   ____

2. Qu'est-ce que ta famille et toi avez fait pendant les dernières fêtes de fin d'année?

   ____

3. À quelle heure ton cours de français a-t-il commencé?

   ____

4. Qu'est-ce que tu aimais faire quand tu étais petit(e)?

   ____

5. Où habitaient tes parents quand ils étaient jeunes?

   ____

2 **Imaginez** Complete these sentences using the **passé composé** or the **imparfait.** Be creative. (5 x 1 pt. each = 5 pts.)

1. La semaine dernière, mes parents...

   ____

2. D'habitude, le matin je...

   ____

3. Hier au lycée, mes amis et moi...

   ____

4. Quand j'étais à l'école primaire...

   ____

5. L'année dernière, mon/ma meilleur(e) ami(e) ne/n'...

   ____

3 **Un(e) bon(ne) ami(e)** Write a short paragraph about your first best friend. Say how old you both were, describe him or her, say what you used to do together and how long you stayed best friends, and explain why the friendship ended. (7 pts. for grammar + 3 pts. for creativity = 10 pts.)

____

____

____

____

____

Nom ____________________ Date ____________________

Quizzes

Leçon PA.2

GRAMMAR QUIZ I

The *passé composé* vs. the *imparfait* (Part 2)

1 **Choisissez** Select the appropriate past tense verb to complete each sentence. (4 x 1 pt. each = 4 pts.)

1. Nous ______________ au stade quand Michel ______________.
   a. allons / a appelé b. allions / a appelé c. sommes allés / appelait
2. Quand mon ami ______________, je ______________.
   a. est arrivé / dessinais b. arrivait / ai dessiné c. arrivait / dessinait
3. Nous ______________ du cheval quand sa fille ______________.
   a. faisons / est tombée b. avons fait / tombait c. faisions / est tombée
4. Je/J' ______________ sur la piste de ski quand mon oncle ______________.
   a. arrivais / a téléphoné b. suis arrivé / téléphonais c. arrivais / téléphonait

2 **Une mauvaise expérience** Cédric had a bad experience during his last family vacation. Rewrite every underlined verb in the **passé composé** or the **imparfait.** (12 x 1 pt. each = 12 pts.)

Toute la famille (1) part en vacances. Papa (2) appelle l'hôtel le matin pour réserver une chambre. Nous (3) arrivons à l'hôtel mais on (4) ne trouve pas notre réservation. Papa (5) n'est pas du tout content et mon petit frère (6) commence à pleurer (*cry*). Nous (7) attendons à la réception pendant deux heures et finalement l'hôtelier (8) réussit à trouver une autre chambre. Nous (9) prenons la clé et nous (10) montons l'escalier pour aller au deuxième étage. Nous (11) entrons dans la chambre et… il n'y (12) a pas de lit (*bed*)! Quelle horreur!

1. ______________	5. ______________	9. ______________
2. ______________	6. ______________	10. ______________
3. ______________	7. ______________	11. ______________
4. ______________	8. ______________	12. ______________

3 **Assemblez** Write complete sentences in the past tense using the cues. Pay attention to words that signal which past tense to use. (4 x 1 pt. each = 4 pts.)

1. tout à coup / Mme Dialo / avoir peur
   ____
2. mes cousines / boire / parfois / thé
   ____
3. nous / vivre en Chine / pendant deux ans
   ____
4. vous / être médecin / quand / vous / rencontrer / Clarisse / ?
   ____

Nom ______________________ Date ______________________

Quizzes

Leçon PA.2

GRAMMAR QUIZ II

The *passé composé* vs. the *imparfait* (Part 2)

1 **Imaginez** Complete these sentences using the **passé composé** or the **imparfait** as appropriate. Be creative. (5 x 1 pt. each = 5 pts.)

1. Nous avons acheté un anorak parce que/qu' ______________________.
2. J'ai écrit à mes grands-parents parce que/qu' ______________________.
3. Il était minuit quand ______________________.
4. Ma mère est descendue au sous-sol parce que/qu' ______________________.
5. Mon voisin voyageait en Europe quand ______________________.

2 **Assemblez** Write five complete sentences using elements from every column and adding other words as necessary. (5 x 1 pt. each = 5 pts.)

je/j'	aller à la bibliothèque		prendre un avion
tu	téléphoner à la police		avoir un accident
mes copains et moi	maigrir beaucoup	quand	faire de la gym
mes professeurs	conduire à l'aéroport	parce que	rendre des livres
on	regarder sa montre		tomber dans la salle de bains
mes tantes	dormir à la maison		manger des fruits
ma sœur	avoir douze ans		arriver de Dakar

1. ______________________
2. ______________________
3. ______________________
4. ______________________
5. ______________________

3 **Un jour occupé** Your friend Aïcha is visiting from Tunisia. Write a paragraph in the past tense describing your busy first day together. Write about the places you visited, what you did, and whether you were satisfied with how the day went. Use the **passé composé** and the **imparfait**. (6 pts. for grammar + 4 pts. for vocabulary = 10 pts.)

____

Quizzes

Leçon PB

VOCABULARY QUIZ I

1 **Chassez l'intrus** Select the word that does not belong in each group. (5 x 1 pt. each = 5 pts.)

1. débarrasser la table, faire le ménage, la salle à manger
2. un oreiller, un aspirateur, un lit
3. un sèche-linge, un appareil électrique, la poussière
4. un évier, un lavabo, un tapis
5. un lave-vaisselle, un balai, un frigo

2 **Le ménage** Mme. Sarteau is telling her kids to do various chores around the house. Complete these sentences with the appropriate words. (10 x 1 pt. each = 10 pts.)

1. Mets les vêtements ______________________ dans le lave-linge!
2. N'oublie pas de mettre la glace dans le ______________________ et le beurre dans le ______________________.
3. Mets la belle ______________________ que j'ai achetée sur ton lit!
4. Tu vas faire des toasts? Voilà le ______________________.
5. Toute la famille a déjà dîné. Rémy, tu ______________________ la table?
6. Camille, réchauffe (*reheat*) la soupe dans le ______________________.
7. Le gâteau est tout chaud dans le ______________________. C'est notre dessert ce soir.
8. Prépare le café avec la ______________________!
9. Françoise, fais attention à la sauce sur la ______________________, s'il te plaît!

3 **La suite** Say which rooms these people are in, based on what they are doing. (5 x 1 pt. each = 5 pts.)

1. Maman met la table. Elle est dans ______________________.
2. Marie essuie les verres. Elle est dans ______________________.
3. Papa lave la baignoire. Il est dans ______________________.
4. Janine range ses livres et ses vêtements. Elle est dans ______________________.
5. Agathe passe l'aspirateur sur le canapé. Elle est dans ______________________.

Quizzes

Leçon PB

VOCABULARY QUIZ II

1 **Complétez** Tell what chores you and your family do. Complete these phrases without repeating any chores. (5 x 1 pt. each = 5 pts.)

1. D'habitude, mon père ______.
2. Chez moi, maman ______.
3. Hier, je/j' ______.
4. Je déteste ______.
5. Quand j'avais dix ans, je ______ tous les jours.

2 **Un nouvel appartement** You and your family just moved into a new apartment. Write an e-mail to your best friend telling him or her about all the appliances, linens, and accessories that you purchased for your new home. Be sure to specify colors and whether you got a good deal on anything. (5 pts. for vocabulary + 2 pts. for style = 7 pts.)

3 **Une note à maman** Your mother left you in charge of making sure that you and your siblings finish all the household chores. Leave her a note saying what you and each of your siblings did or did not do. (5 pts. for vocabulary + 3 pts. for grammar = 8 pts.)

Nom ____________ Date ____________

Quizzes

Leçon PB.1

GRAMMAR QUIZ I

The *passé composé* vs. the *imparfait* (Summary)

1 **Mettez au passé** Rewrite these sentences in the **passé composé** or the **imparfait** using the cues provided. (5 x 1 pt. each = 5 pts.)

1. La vieille femme descend au sous-sol. (tout à coup)

   ____

2. Christophe et Danielle montent ces escaliers. (souvent)

   ____

3. Saliou et toi perdez vos calculatrices. (hier soir)

   ____

4. Marianne part pour Dakar. (un jour)

   ____

5. Simon et moi mangeons au restaurant japonais. (parfois)

   ____

2 **Quelle expérience!** Caroline is talking about a discovery that she and her brother Jean-Paul once made. Put the verbs in parentheses in the **passé composé** or the **imparfait**. (5 x 1 pt. each = 5 pts.)

Quand nous (1) ______________ (être) jeunes, mon frère et moi (2) ______________ (aller) souvent à la plage pendant les vacances d'été. Nous (3) ______________ (nager) tranquillement dans la mer. Un jour, Jean-Paul (4) ______________ (trouver) une petite boîte rouge dans le sable (*sand*). Et dans la boîte, il y (5) ______________ (avoir) un trésor (*treasure*) inimaginable!

3 **Assemblez** Write complete sentences in the past tense using the cues provided. Use the **passé composé** and the **imparfait** as needed. (5 x 2 pts. each = 10 pts.)

1. Nadine / faire la lessive / quand / ses copines / arriver

   ____

2. mes parents / dormir / quand / horloge / tomber du mur

   ____

3. nous / balayer la cuisine / quand / Hubert / sortir la poubelle

   ____

4. vous / jouer ensemble / quand / nous / quitter la maison

   ____

5. il / ranger sa chambre / quand / son ami / appeler

   ____

Leçon PB.1

GRAMMAR QUIZ II

The *passé composé* vs. the *imparfait* (Summary)

1 **Des excuses** Martin and his siblings have left their household chores unfinished. He explains to his mother what interrupted each of them. Complete their conversation in a logical manner. (5 x 1 pt. each = 5 pts.)

MAMAN Pourquoi n'as-tu pas passé l'aspirateur?

MARTIN Je ______________________.

MAMAN Et Simone et Valérie n'ont pas balayé la cuisine?

MARTIN Elles ______________________.

MAMAN Regarde toutes ces chemises qui sont toujours dans le lave-linge! Où est Chloé?

MARTIN Elle ______________________.

MAMAN Et la vaisselle?

MARTIN Noah et moi ______________________.

MAMAN Et je suppose que Benjamin n'a pas rangé sa chambre?

MARTIN Il ______________________.

MAMAN Rien que des excuses!

2 **Assemblez** Use elements from each column to write four sentences in the **passé composé** or the **imparfait**. Add words as necessary. (4 x 1 pt. each = 4 pts.)

parfois	je	faire la lessive
souvent	tu	rentrer à la maison
une, deux fois...	mon père	rencontrer...
l'année dernière	mon/ma meilleur(e)	parler à...
tous les jours	ami(e) et moi	tomber
soudain	mes grands-parents	aller...

1. ______________________
2. ______________________
3. ______________________
4. ______________________

3 **Une réunion familiale** You attended a large family gathering last weekend. What was everyone wearing? What did you eat and drink? What did everyone do around the house before and after the party? Did anything exciting occur? (7 pts. for grammar + 4 pts. for creativity = 11 pts.)

____

____

____

____

Nom ______________________ Date ______________________

Leçon PB.2

GRAMMAR QUIZ I

The verbs *savoir* and *connaître*

1 **Quel verbe?** Complete each sentence with the appropriate form of **savoir** or **connaître**. (5 x 1 pt. each = 5 pts.)

1. Quand il vivait en Louisiane, il ______________ beaucoup de clubs de jazz.
2. Vous ne ______________ pas comment aller au musée?
3. Ils ______________ les résultats (*results*) jeudi dernier.
4. ______________-elle où envoyer les lettres?
5. Mon oncle ne ______________ pas quoi dire quand Cécile a raconté ses problèmes.

2 **Complétez** Complete each conversation with the present or past tense of **savoir** or **connaître**. (10 x 1 pt. each = 10 pts.)

1. — Est-ce que tu ______________ la sœur de Marco?
   — Non, mais je/j' ______________ ses parents l'année dernière à Rome.
2. — Tu ______________ faire de la planche à voile?
   — Oui, mais malheureusement, je ne ______________ pas de bonnes plages près d'ici.
3. — ______________-ils parler espagnol?
   — Oui, ils ______________ beaucoup d'élèves mexicains.
4. — Ton amie ne ______________ pas qu'il y avait une fête?
   — Non, elle le/l' ______________ seulement ce matin et elle a été très vexée (*upset*)!
5. — Ton frère ______________-il cette fille?
   — Non, mais il ______________ son numéro de téléphone!

3 **Répondez** Answer the questions using the cues provided and **savoir** or **connaître**. (5 x 1 pt. each = 5 pts.)

1. Thomas connaît-il les enfants de Stéphanie? (hier)

   ____

2. Pourquoi prenez vous le bus? (ne pas savoir conduire)

   ____

3. Tu n'as pas dit bonjour à la sœur de Maurice hier? (ne pas reconnaître)

   ____

4. Où est-ce que Léo et Claudine vont dîner? (connaître un bon restaurant québécois)

   ____

5. Léa et toi allez préparer quelque chose à manger? (ne pas savoir faire la cuisine)

   ____

Nom ______________________ Date ______________________

Quizzes

Leçon PB.2

GRAMMAR QUIZ II

The verbs *savoir* and *connaître*

1 **Questions personnelles** Answer these questions using **savoir** or **connaître.** (5 x 1 pt. each = 5 pts.)

1. Qui dans ta famille sait parler une langue étrangère?
2. Est-ce que tes parents connaissent des chansons françaises?
3. Connais-tu bien la ville où tu habites?
4. Est-ce que tes parents savent jouer d'un instrument? De quel instrument?
5. Tes amis et toi, connaissez-vous de bons restaurants dans votre quartier?

2 **Parce que...** Write a logical explanation for each statement. Use **savoir** or **connaître** in each response. (4 x 2 pts. each = 8 pts.)

1. Mon ami dîne toujours au restaurant.
2. Les enfants n'aiment pas aller à la plage.
3. Damien n'a pas parlé à la nouvelle étudiante.
4. Rosalie va rendre visite à ses cousines en France et elle est très nerveuse.

3 **Mon correspondant** Write an e-mail to your Senegalese friend Amadou to find out what sports or activities he knows how to do and and how familiar he is with North American culture (food, movies, actors, singers, etc.). Tell him what you know about francophone culture. Use **savoir** and **connaître** in your e-mail. (4 pts. for grammar + 3 pts. for style = 7 pts.)

Nom ______________________ Date ______________________

Leçon 1A

VOCABULARY QUIZ I

1 **Associez** Match each item from Column A with an item from Column B. (5 x 1 pt. each = 5 pts.)

A	B
_____ 1. un lieu	a. le bœuf
_____ 2. un repas	b. la poire
_____ 3. un légume	c. l'escargot
_____ 4. un fruit	d. le thon
_____ 5. une viande	e. le déjeuner
	f. le champignon
	g. le supermarché

2 **Choisissez** Choose the most logical word to complete each sentence. (5 x 1 pt. each = 5 pts.)

1. Pour faire une salade de fruits, j'ai besoin de ______________________ (bœufs / fraises / escargots).
2. Anita est végétarienne. Alors, elle n'achète pas de ______________________ (repas / poivrons verts / viande).
3. Au petit-déjeuner, je prends toujours ______________________ (des haricots / du thon / de la confiture).
4. Mes sœurs adorent les légumes, surtout ______________________ (les pêches / les poivrons rouges / le poulet).
5. Je vais sortir avec mon petit ami aujourd'hui. Alors, je ne vais pas manger ______________________ (de carottes / d'ail / de tomates)!

3 **Complétez** Complete these statements logically. (10 x 1 pt. each = 10 pts.)

1. D'habitude, on fait des frites avec des ______________________.
2. Si tu n'aimes pas les ______________________, ne va pas au restaurant italien!
3. Vers quatre heures de l'après-midi, Sébastien prend un fruit ou un pain au chocolat pour le ______________________.
4. Vous êtes allergique au lait? Ne prenez pas de ______________________ alors!
5. Ma sœur aînée ne sait pas du tout ______________________! C'est papa qui prépare les repas.
6. Les carottes, les petits pois et les champignons sont des ______________________.
7. Il faut des ______________________ pour faire une omelette.
8. Comme dessert, je vais préparer une ______________________ aux pommes.
9. En Chine, on mange beaucoup de ______________________.
10. Je ne pleure (*crying*) pas, je coupe (*cutting*) des ______________________!

Nom ______________________ Date ______________________

Quizzes

Leçon 1A

VOCABULARY QUIZ II

1 **Les ingrédients** Name three ingredients you might use in each of these dishes. (4 x 1.5 pts. each = 6 pts.)

1. une tarte aux fruits ______________________
2. une omelette ______________________
3. une soupe ______________________
4. un sandwich ______________________

2 **Répondez** Answer these questions with complete sentences. (5 x 1 pt. each = 5 pts.)

1. Qui cuisine bien dans ta famille?
____
2. Est-ce que tes amis et toi prenez souvent un goûter après l'école?
____
3. Qu'est-ce que tu aimes comme viande?
____
4. Qu'est-ce que tu as mangé hier soir?
____
5. Quels légumes est-ce que tu détestes?
____

3 **Le menu** You are in charge of planning the meals at home for tomorrow. Fill in three items you want to serve at each meal. Do not repeat any items. (3 x 3 pts. each = 9 pts.)

Au petit-déjeuner	Au déjeuner	Au dîner

Nom ____________________ Date ____________________

Leçon 1A.1

GRAMMAR QUIZ I

The verb *venir* and the *passé récent*

1 **Choisissez** Complete each sentence with a word from the list. (6 x 1 pt. each = 6 pts.)

depuis	venu
devenu	venues
il y a	viens
pendant	vient

1. Mes parents ont habité en France ____________ douze ans.
2. Tu connais Laurent? Il est ____________ médecin.
3. Nous sommes ____________ chez vous la semaine dernière.
4. M. Colmar parle au téléphone ____________ son retour chez lui.
5. Perrine ____________ d'arriver de Berlin, n'est-ce pas?
6. J'ai essuyé les fenêtres ____________ trois heures cet après-midi.

2 **Complétez** Write the correct forms of the verbs in parentheses. (6 x 1 pt. each = 6 pts.)

1. Nous ____________ (venir) toujours quand tu nous invites.
2. Sandrine ____________ (revenir) hier soir avec son copain Jean-Luc.
3. Renée et Charles ont déménagé mais leur voisine ____________ (ne pas retenir) leur adresse.
4. Quand j'étais enfant, M. et Mme Martin ____________ (venir) souvent nous rendre visite.
5. Claire et sa sœur ____________ (devenir) célèbres l'année dernière.
6. L'accusé ____________ (maintenir) qu'il est innocent.

3 **Ça vient d'arriver!** Answer each question affirmatively by saying that it just happened. (4 x 2 pts. each = 8 pts.)

Modèle

Est-ce que j'ai pris de l'aspirine?
Oui, tu viens de prendre de l'aspirine!

1. Est-ce que tu as fini tes devoirs?

____

2. Est-ce que Mme Beringer est morte?

____

3. Jean et toi, vous avez déjeuné?

____

4. Ont-elles mis le poulet dans le four?

____

Quizzes

Leçon 1A.1

GRAMMAR QUIZ II

The verb *venir* and the *passé récent*

1 **La routine** It is Sunday and everyone in your family is following their usual routines. Write a complete sentence about an activity that someone has just done at each of these times. (4 x 1 pt. each = 4 pts.)

1. 8h30 du matin: _______________
2. midi: _______________
3. 7h30 du soir: _______________
4. 11h00 du soir: _______________

2 **Complétez** Complete these phrases logically using the **passé récent.** (6 x 1 pt. each = 6 pts.)

1. Je n'ai pas faim parce que/qu'…
____
2. Nous n'avons pas besoin d'aller au supermarché parce que/qu'…
____
3. Mon père n'a pas envie de sortir parce que/qu'…
____
4. Mes amis sont fatigués parce que/qu'…
____
5. Le professeur n'est pas heureux parce que/qu'…
____
6. Mes parents sont inquiets parce que/qu'…
____

3 **Questions personnelles** Answer these questions using the expressions **pendant, depuis,** or **il y a.** (5 x 2 pts. each = 10 pts.)

1. Qu'est-ce que tu as fait hier?
____
2. Tes amis et toi, depuis quand est-ce que vous étudiez dans ce lycée?
____
3. Est-ce que tu as vu un film étranger récemment (*recently*)?
____
4. Quand est-ce que tu as parlé à tes grands-parents?
____
5. Quand est-ce que tu étais à la bibliothèque?
____

Nom ______________________ Date ______________________

Quizzes

Leçon 1A.2

GRAMMAR QUIZ I

The verbs *devoir, vouloir, pouvoir*

1

Complétez Fill in each blank with the correct form of the verb in parentheses. (10 x 1 pt. each = 10 pts.)

1. Qu'est-ce que je ______________________ (devoir) faire pour avoir de bonnes notes?
2. Maryse et Cléo ______________________ (vouloir) vraiment maigrir.
3. Papa ______________________ (devoir) oublier ses clés à la maison hier.
4. Qu'est-ce que cette expression ______________________ (vouloir) dire?
5. Est-ce que tu ______________________ (pouvoir) faire les courses ce matin?
6. Quand nous étions jeunes, nous ______________________ (devoir) mettre la table tous les soirs.
7. Vous ______________________ (pouvoir) tout finir le week-end dernier?
8. (vouloir) ______________________ -vous acheter une tarte aux fraises?
9. Les enfants ______________________ (devoir) manger leurs légumes.
10. Hier au dîner, Zoé ______________________ (ne pas vouloir) prendre de dessert.

2

Une surprise-partie! Malik is organizing a surprise birthday party for his sister. Write complete sentences to tell how each person is helping out. Make all the necessary changes. (5 x 1 pt. each = 5 pts.)

1. Benoît et toi, vous / devoir / choisir / musique
____
2. Samir et Farida / pouvoir / acheter / boissons
____
3. Alisha et moi, nous / vouloir / préparer / deux / gâteau
____
4. je / devoir / laver / tapis
____
5. tu / vouloir / aller / supermarché
____

3

Le week-end Complete Amadou and Djeneba's conversation logically using the correct forms of **pouvoir, devoir,** or **vouloir.** (5 x 1 pt. each = 5 pts.)

DJENEBA: Dis Amadou, qu'est-ce que tu (1) ______________________ faire ce samedi?

AMADOU: Je (2) ______________________ vraiment aller voir (*see*) le nouveau film français mais je ne (3) ______________________ pas parce que mon frère et moi (4) ______________________ faire les courses et aider maman à cuisiner. Mes grands-parents viennent dîner alors on (5) ______________________ aussi balayer toute la maison!

DJENEBA: Dommage (*Too bad*)!

Quizzes

Nom ______________________ Date ______________________

Leçon 1A.2

GRAMMAR QUIZ II

The verbs *devoir, vouloir, pouvoir*

1

Assemblez Write five complete sentences using a word from each column. (5 x 1 pt. each = 5 pts.)

je/j'	(ne pas) devoir	aller
mon ami(e)	(ne pas) pouvoir	avoir
mes camarades de classe	(ne pas) vouloir	cuisiner
le professeur		être
mes copains/copines et moi		étudier
on		expliquer
		faire
		venir

1. ______________________
2. ______________________
3. ______________________
4. ______________________
5. ______________________

2

Complétez Write a creative ending for each statement using the verb **devoir, vouloir,** or **pouvoir.** (5 x 2 pts. each = 10 pts.)

1. Je peux sortir avec des copains mais… ______________________
2. Mon père a dû rentrer tôt hier parce que/qu'… ______________________
3. Mes grands-parents veulent voyager mais… ______________________
4. Mon ami ne peut pas échouer au cours parce que/qu'… ______________________
5. Mes amis voulaient venir chez moi mais… ______________________

3

Mon journal You are having a bad weekend and feeling blue. Write a short journal entry telling about something you want to do but cannot because you have to do something else. Use the verbs **devoir, vouloir,** and **pouvoir.** (3 pts. for grammar + 2 pts. for creativity = 5 pts.)

____

____

____

____

____

____

____

____

Nom ______________________ Date ______________________

Leçon 1B

VOCABULARY QUIZ I

1 **Au resto** Put these statements in chronological order by numbering them. (7 x 1 pt. each = 7 pts.)

_______ a. Le serveur apporte le plat principal.

_______ b. M. et Mme Latimer regardent la carte.

_______ c. Mme Latimer choisit une entrée.

_______ d. M. et Mme Latimer vont au restaurant.

_______ e. M. Latimer commande le plat principal.

_______ f. M. Latimer demande l'addition.

_______ g. Le serveur prépare la table.

2 **Trouvez le bon mot** Replace the underlined item in each statement with a logical term. (8 x 1 pt. each = 8 pts.)

1. Je mange ma soupe avec une tranche. ______________________
2. On couvre (*cover*) la table avec une serviette. ______________________
3. Nous mangeons nos céréales dans une carafe. ______________________
4. Mon père met du yaourt dans son café. ______________________
5. On vend des saucisses à la boulangerie. ______________________
6. Au restaurant, on commande d'abord un dessert. ______________________
7. On peut acheter des gâteaux à la boucherie. ______________________
8. Vous regardez l'assiette avant (*before*) de commander dans un restaurant.
   ____

3 **Répondez** Answer these questions. (5 x 1 pt. each = 5 pts.)

1. Qu'est-ce qu'on utilise pour manger un steak?
   ____
2. Où est-ce qu'on peut acheter des fruits de mer?
   ____
3. Qu'est-ce qu'on ajoute (*add*) souvent à la nourriture?
   ____
4. Où est-ce qu'on vend du bœuf?
   ____
5. Quand est-ce qu'on fait attention à ce qu'on mange?
   ____

Quizzes

Leçon 1B

VOCABULARY QUIZ II

1 **Questions personnelles** Answer the questions. (5 x 1 pt. each = 5 pts.)

1. D'habitude, qu'est-ce que tu commandes comme plat principal au restaurant?
2. Est-ce que tu connais quelqu'un qui est souvent au régime? Qu'est-ce qu'il/elle mange?
3. Où est-ce que tes parents aiment faire les courses?
4. Comment est-ce que tu mets la table?
5. Qu'est-ce que tu préfères comme dessert?

2 **Je cuisine!** You are planning a big dinner and expecting to cook a lot. Write a note to your sister asking her to go to four specialty stores to pick up different items for you. (4 pts. for vocabulary + 2 pts. for grammar = 6 pts.)

3 **Une critique** You are a restaurant critic. Write a review of a restaurant of your choice. Comment on the food and service and your overall experience. (5 pts. for vocabulary + 4 pts. for creativity = 9 pts.)

Nom ______________________ Date ______________________

Leçon 1B.1

GRAMMAR QUIZ I

Comparatives and superlatives of adjectives and adverbs

1 **On exagère!** Your friend always exaggerates! Write what he would say using the cues. (4 x 1 pt. each = 4 pts.)

Modèle

pêche / + délicieux

C'est la pêche la plus délicieuse du monde!

1. examen / + difficile ______________________
2. chanteuse / + bon ______________________
3. livres / – intéressant ______________________
4. filles / + beau ______________________

2 **Comparez** Write complete sentences to compare the two items. Make all the necessary changes. (5 x 2 pts. each = 10 pts.)

1. les poires / être / + bon / les pommes

   ____
2. Béatrice / = intelligent / Romain

   ____
3. nous / nager / + bien / vous

   ____
4. la soupe / être / + mauvais / la salade

   ____
5. Éva / expliquer / = patiemment / Laurence

   ____

3 **Répondez** Answer these questions using the comparative or the superlative as indicated. (3 x 2 pts. each = 6 pts.)

1. Les étudiants parlent-ils mieux français que le professeur? (– bien)

   Non, ______________________.
2. Est-ce que ton ami joue bien au tennis? (+ bien / moi)

   Il ______________________.
3. Qu'est-ce que tu penses de ton cours de mathématiques? (= facile / cours de chimie)

   Il est ______________________.

Nom ____________________ Date ____________________

Quizzes

Leçon 1B.1

GRAMMAR QUIZ II

Comparatives and superlatives of adjectives and adverbs

1 **Répondez** Answer these questions. (4 x 1 pt. each = 4 pts.)

1. Quel est le meilleur livre que tu as lu?

   ____

2. Quel cours est-ce que tes amis et toi trouvez le moins difficile?

   ____

3. À ton avis (*opinion*), quelle est la plus belle langue du monde?

   ____

4. Est-ce que tu es aussi sportif/sportive que ton/ta meilleur(e) ami(e)?

   ____

2 **Mon entourage** Compare these people. Use a different adjective each time. (4 x 2 pts. each = 8 pts.)

1. mon grand-père / ma grand-mère

   ____

2. mes copains/copines / mes voisin(e)s

   ____

3. mes cousins / moi

   ____

4. mon père / ma mère

   ____

3 **Viens vivre ici!** Your friend is trying to decide whether to move to your town. Write him or her an e-mail describing five things about your town that make it the best place to live in the world. Use the superlative. (5 pts. for grammar and vocabulary + 3 pts. for style = 8 pts.)

____

____

____

____

____

____

____

____

____

Nom ______________________ Date ______________________

Quizzes

Leçon 1B.2

GRAMMAR QUIZ I

Double object pronouns

1 **Choisissez** Choose the correct combinations of object pronouns to replace the underlined words. (5 x 1 pt. each = 5 pts.)

1. J'ai acheté ces fleurs à Sylvie.
   a. te les   b. les lui   c. la lui
2. Le professeur donne les examens aux élèves.
   a. le leur   b. les lui   c. les leur
3. Nous n'avons pas envoyé l'invitation à mes grands-parents.
   a. la leur   b. les leur   c. vous l'
4. Tu m'as apporté cette tarte?
   a. me le   b. la lui   c. me l'
5. Mes parents vont offrir l'horloge à ma sœur.
   a. le lui   b. la lui   c. te la

2 **Remplacez** Rewrite these sentences using double object pronouns. (5 x 2 pts. each = 10 pts.)

1. Natalie a donné les pommes à M. Mercier.
   ____
2. Pose-moi tes questions.
   ____
3. Mes cousins m'ont prêté la voiture.
   ____
4. Nous allons montrer les tableaux au professeur.
   ____
5. Je veux lire les poèmes à mes amis.
   ____

3 **Faites-le!** Give affirmative or negative commands using double object pronouns. (5 x 1 pt. each = 5 pts.)

1. Dis la réponse à Paul! ______________________
2. Ne donnez pas vos livres à vos cousins! ______________________
3. Rendez-moi mes notes de français! ______________________
4. Vendons les lampes à notre voisin! ______________________
5. Ne nous explique pas le problème! ______________________

Nom ______________________ Date ______________________

Quizzes

Leçon 1B.2

GRAMMAR QUIZ II

Double object pronouns

1 **Répondez** Answer these questions using double object pronouns. (4 x 1 pt. each = 4 pts.)

1. Qui t'a acheté ton premier ordinateur?
   ____
2. Qui te rangeait ta chambre quand tu étais petit(e)?
   ____
3. Qui va vous préparer le dîner ce soir?
   ____
4. Qui explique la leçon aux élèves?
   ____

2 **Quelle est la question?** Write the questions that elicited these answers. (5 x 2 pts. each = 10 pts.)

1. ______________________
   Oui, il me l'a montré.
2. ______________________
   Non, nous ne les leur donnons pas.
3. ______________________
   Oui, elles me l'ont achetée hier.
4. ______________________
   Patrick va le lui envoyer.
5. ______________________
   Tu ne nous les as pas prises.

3 **Une note** You are a parent leaving your children with a baby-sitter for the evening. Write a short note for your baby-sitter with instructions on what to do and not do. Use as many double object pronouns as possible. (3 pts. for grammar + 3 pts. for style and creativity = 6 pts.)

____

Nom ______________________ Date ______________________

Leçon 2A

VOCABULARY QUIZ I

1 **Choisissez** In each group, choose the activity that you would do first. (6 x 1 pt. each = 6 pts.)

______	1. a. se sécher	b. se coiffer	c. prendre une douche
______	2. a. se brosser les dents	b. se réveiller	c. se coiffer
______	3. a. s'habiller	b. se lever	c. se coiffer
______	4. a. prendre une douche	b. s'habiller	c. se maquiller
______	5. a. se coucher	b. s'endormir	c. se déshabiller
______	6. a. se laver	b. se coiffer	c. se sécher

2 **Associez** Write the body part that you associate with each object. Make sure to include the appropriate definite article. (8 x 1 pt. each = 8 pts.)

1. une écharpe ______________________
2. des pantoufles ______________________
3. des lunettes ______________________
4. un peigne ______________________
5. le maquillage ______________________
6. un dentifrice ______________________
7. une ceinture ______________________
8. un chapeau ______________________

3 **Chez les Lemoine** Madame Lemoine is trying to get her kids ready for school in the morning. Complete this conversation with the most logical words from the list. (6 x 1 pt. each = 6 pts.)

brosser les dents	réveil
s'endormir	savon
s'habiller	sécher
maquillage	serviette de bain
rasoir	toilette

MME LEMOINE Allez vite, les enfants! Il est déjà 7h30.

AUDE Maman, je ne peux pas me (1) ______________ parce qu'il n'y a pas de dentifrice!

MME LEMOINE Mais si, regarde dans l'armoire à pharmacie. Et Simon, tu es prêt?

SIMON Non, je n'ai pas de (2) ______________ pour me sécher et Aurélie n'a pas encore fait sa (3) ______________.

AURÉLIE C'est parce que Simon a pris mon (4) ______________!

MME LEMOINE Ça suffit (*Enough*)! Il faut (5) ______________ vite parce qu'on est en retard.

AUDE Mais maman… Gilles est toujours (*still*) dans son lit. Je pense qu'il n'a pas entendu son (6) ______________.

MME LEMOINE Quel désastre!

Nom ______________________ Date ______________________

Leçon 2A

VOCABULARY QUIZ II

1 **Quel objet?** Write six sentences to say what each person needs and for what. (6 x 0.5 pt. each = 3 pts.)

se brosser les cheveux	se laver	prendre une douche
se brosser les dents	se maquiller	se raser

Modèle

se réveiller
Sayeed: *Il a besoin d'un réveil pour se réveiller.*

1. Mme Tournier: ______________________
2. Jean-Paul: ______________________
3. Mon père: ______________________
4. Karim et Malik: ______________________
5. Mes sœurs: ______________________
6. Raphaël: ______________________

2 **À la résidence universitaire** It is 8:00 A.M. and students at the college dorm are going about their morning routine. Write complete sentences using reflexive verbs to say what each student is *going to do*. (5 x 1 pt. each = 5 pts.)

1. Anaïs ______________________
2. Hugo et Alex ______________________
3. Je/J' ______________________
4. Lili et toi ______________________
5. Kevin ______________________

3 **C'était bizarre!** You and a friend were returning home last night when you saw two extraterrestrials (**extraterrestres**). Write a detailed physical description of the two aliens and mention anything strange that they did. (6 pts. for vocabulary + 3 pts. for grammar + 3 pts. for creativity = 12 pts.)

____
____
____
____
____
____
____
____

Nom ______________________ Date ______________________

Leçon 2A.1

GRAMMAR QUIZ I

Reflexive verbs

1 **Que fait-on?** Say what these people are doing based on the objects around them. Use reflexive verbs. (5 x 1 pt. each = 5 pts.)

1. une brosse à cheveux: Nous ______________________
2. une serviette de bain: Je ______________________
3. une chemise, un jean: Patrick ______________________
4. un shampooing: Vous ______________________
5. un dentifrice: Marina et Géraldine ______________________

2 **Faites des phrases** Write complete sentences using the cues provided. (5 x 1 pt. each = 5 pts.)

1. vous / se sécher / cheveux / serviette de bain
____
2. ma mère / ne pas se maquiller / tous les matins
____
3. nous / s'habiller / après / petit-déjeuner
____
4. tu / se réveiller / tard / dimanche matin
____
5. tout le monde / s'endormir / dans / salon
____

3 **Une interview** Your friend is asking you about your family's routine. Based on the answers, write her questions using inversion. (5 x 2 pts. each = 10 pts.)

1. ______________________
Mes parents se réveillent à 6h00 et moi à 7h30.
2. ______________________
Non, je ne me lave pas les cheveux tous les jours.
3. ______________________
Mes sœurs s'habillent pendant une heure.
4. ______________________
Non, mon père ne s'endort pas vite.
5. ______________________
Le week-end, mon frère se lève à midi.

Nom ______________________ Date ______________________

Quizzes

Leçon 2A.1

GRAMMAR QUIZ II

Reflexive verbs

1 **Une interview** Imagine that you are interviewing your favorite celebrity. Write five questions that you will ask about his or her family's daily routine. (5 x 1 pt. each = 5 pts.)

____

____

____

____

____

2 **Ma routine** What is your typical morning routine? Complete these statements. (5 x 1 pt. each = 5 pts.)

1. Pendant la semaine, d'abord... ______________________
2. Ensuite, ... ______________________
3. Après, ... ______________________
4. Finalement, ... ______________________
5. Le week-end, ______________________

3 **Deux usages** For each verb in the list, write two sentences: one using the verb reflexively and the other using the verb non-reflexively. Use a different subject for each verb in the list. (5 x 2 pts. each = 10 pts.)

(se) brosser
(se) laver
(se) lever
(se) réveiller
(se) sécher

Modèle

(s')habiller

Je m'habille très vite. J'habille les enfants après le petit-déjeuner.

1. ______________________
2. ______________________
3. ______________________
4. ______________________
5. ______________________

Nom ______________________ Date ______________________

Quizzes

Leçon 2A.2

GRAMMAR QUIZ I

Reflexives: *Sens idiomatique*

1 **Complétez** Write the correct forms of these reflexive verbs. (10 x 1 pt. each = 10 pts.)

1. Vous ne ______________ (se souvenir) pas de ce film?
2. Clara et Jenna ______________ (s'énerver) quand Philippe vient.
3. Le prof ______________ (s'asseoir) sur le banc au parc.
4. On doit ______________ (se préparer) pour la fête.
5. Nous ne ______________ (se mettre) pas en colère contre les élèves.
6. Denise ______________ (se promener) très tôt le matin.
7. Je ______________ (s'ennuyer) beaucoup si je reste à la maison.
8. Tu vas ______________ (s'amuser) en Australie.
9. Ils ______________ (se souvenir) que tu es coiffeuse.
10. Ses parents ______________ (s'inquiéter) pour lui.

2 **Salut!** Anne is writing from France to her friend Aïcha. Complete her e-mail logically with the appropriate reflexive verbs from the list. (6 x 1 pt. each = 6 pts.)

s'appeler	se disputer	s'entendre	se promener
s'arrêter	s'ennuyer	s'intéresser	se trouver

De: ______________
À: ______________
Objet: ______________

Chère Aïcha,

C'est super ici! Nice est une jolie ville et je (1) ______________ bien avec mes cousins. Ils (2) ______________ Guy et Laurent. Guy et moi, nous (3) ______________ beaucoup à l'art, alors aujourd'hui, on va visiter le musée d'art moderne qui (4) ______________ au centre-ville. Et toi? J'espère que tu ne (5) ______________ pas sans moi! Allez, je (6) ______________ ici et je te téléphone samedi matin.

Bises,
Anne

3 **Que dites-vous?** What would you say in these situations? Write commands using the reflexive verbs in parentheses. (4 x 1 pt. each = 4 pts.)

1. Ton professeur arrive chez toi. (s'asseoir)

   ______________________________, s'il vous plaît.
2. Ta mère s'énerve parce qu'il est tard et ta sœur n'est pas encore rentrée. (s'inquiéter)

   ______________________________!
3. Ton ami a étudié toute la nuit et il est fatigué. (se reposer)

   ______________________________!
4. Ton frère et toi, vous faites une randonnée depuis six heures. (s'arrêter)

   ______________________________!

Leçon 2A.2

GRAMMAR QUIZ II

Reflexives: *Sens idiomatique*

1 **Répondez** Answer these questions. (5 x 1 pt. each = 5 pts.)

1. Tu t'intéresses à quoi?
2. Est-ce que tes parents s'énervent souvent contre toi?
3. Avec qui est-ce que tu te disputes beaucoup? Pourquoi?
4. Tes amis et toi, vous vous amusez bien le week-end?
5. Quand est-ce que tu te mets en colère?

2 **En vacances** Émile and Claudia are on vacation. Write a short story about their trip using at least five reflexive verbs. You can use the verbs in the list or others. (5 pts. for grammar + 2 pts. for style = 7 pts.)

s'amuser	se disputer	s'ennuyer	se tromper
se détendre	s'énerver	s'intéresser à	se trouver

3 **Ça ne va pas?** Your best friend has not been himself or herself lately. You have been arguing a lot and are not getting along. Write him or her an e-mail explaining that you are worried and asking what is wrong. Use at least five reflexive verbs in your message. (5 pts. for grammar + 3 pts. for creativity = 8 pts.)

Nom ______________________ Date ______________________

Leçon 2B

VOCABULARY QUIZ I

1 **La suite logique** Choose the most logical continuation for each statement. (5 x 1 pt. each = 5 pts.)

_____ 1. Il garde la ligne.

_____ 2. Il éternue toujours quand il travaille dans le jardin.

_____ 3. Il a de la fièvre et il a mal partout (*everywhere*).

_____ 4. Il est tombé dans les escaliers. C'est grave.

_____ 5. Il a perdu tout son argent et sa femme l'a quitté.

a. On l'a emmené à la salle des urgences.

b. Il a probablement la grippe.

c. Il évite les frites.

d. Sa femme est infirmière.

e. Il est déprimé.

f. Il n'a pas de symptômes.

g. Il a sûrement des allergies.

2 **Les malades** What are the consequences of these people's actions? Use the expression **avoir mal** in your answers. (5 x 1 pt. each = 5 pts.)

1. Joseph a mangé une pizza, deux hamburgers, des frites et trois éclairs.
   ____
2. Virginie a joué au volley-ball pendant quatre heures.
   ____
3. Je suis allé chez le dentiste.
   ____
4. Nous avons dansé toute la nuit.
   ____
5. Tu tousses beaucoup.
   ____

3 **Leur santé** Complete each sentence with a logical word or expression. (10 x 1 pt. each = 10 pts.)

1. Mme Danton prend bien ses médicaments alors elle ______________ vite.
2. Mon grand-père a eu un accident. On va tout de suite aller à la salle des ______________.
3. Tu es si mince! Que fais-tu pour garder ______________?
4. Si les chats vous font ______________, vous avez une allergie.
5. David va avoir un petit-fils. Sa fille est ______________.
6. Pour être en ______________, on doit manger beaucoup de fruits et de légumes.
7. Vous prenez dix ______________ par jour? C'est trop de médicaments!
8. Je montre au pharmacien ______________ que le médecin m'a donnée.
9. Le médecin peut vous faire une ______________ au bras.
10. L'infirmier me demande mes ______________ avant de faire un diagnostic.

Nom _______________ Date _______________

Leçon 2B

VOCABULARY QUIZ II

1 **Des conseils** What advice would you give these people? Use a different command each time. (5 x 1 pt. each = 5 pts.)

1. Bernard travaille tout le temps et il est fatigué.
   ____
2. Stéphane a mal au dos.
   ____
3. Tes amis et toi, vous n'êtes pas en forme en ce moment.
   ____
4. Ton ami a mal à la tête.
   ____
5. Noémie est enceinte.
   ____

2 **Je vais mal** Your friend Ali invited you to a movie, but you are probably coming down with a cold or with the flu. Write him an e-mail describing your symptoms and how you plan to take care of yourself. (4 pts. for vocabulary + 2 pts. for style = 6 pts.)

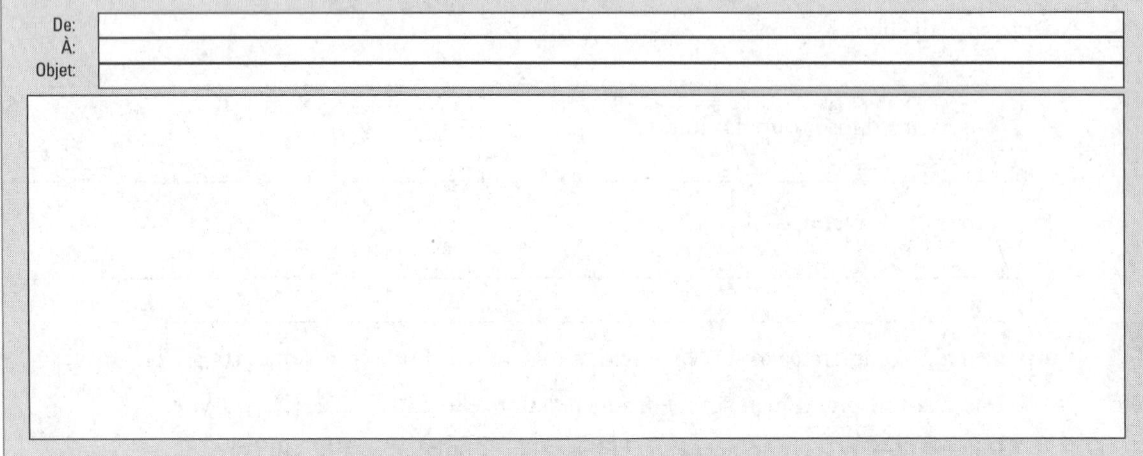

3 **On fait du théâtre** You are writing a screenplay for drama class. The scene must be humorous and take place at a doctor's office. Write the conversation between the doctor and three patients, each of whom is hurting in a different part of the body. Think of funny reasons for their ailments. (5 pts. for vocabulary + 4 pts. for creativity and humor = 9 pts.)

____
____
____
____

Nom ____________________ Date ____________________

Quizzes

Leçon 2B.1

GRAMMAR QUIZ I

The *passé composé* of reflexive verbs

1 **Choisissez** Choose the correct words to complete these statements. (5 x 1 pt. each = 5 pts.)

1. Est-ce que Sophie s'est ______________ tard hier soir?
   a. couché b. coucher c. couchée
2. Les enfants ne se sont pas ______________ les mains avant le dîner.
   a. lavées b. lavés c. lavé
3. La pharmacienne et la patiente se sont ______________.
   a. disputées b. disputé c. disputés
4. Gina, comment t'es-tu ______________ la jambe?
   a. cassée b. cassé c. cassés
5. Mes copines se sont ______________ en regardant la télé.
   a. endormi b. endormis c. endormies

2 **Quelle nuit!** Camille had a rather eventful night yesterday. Complete her narration with the **passé composé** or **imparfait** of one of these verbs. (9 x 1 pt. each = 9 pts.)

se casser	s'endormir	éternuer	guérir	se sentir
se coucher	s'énerver	se fouler	se réveiller	tousser

Hier soir, je (1) ______________ très tôt parce que je ne (2) ______________ pas bien du tout. Je/J' (3) ______________ et je/j' (4) ______________ beaucoup parce que j'avais mal à la gorge. Alors, j'ai pris deux pilules et je (5) ______________. Vers une heure du matin, je (6) ______________ parce que j'ai entendu un bruit. J'ai crié fort et quelqu'un est tombé dans les escaliers. On a allumé (*turned on*) la lumière—et c'était Charlotte, ma sœur aînée! Pauvre Charlotte, elle (7) ______________ le bras et elle (8) ______________ la cheville! Elle (9) ______________ contre moi!

3 **Répondez** Answer these questions using the cues provided. (6 x 1 pt. each = 6 pts.)

1. Qu'est-ce qui est arrivé à Magali? (se blesser)
   ____
2. Tu ne joues pas au tennis aujourd'hui? (se fouler la cheville)
   Non, ______________________________
3. Est-ce que Mohammed et Fatima vont faire du ski? (se casser la jambe)
   Non, ______________________________
4. Est-ce que Philippe et Brigitte sortent toujours ensemble? (se disputer)
   Non, ______________________________
5. Qu'est-ce que ton père a dit quand il a vu tes notes? (se mettre en colère)
   ____
6. Séverine et Rose ont aimé leurs vacances à la plage? (s'amuser bien)
   ____

Nom _______________ Date _______________

Quizzes

Leçon 2B.1

GRAMMAR QUIZ II

The *passé composé* of reflexive verbs

1 **Assemblez** Write five sentences in the **passé composé** using an element from each column. Do not repeat any elements. (5 x 1 pt. each = 5 pts.)

je	se fouler	malades
mes professeurs	se casser	jambe
ma mère	s'énerver contre	tête
mon ami(e) et moi	se disputer avec	médecin
mon grand-père	se souvenir de	élèves
les patient(e)s	s'occuper de	amis
l'infirmier/infirmière		cheville
		enfants

1. _______________
2. _______________
3. _______________
4. _______________
5. _______________

2 **Imaginez** Imagine what might have happened and complete the sentences using reflexive verbs in the **passé composé** or the **imparfait.** (6 x 1 pt. each = 6 pts.)

1. Hier, les invités _______________.
2. Qu'est-il arrivé à Mireille? _______________.
3. Samedi dernier, papa _______________.
4. Ton/Ta meilleur(e) ami(e) _______________?
5. Quand j'étais jeune, _______________.
6. La semaine dernière, mes amis _______________.

3 **Un accident** You are a reporter at the scene of a bus accident. Describe the scene and the passengers' injuries in detail. Use the **passé composé.** (6 pts. for vocabulary and grammar + 3 pts. for style = 9 pts.)

____

____

____

____

____

____

Leçon 2B.2

GRAMMAR QUIZ I

The pronouns *y* and *en*

1 **Répondez** Answer these questions using **y** or **en.** (5 x 1 pt. each = 5 pts.)

1. A-t-elle acheté beaucoup de fleurs? (oui)
 ______
2. Alliez-vous souvent au centre-ville avec M. Hormel? (non)
 ______
3. Le médecin t'a fait une piqûre? (oui)
 ______
4. T'es-tu occupé de la lessive? (non)
 ______
5. S'intéressent-elles à la biologie? (non)
 ______

2 **Remplacez** Rewrite these sentences by replacing the underlined words with the appropriate pronouns. (10 x 1 pt. each = 10 pts.)

1. Nous allons amener <u>nos amis</u> <u>chez vous</u>. ______
2. Envoyez-vous <u>des e-mails</u> <u>aux architectes</u>? ______
3. Tu parles <u>au professeur</u> <u>de ton problème</u>? ______
4. Mon grand-père range <u>les livres</u> <u>sur l'étagère</u>. ______
5. J'ai trouvé <u>les clés</u> <u>à la cantine</u>. ______
6. Vous <u>me</u> donnez <u>des fraises</u>. ______
7. Il préfère lire <u>des histoires</u> <u>aux enfants</u>. ______
8. J'ai mis <u>les légumes</u> <u>sur la table</u>. ______
9. Tu as téléphoné <u>à ta cousine</u> <u>à Berlin</u>? ______
10. Nous ne prêtons <u>pas d'argent</u> <u>à nos voisins</u>. ______

3 **Faites-le!** Give commands using **y** or **en.** (5 x 1 pt. each = 5 pts.)

Modèle

Vous retournez à Montréal? *Retournez-y*!

1. Tu parles de ta douleur? ______
2. Vous pensez à l'examen? ______
3. Tu vas au gymnase? ______
4. Nous cherchons des livres? ______
5. Tu manges des croissants? ______

Nom ______________________ Date ______________________

Quizzes

Leçon 2B.2

GRAMMAR QUIZ II

The pronouns *y* and *en*

1 **Devinez la question** Write a possible question for each answer. (5 x 2 pts. each = 10 pts.)

1. ______________________
Non, mes parents ne vont pas y aller.
2. ______________________
Oui, elle leur en a donné.
3. ______________________
Oui, je les y achète.
4. ______________________
Oui, il y en a.
5. ______________________
Non, nous ne l'y retrouvons pas.

2 **Les définitions** Write a sentence using **y** or **en** to describe something about each of these items. Be creative and use different verbs. (5 x 2 pts. each = 10 pts.)

Modèle

un restaurant: *On y va pour manger.*
des œufs: *On en a besoin pour faire un gâteau.*

1. un gymnase
____
2. des amis
____
3. une épicerie
____
4. des médicaments
____
5. un lycée
____

Nom ____________________ Date ____________________

Quizzes

Leçon 3A

VOCABULARY QUIZ I

1 **Chassez l'intrus** Choose the word that does not belong in each group. (8 x 0.5 pt. each = 4 pts.)

1. a. une chaîne stéréo	b. un lecteur MP3	c. un clavier
2. a. un portable	b. une souris	c. un clavier
3. a. un écran	b. une imprimante	c. un moniteur
4. a. démarrer	b. graver	c. enregistrer
5. a. marcher	b. allumer	c. fonctionner
6. a. un fichier	b. un enregistreur DVR	c. une chaîne de télévision
7. a. un réseau social	b. être connecté avec	c. des écouteurs
8. a. une tablette	b. une chaîne stéréo	c. un smartphone

2 **Complétez** Complete these statements with the most logical word. (10 x 1 pt. each = 10 pts.)

1. N'oublie pas de ______________ ton document souvent pour ne pas tout perdre.
2. La nuit, avant d'aller dormir, papa ______________ toujours le moniteur.
3. Son petit ami est chanteur et il vient d'______________ son premier album.
4. J'adore tes chansons! Tu peux me ______________ un CD?
5. Hier, Guillaume a envoyé huit textos sur mon ______________ !
6. Ton disque compact est dans le ______________.
7. Où est la ______________? Je veux changer de chaîne.
8. Ma mère est en ______________ avec le vendeur.
9. Les enfants jouent à des ______________ toute la journée!
10. Nous allons acheter un ______________ pour faire de belles photos pendant notre voyage.

3 **Ça marche comment?** Your uncle Fred just bought his first computer but understands nothing about it. Answer his questions with complete sentences. (6 x 1 pt. each = 6 pts.)

1. Comment s'appelle la première page d'un site web?
____
2. Si je veux avoir une copie de ce que je vois (*see*) sur l'écran, j'utilise quoi?
____
3. Qu'est-ce que j'utilise pour cliquer sur un site?
____
4. Je dois me souvenir de quoi pour ouvrir (*open*) mon e-mail?
____
5. Est-ce qu'on sauvegarde les fichiers sur le moniteur?
____
6. Qu'est-ce que je dois télécharger pour ouvrir ce document?
____

Nom ____________________ Date ____________________

Quizzes

Leçon 3A

VOCABULARY QUIZ II

1 **Définitions** Write complete sentences defining or describing these devices. (5 x 1 pt. each = 5 pts.)

1. une tablette tactile: ____________________
2. un disque dur: ____________________
3. une imprimante: ____________________
4. un smartphone: ____________________
5. une télécommande: ____________________

2 **Répondez** How tech savvy are you and your friends? Answer these questions about technology in your home. (5 x 1 pt. each = 5 pts.)

1. Est-ce que vous avez déjà effacé un document par erreur? Quand?
2. Avez vous un smartphone? L'utilisez-vous souvent? Pour faire quoi?
3. Quel appareil électronique chez vous est le plus important? Pourquoi?
4. Quel appareil électronique est le moins utile? Pourquoi?
5. Combien d'heures par jour vos amis et vous êtes en ligne?

3 **Je suis cyber content(e)!** Your grandmother has just bought you all kinds of new electronic equipment. Send an e-mail to a friend telling him or her about six new devices and how you are using them. (6 pts. for vocabulary + 4 pts. for creativity = 10 pts.)

Nom ______________________ Date ______________________

Quizzes

Leçon 3A.1

GRAMMAR QUIZ I

Prepositions with the infinitive

1 **En cours d'informatique** Philippe and his friends are in computer class. Fill in the blanks with the preposition à or de. Write an X in the blank if neither is needed. (6 x 0.5 pt. each = 3 pts.)

1. J'ai oublié ______________ prendre mon portable.
2. Tu peux m'aider ______________ télécharger ce logiciel?
3. Est-ce que Bernard a commencé ______________ imprimer le document?
4. On ne doit ______________ pas utiliser son portable en classe.
5. Carmen a raison ______________ ne pas redémarrer l'ordinateur.
6. J'ai appris ______________ graver un CD aujourd'hui.

2 **Choisissez** Complete each sentence with the correct form of a verb from the list. Use each verb only once. (7 x 1 pt. each = 7 pts.)

adorer	espérer
apprendre	éviter
continuer	rêver
décider	savoir

1. Le mois prochain, il va ______________ à skier.
2. Qu'est-ce que tu as ______________ de faire après le lycée?
3. Pourquoi est-ce que Daniel ______________ de rencontrer Stéphanie?
4. Quand il fait beau, nous ______________ faire du vélo.
5. M. Charpentier est fatigué mais il ______________ à travailler.
6. Mes grands-parents ne ______________ pas envoyer un e-mail.
7. Vous ______________ d'avoir une belle maison un jour.

3 **Composez** Write complete sentences using the cues. Add prepositions as needed and make any other necessary changes. (5 x 2 pts. each = 10 pts.)

1. hier / elle / oublier / éteindre / moniteur
____
2. mes tantes / apprendre / surfer sur Internet / la semaine dernière
____
3. nous / s'amuser bien / jouer / jeux vidéo
____
4. mon copain / hésiter / acheter / smartphone
____
5. vous / refuser / acheter une tablette / ?
____

Leçon 3A.1

GRAMMAR QUIZ II

Prepositions with the infinitive

1 **Assemblez** Write five complete sentences using an element from each column. Do not forget to add prepositions as necessary and do not repeat any elements. (5 x 1 pt. each = 5 pts.)

je		détester	faire
mon/ma meilleur(e) ami(e)		décider	sauvegarder
nos professeurs	(ne…pas)	apprendre	graver
ma mère		espérer	acheter
mes camarades de classe		se préparer	télécharger
mes copains et moi		refuser	visiter

1. ______________________
2. ______________________
3. ______________________
4. ______________________
5. ______________________

2 **Une suite logique** Write a logical continuation for each statement using the verb in parentheses with another infinitive. (5 x 1 pt. each = 5 pts.)

1. André est très timide. (hésiter) ______________________
2. Mes cousins français sont vraiment drôles! (s'amuser) ______________________
3. Ma grand-mère est en très bonne santé. (rêver) ______________________
4. Je vais sortir avec mes copains dimanche soir. (vouloir) ______________________
5. Nous avons mal aux jambes. (arrêter) ______________________

3 **Problèmes de technologie** You have been experiencing all kinds of problems with your computer, printer, and monitor. Write a detailed e-mail to customer support and explain what you have tried to do. Use as many of these verbs as you can. (6 pts. for vocabulary + 4 pts. for creativity = 10 pts.)

aider à	devoir	éteindre	finir de	réussir à	venir de
continuer à	essayer de	éviter de	pouvoir	savoir	vouloir

____

____

____

____

____

Nom ______________________ Date ______________________

Leçon 3A.2

GRAMMAR QUIZ I

Reciprocal reflexives

1 **On fait l'accord?** Lucien and Aminata are discussing their mutual friends. Make the past participles agree where necessary and write an X in the blank(s) where there is no agreement. (5 x 1 pt. each = 5 pts.)

1. Anne et Sébastien se sont réconcilié__________.
2. Thérèse et Mia se sont téléphoné__________ jeudi dernier?
3. Gérard et Pauline se sont aidé__________ à finir les devoirs.
4. Salima et Julie se sont retrouvé__________ devant le cinéma.
5. Lucie et Ahmed se sont écrit__________ pendant trois ans.

2 **Complétez** Benjamin is talking about his relationship with Émilie. Complete his narration with the appropriate passé composé forms of the verbs in parentheses. (5 x 1 pt. each = 5 pts.)

Émilie et moi, nous (1) __________ (se parler) pour la première fois à la cantine. Je l'ai trouvée très belle! Nous (2) __________ (se donner) rendez-vous le samedi suivant (*following*) au parc. Après cette journée, nous (3) __________ (se retrouver) tous les soirs. Au début, tout allait bien mais elle était trop jalouse chaque fois que je parlais à une autre fille. Finalement, nous (4) __________ (ne plus se téléphoner) et nous (5) __________ (se quitter).

3 **C'est l'amour!** Tristan and Éléa are in love. Write complete sentences using the passé composé to tell how their relationship evolved over time. (5 x 2 pts. each = 10 pts.)

1. se rencontrer à une fête

   ____

2. se regarder toute la soirée

   ____

3. se donner leurs numéros de téléphone

   ____

4. se retrouver au café tous les samedis

   ____

5. s'embrasser pour la première fois hier

   ____

Leçon 3A.2

GRAMMAR QUIZ II

Reciprocal reflexives

1 **Le journal de mémé** You just found an old letter in which your grandmother wrote about her relationship with an old boyfriend. Write your best friend an e-mail telling him or her their love story. Use at least four reciprocal reflexives. (4 pts. for grammar + 2 pts. for style = 6 pts.)

2 **Questions personnelles** Answer these questions. (4 x 1 pt. each = 4 pts.)

1. En quelle année est-ce que tes parents se sont rencontrés?
2. Tes camarades de classe et toi, vous entendez-vous toujours?
3. Quels membres de ta famille se retrouvent souvent?
4. Est-ce que tu as déjà eu un(e) correspondant(e) (*penpal*)? Vous écriviez-vous souvent?

3 **On a des problèmes** Imagine that you and your best friend are having an argument. Write the conversation between the two of you in which you discuss your problems. (7 pts. for grammar + 3 pts. for creativity = 10 pts.)

Nom ______________________ Date ______________________

Leçon 3B

VOCABULARY QUIZ I

1 **Associez** Match each word or phrase in Column A with a related one in Column B. (6 x 0.5 pt. each = 3 pts.)

A	B
______ 1. tomber en panne	a. une amende
______ 2. les valises	b. le moteur
______ 3. voir (*to see*) la nuit	c. un réservoir d'essence
______ 4. démarrer	d. ne pas fonctionner
______ 5. la limitation de vitesse	e. un parking
______ 6. faire le plein	f. la portière
	g. les phares
	h. le coffre

2 **Choisissez** Choose the best word to complete each sentence. (5 x 1 pt. each = 5 pts.)

1. Je vais t'acheter une voiture quand tu auras (*have*) (une amende / ton permis de conduire).
2. Tu es fatiguée, maman. Passe-moi (le volant / la roue)!
3. On doit (faire le plein / dépasser la limitation de vitesse) avant de partir.
4. Il faut ouvrir (le capot / le voyant d'huile) pour réparer le moteur.
5. Nous sommes en retard parce qu'il y avait trop de (stations-service / circulation) sur la route.

3 **Complétez** Fill in each blank with an appropriate word or phrase. (12 x 1 pt. each = 12 pts.)

1. Il est très important d'avoir de bons ______________ quand il pleut.
2. N'oublie pas de regarder dans le ______________ pour voir ce qui est derrière la voiture.
3. Mon frère n'attache jamais sa ______________!
4. Je vais ______________ dans le parking en face du bureau.
5. Vous ne pouvez pas vous arrêter parce que les ______________ ne fonctionnent pas.
6. Pour changer de vitesse, on utilise l'______________.
7. Il y a une grande ______________ qui passe par les deux villes.
8. Joseph a un ______________ parce qu'il a probablement conduit sur des clous (nails).
9. Le professeur est rentré dans le kiosque et le ______________ de sa voiture a une bosse (dent).
10. Le ______________ m'a demandé mon permis de conduire.
11. Mon voisin m'emmène au lycée parce que ma voiture est tombée ______________.
12. As-tu vérifié la ______________ des pneus à la station-service?

Nom ______________________ Date ______________________

Quizzes

Leçon 3B

VOCABULARY QUIZ II

1 **Faites attention!** You are helping the school driving instructor put together a leaflet with some basic tips for new drivers. Write complete sentences to list five tips for safe driving and good car maintenance. (5 x 1 pt. each = 5 pts.)

1. ______________________
2. ______________________
3. ______________________
4. ______________________
5. ______________________

2 **Répondez** Answer these questions with complete sentences. (5 x 1 pt. each = 5 pts.)

1. Pour quel service tes parents sont-ils allés à la station-service la dernière fois?
   ____
2. Combien de fois par mois font-ils le plein? Combien paient-ils chaque fois?
   ____
3. À quel âge peut-on avoir un permis de conduire?
   ____
4. Connais-tu quelqu'un qui a eu un accident récemment? Que s'est-il passé?
   ____
5. Tes copains et toi, savez-vous changer un pneu crevé?
   ____

3 **Je n'ai pas de chance!** You were fined three times last week for different traffic violations. Write your mother an e-mail explaining what happened, why you got the fines, and how much you have to pay. (6 pts. for vocabulary + 4 pts. for creativity = 10 pts.)

____

Nom ______________________ Date ______________________

Quizzes

Leçon 3B.1

GRAMMAR QUIZ I

The verbs *ouvrir* and *offrir*

1

Complétez Fill in each blank with a verb from the list. Remember to use the right verb form. (10 x 1 pt. each = 10 pts.)

couvrir découvrir offrir ouvrir souffrir

1. Hier, mes parents ______________ mon secret.
2. Je ne vais pas ______________ la fenêtre parce que j'ai froid.
3. Tu ______________ toujours de cette douleur?
4. Pouvez-vous ______________ votre tête, s'il vous plaît?
5. Nous ______________ beaucoup de vieux immeubles chaque fois que nous allons au centre-ville.
6. Vous ______________ les CD à Marion demain?
7. Les étudiants n'______________ pas leurs livres pendant un examen.
8. M. Pistou ______________ son nouveau restaurant à Nantes le mois dernier.
9. Nous ______________ des allergies au printemps.
10. Il va neiger demain. N'oubliez pas de ______________ vos plantes!

2

Répondez Use the phrases from the list to answer these questions in a logical manner. (5 x 2 pts. each = 10 pts.)

couvrir les meubles avant de partir	offrir huit mille dollars
couvrir ses devoirs	ouvrir nos cadeaux
découvrir beaucoup de petits magasins chic	ouvrir le livre
découvrir un million de dollars	souffrir toujours avant un examen

1. Qu'est-ce qui ne va pas avec Rémy?
   Il ____
2. C'est la veille de Noël (*Christmas Eve*)! Qu'est-ce que vous faites demain matin?
   Nous ____
3. Tu aimes le petit village où habite ton oncle?
   Oui, je/j' ____
4. Qu'est-ce que ta mère fait dans la maison?
   Elle ____
5. Combien payez-vous pour la voiture?
   Nous ____

Nom ______________________ Date ______________________

Quizzes

Leçon 3B.1

GRAMMAR QUIZ II

The verbs *ouvrir* and *offrir*

1 **Répondez** Answer these questions with complete sentences. (5 x 1 pt. each = 5 pts.)

1. Qu'est-ce que tes parents t'ont offert pour ton anniversaire?
2. Que fais-tu quand tu souffres d'un mal de tête?
3. Qu'est-ce qui (*What*) couvre les murs de ta chambre?
4. As-tu découvert le secret de quelqu'un? De qui? Quand?
5. D'habitude, à quelle heure ouvrent les magasins dans ta ville?

2 **Inventez** Write creative sentences using the cues. (5 x 1 pt. each = 5 pts.)

1. mes grands-parents / ne pas souffrir
2. mon frère cadet/ma sœur cadette / découvrir
3. mon/ma meilleur(e) ami(e) / offrir
4. je / ouvrir
5. mon voisin / ne pas couvrir

3 **Malade** Your friend Baptiste has not been well. Write him an e-mail to ask about his illness and to tell him what to do. Use at least five of these verbs. (5 pts. for grammar + 3 pts. for vocabulary + 2 pts. for style = 10 pts.)

couvrir	espérer	oublier de	pouvoir
devoir	éviter de	ouvrir	souffrir

Nom ____________________ Date ____________________

Quizzes

Leçon 3B.2

GRAMMAR QUIZ I

Le conditionnel

1 **Complétez** Fill in the blanks with the conditional of the verbs in parentheses. (10 x 1 pt. each = 10 pts.)

1. Je t'__________ (attendre) devant la bibliothèque.
2. (Devoir) __________-tu emmener Danielle au stade?
3. Ma meilleure amie et moi, nous __________ (faire) du sport le soir.
4. Avec sept cours, vous __________ (avoir) trop de devoirs!
5. Michel et Sally __________ (envoyer) les paquets à leurs cousins.
6. Normalement, tu __________ (recevoir) les livres dans deux jours.
7. Le mécanicien a dit qu'il __________ (falloir) vérifier l'huile.
8. Solange et moi, nous __________ (aller) à la plage tous les matins.
9. Nos amis __________ (venir) nous rendre visite à Bordeaux pendant l'été.
10. Ne t'inquiète pas! Ton fils __________ (savoir) quoi faire.

2 **Ce n'est pas poli!** Rewrite the underlined segments in the conditional. (5 x 1 pt. each = 5 pts.)

1. Je veux quelque chose à manger! __________
2. Pouvez-vous me dire où se trouve la librairie? __________
3. Ça t'ennuie de faire la lessive? __________
4. Est-il possible d'aller au parc aujourd'hui? __________
5. Nous aimons regarder la télévision l'après-midi. __________

3 **Restons en forme** Nathan is telling his family what they would be doing if they wanted to stay healthy. Write complete sentences with the conditional using the cues. (5 x 1 pt. each = 5 pts.)

1. moi, je / ne pas prendre / dessert / chaque jour

   ____
2. papa, tu / faire de la gym trois fois par semaine

   ____
3. Isabelle et Françoise / se mettre au lit de bonne heure

   ____
4. maman / être au régime

   ____
5. nous / devoir manger beaucoup de légumes

   ____

Nom ______________________ Date ______________________

Quizzes

Leçon 3B.2

GRAMMAR QUIZ II

Le conditionnel

1 **Complétez** Use your imagination and the conditional to complete these phrases. (5 x 1 pt. each = 5 pts.)

1. Avec un smartphone, tu... ______________________
2. Sans ordinateurs, on... ______________________
3. À ta place, je... ______________________
4. Avec un million de dollars, mes parents... ______________________
5. Mes copains et moi, nous... ______________________

2 **Je ferais tout!** Your parents will buy you a new car if you can convince them that you deserve it. Make a list of five things you would do to keep your car in good condition and be a safe driver. (5 x 1 pt. each = 5 pts.)

1. Je...
2.
3.
4.
5.

3 **Des vacances super!** You are on a fabulous vacation and wishing your best friend could be there. Write him or her a postcard saying how it would be if the two of you were together, what you would do, and where you would go. Use at least five verbs in the conditional. (5 pts. for grammar + 3 pts. for vocabulary + 2 pts. for creativity = 10 pts.)

____

Nom ____________________ Date ____________________

Leçon 4A

VOCABULARY QUIZ I

1 **Où vont-ils?** Write where these people are going based on what they need. (5 x 1 pt. each = 5 pts.)

1. Mélanie veut envoyer un colis. Elle va au... ________________.
2. Éva et Joséphine veulent se faire couper les cheveux. Elles vont au... ________________.
3. Je dois acheter des feuilles de papier. Je vais à la... ________________.
4. Élias cherche une montre pour la fête des mères. Il va à la... ________________.
5. Amadou doit acheter un journal pour son père. Il va chez le... ________________.

2 **Choisissez** Select the appropriate phrases to complete these conversations. (5 x 1 pt. each = 5 pts.)

a. Tous mes vêtements sont sales.
b. Je viens de faire la lessive.
c. Où est-ce que je dois signer?
d. Je passe par la poste ce matin.
e. Il y a un distributeur près du kiosque.
f. J'ai très faim.
g. Il y a un cybercafé à côté de l'hôtel.
h. Que fait-on pour avoir un compte?

1. —____

   —Tu me prends des timbres?
2. —Nous n'avons pas d'argent sur nous.

   —____
3. —Voilà votre colis Mme Larivière.

   —____
4. —____

   —Il faut remplir ces formulaires.
5. —____

   —Allons à la laverie à côté de l'hôtel.

3 **Complétez** Complete each sentence with an appropriate vocabulary word. (10 x 1 pt. each = 10 pts.)

1. N'oublie pas de mettre un ________________ sur l'enveloppe.
2. Ils sont allés à la ________________ pour vérifier les documents de mariage?
3. Tu as de la ________________ pour cinquante euros?
4. La banque est ________________ le dimanche.
5. Quand vous n'avez pas assez d'argent, vous devez faire attention à vos ________________.
6. Allons manger un steak à la ________________ derrière le cinéma.
7. Nous vous payons en ________________. Voilà 150 dollars.
8. Mon voisin a déménagé et je n'ai pas sa nouvelle ________________.
9. Est-ce que le ________________ a déjà apporté le courrier?
10. Il faut faire la ________________ devant le guichet.

Nom ______________________ Date ______________________

Quizzes

Leçon 4A

VOCABULARY QUIZ II

1 **En ville** Baptiste is talking about the errands he and his friends did in town last weekend. Write two things they did at each of these places. (4 x 2 pts. each = 8 pts.)

1. moi, je / au bureau de poste ______________________
2. Pascale et Chloé / au cybercafé ______________________
3. Luc et toi / à la boutique ______________________
4. Maryse / à la papeterie ______________________

2 **Répondez** Answer these questions with complete sentences. (4 x 1 pt. each = 4 pts.)

1. Nomme quatre endroits où on fait la queue.
2. Quels genres de courses fais-tu le week-end?
3. D'habitude, comment tes parents préfèrent-ils payer leurs achats (*purchases*)?
4. Quel est ton café préféré? Où se trouve-t-il?

3 **À la banque** You went to the bank yesterday to open your first account. Write your best friend an e-mail about five different transactions you completed at the bank. (5 pts. for vocabulary + 3 pts. for style = 8 pts.)

Nom ______________________ Date ______________________

Quizzes

Leçon 4A.1

GRAMMAR QUIZ I

Voir, croire, recevoir, and *apercevoir*

1 **Choisissez** Select the appropriate verbs to complete these statements. (6 x 0.5 pt. each = 3 pts.)

1. Nous ne/n' ______________ pas les montagnes de cette fenêtre.
   a. voient b. apercevons c. croyons d. reçoivent
2. Vous ______________ la papeterie devant le stade?
   a. voyez b. croyez c. apercoivent d. recevez
3. Ma mère ______________ que la boutique est ouverte aujourd'hui.
   a. reçois b. vois c. croit d. aperçois
4. Connaît-il son voisin qui ______________ des colis régulièrement?
   a. croit b. aperçoit c. vois d. reçoit
5. Il nous ______________ tous les samedis au centre commercial.
   a. voit b. croit c. reçois d. aperçois
6. Les enfants vous ______________ quand vous leur dites quelque chose.
   a. croyez b. aperçoivent c. voyez d. croient

2 **Complétez** Complete each sentence with a verb from the list. (7 x 1 pt. each = 7 pts.)

apercevoir	recevoir
croire	voir

1. Les femmes ne vont pas ______________ les mensonges (*lies*) de cet acteur.
2. Mes parents ______________ toujours beaucoup d'argent de mes grands-parents.
3. Est-ce que ta copine ______________ de bonnes notes l'année dernière?
4. Tu ______________ ma nouvelle voiture rouge quand tu es arrivé?
5. Mon frère et toi ne ______________ pas que c'est possible?
6. Mes cousins ne/n'______________ pas les filles près du parking.
7. Mon copain a peur parce qu'il ______________ que j'ai eu un accident.

3 **Au passé** Rewrite the sentences in the **passé composé** or the **imparfait** based on the cues. (5 x 2 pts. each = 10 pts.)

1. Fabrice et moi recevons beaucoup de cadeaux. (d'habitude)
   ____
2. On voit les montagnes derrière l'église. (tout à coup)
   ____
3. Je crois aux extraterrestres. (quand j'étais enfant)
   ____
4. Tu reçois un appel urgent de ton bureau? (le week-end dernier)
   ____
5. Il s'aperçoit de ses erreurs. (hier)
   ____

Nom ____________________ Date ____________________

Quizzes

Leçon 4A.1

GRAMMAR QUIZ II

Voir, croire, recevoir, and *apercevoir*

1 **Des conversations** Complete these conversations logically using **(s')apercevoir, voir, croire,** or **recevoir**. Use each verb only once. (4 x 1 pt. each = 4 pts.)

1. —Tu as parlé à Perrine?

   —____________________

2. —Quel temps va-t-il faire là-bas?

   —____________________

3. —Tu t'amuses bien chez tes grands-parents?

   —____________________

4. —Tu aimes ta maison?

   —____________________

2 **Imaginez** Write complete sentences in the present or past tense using these cues. (5 x 1 pt. each = 5 pts.)

1. mes parents / croire ____________________
2. mon oncle / recevoir ____________________
3. mes voisins / apercevoir ____________________
4. mon ami(e) / voir ____________________
5. je / s'apercevoir ____________________

3 **Une petite aventure** Write a story about an interesting occurrence that happened yesterday evening when you were in town with friends. Imagine what you saw using as many of the items listed as possible and adding your own details. (4 pts. for grammar + 4 pts. for vocabulary + 3 pts. for creativity = 11 pts.)

accompagner	bijouterie	distributeur automatique	recevoir
apercevoir	commissariat de police	fermé(e)	retirer de l'argent
banque	croire	marchand de journaux	voir

____

____

____

____

____

____

____

____

____

Nom ____________ Date ____________

Quizzes

Leçon 4A.2

GRAMMAR QUIZ I

Negative/Affirmative expressions

1 **Répondez** Answer each question using a negative expression. (5 x 1 pt. each = 5 pts.)

1. Tu as biologie ou chimie à neuf heures?
   ____
2. Qui est venu à la maison hier?
   ____
3. Ta copine a-t-elle lu quelque chose d'intéressant?
   ____
4. Y a-t-il plusieurs salons de beauté près d'ici?
   ____
5. Est-ce que tu sors toujours avec Laure?
   ____

2 **Il a tort!** Christophe thinks he knows everything about his sister Léonie but is in fact completely mistaken about her. Negate every statement he makes. (5 x 1 pt. each = 5 pts.)

1. Léonie se réveille toujours à sept heures. ____________
2. Léonie parle trois langues étrangères. ____________
3. Léonie ne va avec personne au cinéma. ____________
4. Léonie est allée plusieurs fois à Dakar. ____________
5. Léonie n'a rien mangé ce matin. ____________

3 **Des souvenirs différents** Brigitte and her brother have completely opposite things to say about their vacation in France. Read Brigitte's version of their stay and rewrite it as her brother would tell it. (5 x 2 pts. each = 10 pts.)

> *Mardi, nous avons fait beaucoup de choses à Paris. Le soir, nous avons retrouvé tous nos amis au café Renoir. Je vais sûrement retourner à ce café un jour. Mercredi, nous avons visité le Louvre et la tour Eiffel. Jeudi, nous avons vu un grand spectacle sur la place Mercure.*

____
____
____
____
____
____

Leçon 4A.2

GRAMMAR QUIZ II

Negative/Affirmative expressions

1 **Toujours négative** Your aunt is always complaining about something. She just moved and has lots of negative things to say about her new town and its people. Use these expressions to write five negative statements she might make. (5 x 1 pt. each = 5 pts.)

1. (ne... rien) ____________________
2. (personne... ne) ____________________
3. (ne... ni... ni) ____________________
4. (ne... aucun(e)) ____________________
5. (ne... que) ____________________

2 **Des explications** For each statement, write a logical explanation or follow-up statement using a different negative expression each time. (5 x 1 pt. each = 5 pts.)

1. Benoît n'a pas de petite amie.
   ____
2. Je dois aller en ville aujourd'hui.
   ____
3. Malik était très triste.
   ____
4. Les étudiants ont eu de mauvaises notes.
   ____
5. Didier est rentré dans un kiosque hier.
   ____

3 **Un rêve bizarre!** You had a very strange dream last night. Write your best friend about it using at least seven of these expressions. (7 pts. for grammar + 3 pts. for creativity = 10 pts.)

ne... aucun(e)	ne... personne	ne... rien	quelqu'un
ne... jamais	ne... plus	personne ne...	rien ne...
ne... ni... ni	ne... que	quelque chose	

____
____
____
____
____
____
____

Nom ______________________ Date ______________________

Leçon 4B

VOCABULARY QUIZ I

1 **Où se trouve... ?** Philippe is new in town, and he is asking for directions from various locations. Follow the directions and write what his final destinations are. (5 x 2 pts. each = 10 pts.)

 Café de la Gare

 Boulangerie Le Pain Chaud

 Hôpital St-Jean

 Office du tourisme

 Épicerie Bresson

 Bureau de poste

 Pharmacie Molière

 Banque

 Université Joseph Fourier

 Cabine téléphonique

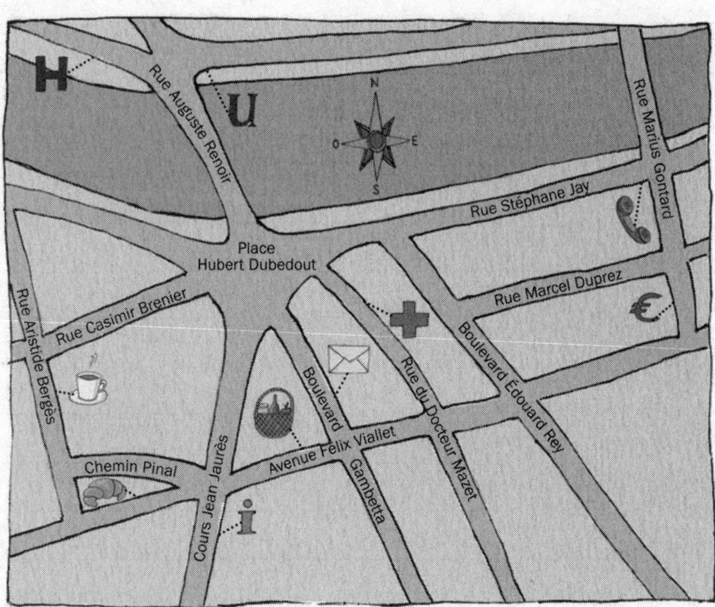

1. Du bureau de poste, suivez le boulevard jusqu'à l'avenue Félix Viallet. Prenez à gauche et continuez tout droit jusqu'à la rue Marius Gontard. Prenez à gauche et ______________ est à gauche juste avant la rue Duprez.
2. De l'hôpital, prenez la rue Renoir et allez tout droit jusqu'à la place Dubedout. Prenez à gauche et continuez tout droit jusqu'à la rue Gontard. ______________ est au coin de la rue Gontard et de la rue Stéphane Jay.
3. De la pharmacie, suivez la rue du Docteur Mazet jusqu'à l'avenue Félix Viallet. Prenez à droite et continuez tout droit. ______________ est à droite juste après le cours Jean Jaurès.
4. De l'office du tourisme, suivez le cours Jean Jaurès. Traversez la place Hubert Dubedout et continuez dans la rue Auguste Renoir. ______________ se trouve à droite, pas loin de l'hôpital.
5. De la pharmacie, suivez la rue du Docteur Mazet jusqu'à la place Dubedout. Traversez la place et prenez la rue Casimir Brenier. Tournez à gauche dans la rue Aristide Bergès et ______________ est à gauche. Si vous arrivez au chemin Pinal, vous êtes allé trop loin.

2 **Les synonymes** Write a synonym for each word. Include any indefinite articles. (5 x 2 pts. each = 10 pts.)

1. un grand boulevard ______________
2. un angle ______________
3. une rue ______________
4. un immeuble ______________
5. aller d'un point à l'autre ______________

Quizzes

Leçon 4B

VOCABULARY QUIZ II

1 **Les définitions** Write a definition for each word. You might find the phrases in the box useful for writing your definitions. (6 x 1 pt. each = 6 pts.)

Ça sert à…	C'est une sorte de…	C'est un endroit où…
C'est où on va pour…	C'est le contraire de…	C'est un synonyme de…

1. les escaliers: _______________
2. une pharmacie: _______________
3. un office du tourisme: _______________
4. les indications: _______________
5. s'orienter: _______________
6. un bâtiment: _______________

2 **Ma ville** Write the directions from your school to these places in your town. Be sure to specify any landmarks that would help a tourist find his or her way. (3 x 2 pts. each = 6 pts.)

1. Du lycée à la pharmacie: _______________
2. Du lycée à la banque: _______________
3. Du lycée au bureau de poste: _______________

3 **Les indications** You are lost downtown in a French city. Write a conversation in which you ask a passerby for directions to three places in town. Remember to be polite. (6 pts. for vocabulary + 2 pts. for style = 8 pts.)

____

Nom ____________________ Date ____________________

Leçon 4B.1

GRAMMAR QUIZ I

Le futur simple

1 **Notre calendrier** Andreas and his family are preparing for a party. Fill in the blanks with the future tense of the verbs in parentheses. (8 x 1 pt. each = 8 pts.)

1. Papa ______________ (acheter) le vin pour la fête ce samedi.
2. Moi, je ______________ (chercher) un cadeau pour l'anniversaire de David.
3. Bernice et Agathe ______________ (nettoyer) la salle à manger.
4. Marie-Claire, tu ______________ (aller) à l'épicerie prendre de la glace.
5. Maman et moi ______________ (choisir) la musique.
6. Agathe et toi ______________ (appeler) les invités.
7. Bernice ______________ (payer) les chaises à M. Hobbard après la fête.
8. Nous ______________ (avoir) beaucoup de préparatifs (*preparations*) à faire avant midi.

2 **Des paresseux** Christian and his siblings always leave everything for tomorrow. Write Christian's answers to his mother's questions using the **futur simple**. (6 x 1 pt. each = 6 pts.)

1. Tu t'es occupé des courses?
   ____
2. Anne et toi avez déposé la voiture à la station-service?
   ____
3. Anne a répété au stade hier?
   ____
4. Tu as envoyé un e-mail à oncle Louis?
   ____
5. Anne et Tristan ont trouvé les livres à la bibliothèque?
   ____
6. Tristan a sorti la poubelle?
   ____

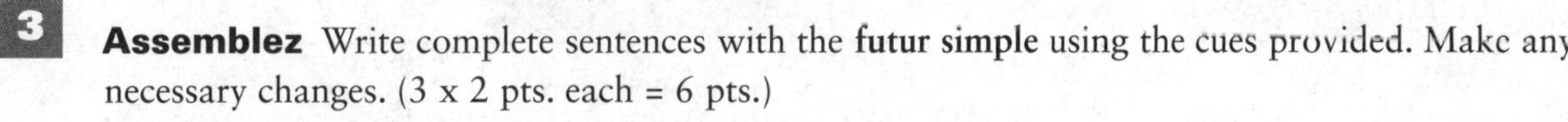

3 **Assemblez** Write complete sentences with the **futur simple** using the cues provided. Make any necessary changes. (3 x 2 pts. each = 6 pts.)

1. mes amis et moi / faire / un voyage en France
   ____
2. Ian et toi / apprendre / français
   ____
3. tu / ne pas conduire / nouvelle voiture de papa
   ____

Quizzes

Nom ______ Date ______

Quizzes

Leçon 4B.1

GRAMMAR QUIZ II

Le futur simple

1 **Répondez** Answer these questions using the **futur simple.** (5 x 1 pt. each = 5 pts.)

1. Avec qui vas-tu manger demain soir?
2. Qu'est-ce que tu vas mettre pour aller au lycée demain?
3. Est-ce que tes parents vont te permettre de conduire leur voiture?
4. Qu'est-ce que tes amis et toi allez boire au café?
5. Qu'est-ce que ta mère va préférer faire ce week-end?

2 **On va faire quoi?** Write complete sentences using the **futur simple** to tell what these people will do and why. (6 x 1 pt. each = 6 pts.)

1. Sylvain et Julie

2. mon/ma meilleur(e) ami(e) et moi

3. tu

4. je

5. Gabrielle et toi

6. mon père

3 **Je me détends!** Tomorrow is your first day of vacation and you intend to take it easy. Write five sentences using the **futur simple** to say what you will do. (5 pts. for grammar + 2 pts. for vocabulary + 2 pts. for style = 9 pts.)

Nom ______________________ Date ______________________

Quizzes

Leçon 4B.2

GRAMMAR QUIZ I

Irregular future forms

1 **On rêve de l'avenir** You and your friends are graduating soon and everyone is talking about their future. Fill in the blanks with the future tense forms of the verbs in parentheses. (8 x 1 pt. each = 8 pts.)

1. Mon meilleur ami et moi ______________ (être) voisins.
2. Mes grands-parents m'______________ (acheter) une nouvelle voiture.
3. Mes amis et moi ______________ (faire) des études supérieures.
4. Sébastien et toi ______________ (pouvoir) voyager en Afrique.
5. Heidi, tu ______________ (aller) voir tes cousins en Suisse.
6. Adèle ______________ (devoir) travailler avec ses parents.
7. Djénéba ______________ (chercher) un bon emploi.
8. Je ______________ (devenir) médecin.

2 **Ça se passera demain** Jessica has mixed up what will happen tomorrow with today's events. Rewrite her statements using the **futur simple**. (6 x 1 pt. each = 6 pts.)

1. Il pleut et il fait mauvais.

   ____

2. Mes cousines viennent nous rendre visite.

   ____

3. Nous allons au cinéma avec des amis.

   ____

4. Les parents de Micheline nous envoient les livres.

   ____

5. C'est l'anniversaire de Mirabelle.

   ____

6. Je dois aller chez le dentiste.

   ____

3 **Répondez** Answer these questions with the **futur simple** using the cues. (3 x 2 pts. each = 6 pts.)

1. Quand est-ce que tu fais du cheval? (ce vendredi matin)

   ____

2. Est-ce que ton ami sait sa nouvelle adresse? (la semaine prochaine)

   ____

3. Les filles ont beaucoup de devoirs cette année? (l'année prochaine)

   ____

Nom ____________________ Date ____________________

Quizzes

Leçon 4B.2

GRAMMAR QUIZ II

Irregular future forms

1 **Imaginez** For each situation, write a complete sentence with the **futur simple** to say what these people will or will not do. (4 x 1 pt. each = 4 pts.)

1. J'ai un match de foot demain.

 ____

2. Ma mère a mal aux jambes.

 ____

3. Mes amis n'ont plus d'argent.

 ____

4. Mon/Ma meilleur(e) ami(e) me rend visite.

 ____

2 **L'avenir** Imagine the future and write two statements using the **futur simple** to complete each phrase. (3 x 2 pts. each = 6 pts.)

1. Dans dix ans, je ______________________________

 ____

2. Dans vingt ans, mes parents ______________________________

 ____

3. Dans cinquante ans, le monde (*world*) ______________________________

 ____

3 **Vive les vacances!** You and your family are planning your next vacation. Say where and when you will go and what you will do there. (5 pts. for grammar + 3 pts. for vocabulary + 2 pts. for creativity = 10 pts.)

____

____

____

____

____

____

____

____

____

____

Nom ______________________ Date ______________________

Leçon 5A

VOCABULARY QUIZ I

1 **Les définitions** Match the words in Column B with their definitions in Column A. (6 x 0.5 pt. each = 3 pts.)

A	B
______ 1. Ça fonctionne comme un répondeur éléctronique.	a. un combiné
______ 2. Une description des études et de l'expérience professionnelle	b. un curriculum vitæ
______ 3. Un autre mot pour «études»	c. faire un stage
______ 4. L'argent qu'on reçoit chaque mois pour son travail	d. une formation
______ 5. Travailler dans une entreprise en même temps qu'on fait ses études	e. une mention
______ 6. Le synonyme de «profession»	f. une messagerie
	g. un métier
	h. un salaire

2 **Un appel** Complete this telephone conversation between Gilles and his friend Mélanie with the appropriate words and expressions from the lesson vocabulary. (7 x 1 pt. each = 7 pts.)

MME BOTIER Allô, bonjour.
GILLES Bonjour, Mme Botier, c'est Gilles (1) ______________. Est-ce que je pourrais parler à Mélanie, s'il vous plaît?
MME BOTIER Ne (2) ______________ pas. Je te la passe.
MÉLANIE Allô, Gilles. Ça va?
GILLES Oui. Dis, tu as vu le (3) ______________ que Mercier et Fils offre?
MÉLANIE Oui! Tu vas prendre un (4) ______________ avec le patron?
GILLES Je crois que oui. Est-ce que tu penses que notre professeur me donnera une lettre de (5) ______________?
MÉLANIE J'en suis sûre! Demande-lui des (6) ______________ avant de passer l'entretien.
GILLES Bonne idée! Tu as son (7) ______________ de téléphone?

3 **Complétez** Complete these sentences with the correct vocabulary words. (10 x 1 pt. each = 10 pts.)

1. Combien de ______________ ont passé l'entretien?
2. Mes amis lisent les ______________ chaque matin parce qu'ils cherchent du travail.
3. Personne n'______________ dans cette mauvaise économie.
4. Dans quel ______________ est-ce que ton frère va se spécialiser?
5. Tu veux parler au chef du ______________ de cette entreprise?
6. ______________ le téléphone tout de suite, Marie! Tu parles à ta copine depuis une heure!
7. Les gens qui travaillent dans une entreprise s'appellent les ______________.
8. Nous allons écrire une lettre de ______________ pour entrer à l'université.
9. On doit acheter une ______________ pour faire un appel de la cabine téléphonique.
10. ______________ quelques minutes, s'il vous plaît. M. Hubert arrive tout de suite.

Nom _______________ Date _______________

Quizzes

Leçon 5A

VOCABULARY QUIZ II

1 **Répondez** Answer these questions with complete sentences. (7 x 1 pt. each = 7 pts.)

1. As-tu déjà écrit une lettre de motivation? Quand?
____
2. Dans quel domaine est-ce que ton père travaille?
____
3. Quel métier vas-tu choisir plus tard?
____
4. À ton avis, quel est l'aspect le plus important d'un CV? Pourquoi?
____
5. Dans quelle entreprise aimerais-tu faire un stage? Pourquoi?
____
6. Quels projets tes amis et toi avez-vous faits pour le week-end prochain?
____
7. Tu crois que tes professeurs te donneront une bonne lettre de recommandation? Pourquoi?
____

2 **Un entretien** Imagine that you are the hiring manager at a large company. Write five questions you might ask a candidate during a job interview. (5 x 1 pt. each = 5 pts.)

1. _______________?
2. _______________?
3. _______________?
4. _______________?
5. _______________?

3 **Au téléphone** You want to apply for a summer internship at a company. Write a conversation in which you call their human resources director to try to get an interview. (6 pts. for vocabulary + 2 pts. for style = 8 pts.)

____
____
____
____
____
____
____
____

Nom ______________________ Date ______________________

Quizzes

Leçon 5A.1

GRAMMAR QUIZ I

Le futur simple with *quand* and *dès que*

1 **Plus tard** Rewrite the statements in the **futur simple.** (5 x 1 pt. each = 5 pts.)

1. Je vous envoie le colis dès que je le reçois.

   ____

2. Ils cherchent du travail dès qu'ils finissent leurs études.

   ____

3. Les employés sont contents quand ils ont un salaire élevé.

   ____

4. Nous embauchons des spécialistes dès que nous obtenons de l'argent.

   ____

5. Tu prends un rendez-vous dès que tes parents arrivent.

   ____

2 **Complétez** Complete each sentence with the appropriate tense of the verb in parentheses. (5 x 1 pt. each = 5 pts.)

1. Tu ne regardes pas la télé quand tu ______________ (être) chez toi?
2. Avez-vous fait un stage quand vous ______________ (aller) à Bruxelles?
3. Je mettrai mon anorak dès qu'il ______________ (faire) froid.
4. Pourquoi ne parlent-elles pas au professeur quand elles ne ______________ pas (comprendre)?
5. La patronne me téléphonera quand elle ______________ (quitter) le bureau.

3 **Assemblez** Write complete sentences using the **futur simple** and the cues provided. (5 x 2 pts. each = 10 pts.)

1. quand je / avoir un travail / mes enfants / faire des projets

   ____

2. dès que / vous gagner de l'argent / vous acheter une voiture

   ____

3. dès que / pleuvoir / les enfants / rentrer chez eux

   ____

4. je / appeler Paul / quand / ma mère / raccrocher

   ____

5. nous / commencer le traitement / dès que / nous / savoir / les résultats

   ____

Nom ______________________ Date ______________________

Quizzes

Leçon 5A.1

GRAMMAR QUIZ II

Le futur simple with *quand* and *dès que*

1 **Complétez** Complete these sentences in a logical manner. (6 x 1 pt. each = 6 pts.)

1. ______________________ dès qu'il saura la vérité (*truth*).
2. Les professeurs seront contents quand ______________________.
3. Quand mes parents gagneront la loterie, ______________________.
4. Nous nous coucherons dès que ______________________.
5. ______________________ quand j'habiterai à l'étranger.
6. Vous nous écrirez dès que ______________________.

2 **Assemblez** Write six complete sentences with the **futur simple** using elements from each column and making any necessary changes. (6 x 1 pt. each = 6 pts.)

faire un voyage		parler au patron
poster son CV		finir les études
finir les tâches ménagères		prendre sa retraite
organiser une fête	dès que	obtenir un visa
s'occuper des enfants	quand	se marier
faire un stage		se réveiller
aller au cinéma		rentrer à la maison
trouver un travail		avoir le temps

1. (nous) ______________________
2. (je) ______________________
3. (mes amis) ______________________
4. (mon/ma meilleur(e) ami(e) et moi) ______________________
5. (les élèves) ______________________
6. (on) ______________________

3 **Mes projets** Your best friend is coming home after completing his or her studies abroad. Write a journal entry talking about your future plans together using **quand** and **dès que**. (5 pts. for grammar + 3 pts. for creativity = 8 pts.)

____

____

____

____

____

Leçon 5A.2

GRAMMAR QUIZ I

The interrogative pronoun *lequel*

1

La suite logique Select the logical continuation for these phrases. (5 x 1 pt. each = 5 pts.)

A	B
_______ 1. Les lettres…	a. auquel tu penses n'est pas bon.
_______ 2. Le film…	b. Laquelle as-tu trouvée?
_______ 3. J'ai reçu un colis de mes oncles.	c. auxquelles tu t'intéresses sont chères.
_______ 4. Les voitures…	d. auxquelles j'ai répondu sont là-bas.
_______ 5. J'ai perdu deux clés.	e. Desquels?
	f. desquels il parle sont très grands.
	g. Lesquels veux-tu?

2

Choisissez Choose the appropriate interrogative pronouns to complete these sentences. (5 x 1 pt. each = 5 pts.)

1. Et les sports? (Auxquelles / Desquels / Auxquels) s'intéresse-t-elle?
2. L'entreprise (à laquelle / auquel / auxquelles) j'ai téléphoné est près d'ici.
3. L'hôpital à côté (de laquelle / duquel / desquels) nous habitons a beaucoup de spécialistes.
4. (Lequel / Lesquels / Laquelle) de ces montres ne fonctionne pas?
5. (Lesquelles / Laquelle / Lequel) de mes amies viennent à la fête?

3

Complétez Complete these sentences with the appropriate interrogative pronouns. (10 x 1 pt. each = 10 pts.)

1. Ma mère a acheté deux robes. _______________ préfères-tu?
2. _______________ de ces livres avez-vous lus?
3. Il m'a donné plusieurs formulaires. _______________ dois-je remplir d'abord?
4. Les candidats _______________ je pense sont très timides.
5. Les questions _______________ nous avons réfléchi étaient profondes.
6. J'aime les cafés en face _______________ il y a une terrasse avec des chaises.
7. L'examen _______________ vous avez réussi est très difficile.
8. _______________ de ces trois ordinateurs aimes-tu?
9. Regarde toutes ces fleurs! _______________ a-t-elle choisies?
10. Connaissez-vous l'adresse de la maison _______________ elle est allée?

Nom ____________________ Date ____________________

Quizzes

Leçon 5A.2

GRAMMAR QUIZ II

The interrogative pronoun *lequel*

1 **Posez la question** Ask a question about these cues using a form of the pronoun **lequel**. Do not use the same form more than once. (4 x 1 pt. each = 4 pts.)

Modèle

Robert Pattinson / Leonardo di Caprio / Brad Pitt
Lequel de ces acteurs est le plus beau?

1. *Avatar* / *Casablanca* / *Harry Potter et la chambre des secrets*
____
2. Audi / Ferrari / Ford
____
3. New York / Paris / Rome
____
4. le français / l'allemand / le japonais
____

2 **Un choix difficile** You have been accepted to two colleges and cannot decide which one to choose. Write a conversation in which you and one of your parents compare three aspects between the two schools. Use different forms of the pronoun **lequel** in your conversation. (3 pts. for grammar + 3 pts. for vocabulary = 6 pts.)

____
____
____
____

3 **Une conversation** You are giving your new employee instructions, and for each one she wants more specific information. Write this conversation using at least five of the cues and five different forms of the interrogative pronoun **lequel**. (7 pts. for grammar + 3 pts. for style = 10 pts.)

téléphoner aux clients	parler à des vendeuses
télécharger un logiciel	chercher l'adresse d'une banque
sauvegarder des documents	appeler les candidats
envoyer des lettres	travailler sur un projet

____
____
____
____

Nom ____________________ Date ____________________

Leçon 5B

VOCABULARY QUIZ I

Quizzes

1 **Chassez l'intrus** Select the word that does not belong in each group. (5 x 1 pt. each = 5 pts.)

1. un pompier, un conseiller, un voisin
2. à mi-temps, à plein temps, à temps partiel
3. embaucher, démissionner, renvoyer
4. une carrière, une profession, une promotion
5. une femme cadre, un homme politique, une banquière

2 **Les professions** Write which careers these students should pursue based on the descriptions. Include the indefinite articles. (7 x 1 pt. each = 7 pts.)

_______ 1. Josiane adore les animaux.

_______ 2. Guillaume aime conduire.

_______ 3. Makim aime cultiver des légumes.

_______ 4. Michelle s'occupe toujours de la maison et des enfants.

_______ 5. Lucie répare toutes les lampes chez elle.

_______ 6. Paul prépare des plats délicieux!

_______ 7. Farida aide son oncle à louer et à vendre des maisons.

3 **Complétez** Complete each sentence with an appropriate word from the lesson vocabulary. (8 x 1 pt. each = 8 pts.)

1. Cette femme doit payer le médecin parce qu'elle n'a pas d'_______________.
2. Ses cousins lui rendent visite aujourd'hui, donc M. Bérenger prend un _______________.
3. Être médecin, c'est difficile. C'est une profession _______________.
4. Avons-nous une _______________ cet après-midi pour discuter le budget?
5. Les employés sont contents. Ils vont recevoir une _______________ de salaire cette année.
6. Ma tante a perdu son emploi et elle est au _______________ depuis mai.
7. Les ouvriers ont formé un _______________ pour défendre leurs intérêts.
8. Il y a un problème avec le lavabo. Appelle le _______________.

Nom ______________________ Date ______________________

Leçon 5B.1

GRAMMAR QUIZ I

Si clauses

1 **Choisissez** Select the best combination of verb tenses to complete these statements. (5 x 1 pt. each = 5 pts.)

1. Si je/j' ______________ au chômage, je ______________ les petites annonces régulièrement.
   a. suis… lirais b. serai… lisais c. étais… lirais
2. Si son père ne ______________ pas le contrat, il ne ______________ pas louer la maison.
   a. signe… pourra b. signait… peut c. signera… pourrait
3. Si on ______________ voir ce spectacle, on ______________ acheter les tickets maintenant.
   a. voulait… devrait b. voulait… doit c. voulait… devra
4. Tes copains ne ______________ pas s'ils n' ______________ pas de manger des éclairs!
   a. magrissaient… arrêteront b. maigrissent… arrêtent c. maigriront… arrêtent
5. Mes parents me ______________ une voiture si je/j' ______________ de bonnes notes.
   a. paient… aurais b. paieraient… avais c. paieront… avais

2 **Complétez** Complete each sentence with the appropriate verb from the list in the correct tense. (5 x 1 pt. each = 5 pts.)

avoir	être	rester
chercher	jouer	tomber

1. Si j'étais malade, je ______________ au lit.
2. Mon oncle ______________ un autre emploi si le patron le renvoie.
3. S'il fait un temps épouvantable, le vol ______________ annulé.
4. Si mes amis ______________ mal, ils perdraient le match.
5. Si vous ne faites pas attention, vous ______________ dans les escaliers.

3 **Les suppositions** Write hypothetical statements using the cues provided and si clauses. (5 x 2 pts. each = 10 pts.)

1. enfants / être fatigué / dormir
   ____
2. professeur / expliquer la grammaire / élèves / comprendre mieux
   ____
3. je / aller à l'étranger / avoir un passeport
   ____
4. vous / étudier bien / réussir à l'examen
   ____
5. tu / passer un entretien / mettre un tailleur
   ____

Quizzes

Leçon 5B.1

GRAMMAR QUIZ II

Si clauses

1 **Si on... ?** Make a suggestion to help your friends and family based on each situation. (5 x 1 pt. each = 5 pts.)

1. Tes parents doivent travailler ce week-end.

______

2. Ta copine vient de se disputer avec son petit ami.

______

3. Tes cousins s'ennuient et ne veulent pas rester à la maison.

______

4. Ton frère cadet a des difficultés avec ses devoirs.

______

5. Ta famille veut partir en vacances.

______

2 **Imaginez** Complete these sentences creatively. (5 x 1 pt. each = 5 pts.)

1. Si mes parents étaient riches, ... ______

______

2. Si mon/ma petit(e) ami(e) sort avec quelqu'un d'autre, ... ______

______

3. Si on voulait être en forme, ... ______

______

4. Si je faisais un effort, ... ______

______

5. Si personne ne se souvient de mon anniversaire, ... ______

______

3 **L'utopie** Write a paragraph describing at least five things that would be different if you could change the world. (7 pts. for grammar + 3 pts. for creativity = 10 pts.)

Si je pouvais changer le monde...

______

Quizzes

Leçon 5B.2

GRAMMAR QUIZ I

Relative pronouns *qui, que, dont, où*

1 **Choisissez** Select the correct relative pronouns to complete these statements. (6 x 0.5 pt. each = 3 pts.)

1. *Twilight* est l'histoire d'un vampire et d'une jeune fille (que / qui / dont) tombent amoureux.
2. C'est un endroit (que / dont / où) tout le monde aime aller.
3. L'homme (que / dont / qui) tu as peur habite près de chez moi.
4. Le cours (que / qui / dont) je déteste, c'est la gestion.
5. Ils ont vu quelqu'un (que / qui / dont) nous ne connaissons pas.
6. Il n'y a rien (que / dont / qui) fonctionne dans cette voiture.

2 **Complétez** Complete these sentences with the appropriate relative pronouns. (7 x 1 pt. each = 7 pts.)

1. Tu n'as pas fini les devoirs ______________ je t'ai donnés hier?
2. C'était un Belge ______________ est venu me parler.
3. Les livres ______________ ils ont besoin ne sont plus à la bibliothèque.
4. «Malaga» est le restaurant ______________ j'ai vu Sabine pour la première fois.
5. Ce n'est pas le comptable ______________ a eu tort.
6. La fille ______________ le père est mort a déménagé le mois dernier.
7. M. Fourget sert une soupe ______________ vous allez adorer!

3 **En bref** Combine these sentences using relative pronouns and make any necessary changes. (5 x 2 pts. each = 10 pts.)

1. Il a perdu les lunettes. Il a reçu les lunettes hier.

   ____

2. Je me souviens de cette époque. Mes grands-parents nous emmenaient à la montagne à cette époque.

   ____

3. C'est un film classique. L'actrice de ce film classique s'appelle Rebecca.

   ____

4. Le plombier a les cheveux noirs. Le plombier est très gentil.

   ____

5. Arnaud a acheté les pulls. Nicole a choisi les pulls.

   ____

Nom ____________________ Date ____________________

Quizzes

Leçon 5B.2

GRAMMAR QUIZ II

Relative pronouns *qui, que, dont, où*

1 **Désolé(e)** You have not finished your homework, run errands, or done any of the chores that your mother asked you to do. Write her a note to explain why you did not do five things you were supposed to do. Use as many different relative pronouns as possible. (5 x 1 pt. each = 5 pts.)

2 **Décrivez** Write complete sentences using relative pronouns as indicated to describe these people and things. (5 x 1 pt. each = 5 pts.)

1. ma mère / que
2. les professeurs / dont
3. la profession / qui
4. l'entreprise / où
5. mon/ma meilleur(e) ami(e) / qui

3 **Mon film préféré** Write a paragraph about your favorite film. What is the story about? Describe the film's places and characters using **qui, que, dont,** and **où.** (7 pts. for grammar and vocabulary + 3 pts. for creativity = 10 pts.)

Nom ______________________ Date ______________________

Quizzes

Leçon 6A

VOCABULARY QUIZ I

1 **Complétez** Choose the ending in Column B that best completes each phrase in Column A. (5 x 1 pt. each = 5 pts.)

	A	B
______	1. La surpopulation...	a. du plastique et du papier est très important.
______	2. Le recyclage...	b. contribue au réchauffement climatique.
______	3. Une façon de réduire la pollution, c'est...	c. si on est en plein air.
______	4. On peut consommer moins d'eau...	d. est un vrai problème dans certains pays.
______	5. L'effet de serre...	e. le covoiturage.
		f. si on ne prend pas de douches trop longues.

2 **Faites correspondre** Choose the word from the list that fits each definition. (5 x 1 pt. each = 5 pts.)

développer	l'énergie solaire	la pluie acide
les emballages en plastique	gaspiller	une usine

1. Un endroit où on fabrique (*manufacture*) des automobiles: ______________________
2. Quelque chose que tout le monde doit recycler: ______________________
3. Le contraire de «préserver»: ______________________
4. Une des conséquences de la prolifération des usines chimiques: ______________________
5. Une source alternative d'énergie pour les appareils électriques: ______________________

3 **Il faut sauver la planète!** Laurent is an active environmentalist. Complete his statements with the appropriate words. (10 x 1 pt. each = 10 pts.)

1. Il y a toujours le danger d'un accident dans une centrale ________________.
2. Les écologistes veulent protéger l'________________.
3. Le centre de recyclage s'occupe des ________________ toxiques.
4. Il est ________________ de jeter (*throw*) des bouteilles par terre.
5. Le ________________ de pollution dans le ciel (*sky*) est le résultat d'un accident dans l'usine.
6. La pluie a provoqué un ________________ en Californie.
7. Le ramassage des ________________ se fait le mercredi dans ce quartier.
8. Le gouvernement essaie de créer (*create*) des ________________ pour préserver la nature.
9. Les usines doivent ________________ leur système de recyclage pour éviter la pollution.
10. Pour préserver la nature, on doit choisir des produits ________________.

Leçon 6A

VOCABULARY QUIZ II

1 **Répondez** Answer these questions with complete sentences. (5 x 1 pt. each = 5 pts.)

1. Est-ce que tes parents et toi recyclez régulièrement? Quels objets recyclez-vous?
2. Quel est le plus gros problème écologique de ta région?
3. À ton avis, quelle sorte d'énergie va être utilisée de plus en plus dans l'avenir?
4. Connais-tu quelqu'un qui a vécu une catastrophe naturelle? Qui? Où?
5. À ton avis, quel sera le plus grand problème écologique de l'an 2050?

2 **Les problèmes écologiques** You are interviewing a politician about environmental issues. Use the cues provided to write five questions that you would ask him or her. (5 x 1 pt. each = 5 pts.)

abolir améliorer développer gaspiller préserver

1. ______
2. ______
3. ______
4. ______
5. ______

3 **Protégeons l'environnement!** You are doing a radio spot at school for Green Week. Write the script of your broadcast telling your schoolmates at least five things that they and their families can do to be more environmentally responsible. (7 pts. for vocabulary + 3 pts. for style = 10 pts.)

Nom ____________________ Date ____________________

Quizzes

Leçon 6A.1

GRAMMAR QUIZ I

Demonstrative pronouns

1 **On parle de quoi?** Choose the correct pronoun to complete each sentence. (6 x 0.5 pt. each = 3 pts.)

1. Quel film vas-tu voir? (Celle / Celui) dont Marianne a parlé hier?
2. Sa fiancée, c'est (celle / celui) aux cheveux noirs.
3. Quelles voitures vend-il? (Ceux / Celles) de ses grands-parents?
4. Mon lycée est plus grand que (celle / celui) de mon cousin.
5. Le recyclage dans cette ville est pire que (celui / celle) dans cette autre ville.
6. Ces produits-ci sont plus écologiques que (celles-là / ceux-là).

2 **Complétez** Complete each sentence with an appropriate demonstrative pronoun. (7 x 1 pt. each = 7 pts.)

1. De ces deux immeubles, l'architecte aime mieux ________________-là.
2. Qu'est-ce que je mets comme chemise? ________________-ci?
3. Ces espaces verts sont ________________ dont nous nous sommes occupés.
4. M. Monastier est ________________ qu'on a entendu à la radio lundi dernier.
5. Les entreprises japonaises sont ________________ que j'aime le plus.
6. De toutes les catastrophes, ________________ qui nous inquiète le plus est l'incendie.
7. ________________ qui sont à côté de Danielle sont des employés de cette usine.

3 **Répondez** Answer these questions using the cues provided and appropriate demonstrative and relative pronouns. (5 x 2 pts. each = 10 pts.)

Modèle

Quel spectacle va-t-il voir? (Il commence à 20h30.)
Celui qui commence à 20h30.

1. Quelles bouteilles sont plus écologiques? (Elles sont faites en verre.)

   ____

2. Quels livres empruntent-ils? (Ils en ont besoin.)

   ____

3. Quelle usine est plus près? (Pierre y travaille.)

   ____

4. Quel tailleur est plus classique? (Marion l'a acheté hier.)

   ____

5. Quelle fille aimes-tu? (Elle danse avec Karim.)

   ____

Nom ______________________ Date ______________________

Quizzes

Leçon 6A.1

GRAMMAR QUIZ II

Demonstrative pronouns

1 **Qui c'est?** You are attending a holiday party at the company where you intern. Use demonstrative pronouns to answer your date's questions about different people at the party. (5 x 1 pt. each = 5 pts.)

1. Qui est la patronne de l'entreprise?

   ____

2. Où est le chef du personnel?

   ____

3. Quels sont les employés méchants dont tu m'as parlé?

   ____

4. Quelles sont les filles avec qui tu travailles?

   ____

5. Qui est le cadre qui va bientôt prendre sa retraite?

   ____

2 **Vos opinions** Answer these questions using demonstrative pronouns. (5 x 2 pts. each = 10 pts.)

Modèle

Quel genre de livre aimes-tu lire?
J'aime ceux qui ne sont pas trop longs.

1. Quel genre de film aimes-tu?

   ____

2. Quelle sorte de voiture aimerais-tu acheter un jour?

   ____

3. Qui est ton actrice favorite?

   ____

4. Que fait un psychologue?

   ____

5. Quelle sorte de professeur préfères-tu?

   ____

3 **Au magasin** Imagine that you are shopping for a Mother's Day gift. Write a conversation between you and your friend Camille, who is trying to help you pick out something nice. Use at least three different demonstrative pronouns in your conversation. (3 pts. for grammar + 2 pts. for vocabulary = 5 pts.)

____

____

____

Nom ______________________ Date ______________________

Quizzes

Leçon 6A.2

GRAMMAR QUIZ I

The subjunctive (Part 1)

1 **Choisissez** Match each phrase in Column A with the appropriate ending in Column B. (7 x 1 pt. each = 7 pts.)

A	B
______ 1. Il faut que tu...	a. dois faire un stage.
______ 2. Il est bon que vous...	b. ne parlions pas espagnol.
______ 3. Il faut...	c. ne partiez pas ce mois.
______ 4. Il est dommage que nous...	d. finisse les devoirs.
______ 5. Il est important que je...	e. recycler les emballages en plastique.
______ 6. Il entend que vous...	f. attendes Mme. Robichon ici.
______ 7. Il dit que je...	g. parlez au professeur.

2 **Complétez** Complete each sentence with the appropriate verb in the subjunctive. (10 x 1 pt. each = 10 pts.)

améliorer	comprendre	interdire	mettre	prendre
boire	étudier	manger	obtenir	vendre

1. Il est essentiel que vous ______________ beaucoup de légumes.
2. Il vaut mieux que ta tante ______________ la maison avant de partir.
3. Il est nécessaire que nous ______________ du lait chaque jour.
4. Il faut que tu ______________ le taxi pour aller à l'aéroport.
5. Il est indispensable que le gouvernement ______________ les voitures polluantes.
6. Il est bon que tu ______________ la permission de tes parents.
7. Il est important que toutes les usines ______________ leurs systèmes de recyclage.
8. Il est possible que je ______________ une jupe à la fête ce soir.
9. Il est dommage que les élèves ne/n' ______________ pas sérieusement.
10. Il faut que vous ______________ bien le problème avant de proposer une solution.

3 **Mettez au subjonctif** Rewrite these statements using the cues provided. (3 x 1 pt. each = 3 pts.)

1. Tu viens chez moi ce soir. (Il est essentiel que...)

____

2. Bernice sort avec Jacques et Denise cet après-midi. (Il est possible que...)

____

3. Vous ne gaspillez pas d'eau. (Il est bon que...)

____

Nom ______________________ Date ______________________

Quizzes

Leçon 6A.2

GRAMMAR QUIZ II

The subjunctive (Part 1)

1 **Sauvegardez la nature!** You are preparing a flyer to increase awareness in your school about the need to protect the environment. Suggest how. (6 x 1 pt. each = 6 pts.)

1. Il est essentiel que nous ______________________.
2. Il est indispensable qu'on ______________________.
3. Il est nécessaire que tes copains et ta famille ______________________.
4. Il faut que vous, les étudiants, ______________________.
5. Il est important que le gouvernement ______________________.
6. Il faut toujours ______________________.

2 **Assemblez** Write five complete sentences using an element from each column. Do not forget to add prepositions as necessary and do not repeat any elements. (5 x 1 pt. each = 5 pts.)

je		prévenir	l'énergie solaire
tu		recycler	la nature
mon/ma petit(e) ami(e)		gaspiller	les écoproduits
mes parents		choisir	les déchets toxiques
le président des États-Unis	(ne... pas)	prendre	l'eau
mes ami(e)s et moi		interdire	les catastrophes

1. ______________________
2. ______________________
3. ______________________
4. ______________________
5. ______________________

3 **Il faut...** Your friend is graduating from college and is not sure how to go about looking for a job. E-mail your friend to encourage him or her to apply for an internship. Give advice on the steps involved in the application process. Use five different impersonal expressions in your message. (6 pts. for grammar + 3 pts. for vocabulary = 9 pts.)

____

____

____

____

Nom ______________________ Date ______________________

Quizzes

Leçon 6B

VOCABULARY QUIZ I

1 **Chassez l'intrus** Select the word that does not belong in each group. (5 x 1 pt. each = 5 pts.)

1. le bois, la jungle, la falaise
2. la vache, le serpent, la pierre
3. le ciel, la lune, la vallée
4. l'arbre, les plantes, le lapin
5. le lac, la rivière, l'île

2 **Tu inventes!** Félix tends to make things up to add drama to his stories. Indicate which of his statements are probably true (**Vrai**) and which are false (**Faux**). (5 x 1 pt. each = 5 pts.)

	Vrai	Faux
1. Tu sais, les lapins adorent nager dans la rivière.	☐	☐
2. J'ai vu beaucoup d'écureuils dans les bois.	☐	☐
3. La vache est une espèce menacée.	☐	☐
4. Les serpents ne sont jamais dangereux.	☐	☐
5. Ma petite amie est tombée d'une grande falaise mais n'a pas eu mal.	☐	☐

3 **Complétez** Complete each sentence with an appropriate vocabulary word. (10 x 1 pt. each = 10 pts.)

1. Son village a été détruit (*destroyed*) par l'éruption d'un ______________ en 1857.
2. Il est interdit de ______________ des ordures par terre.
3. Chaque pays doit avoir des lois pour sauvegarder ses ______________ naturelles.
4. Il y a beaucoup d'animaux en danger d'______________ dans le monde.
5. L'Amazone est une ______________ tropicale.
6. Regarde les vaches qui mangent l'______________ dans le champ!
7. Léa et Max ont regardé les ______________ dans le ciel toute la nuit. C'était romantique!
8. Le ______________ pose un grand problème parce qu'on coupe trop d'arbres.
9. Le Sahara, c'est un ______________ en Afrique.
10. Quand on fait une randonnée, il vaut mieux rester sur les ______________.

Nom _______________ Date _______________

Leçon 6B

VOCABULARY QUIZ II

1 **Répondez** Answer these questions with complete sentences. (5 x 1 pt. each = 5 pts.)

1. Quelles sont les ressources naturelles dans ta région?
2. Tes amis et toi, aimeriez-vous faire de l'écotourisme? Pourquoi?
3. Es-tu pour ou contre (*against*) la chasse? Pourquoi?
4. Pouquoi est-il important de préserver les habitats naturels?
5. Quelles activités tes parents aiment-ils pratiquer dans la nature?

2 **Définissez** Write complete sentences to define or describe these places. (5 x 1 pt. each = 5 pts.)

1. une île:
2. une falaise:
3. une vallée:
4. une forêt tropicale:
5. un désert:

3 **Mon journal** You and your friends are on an eco-tour. Write a journal entry about the scenery and animals you have seen and what you have done on the trip. Give detailed descriptions. (6 pts. for vocabulary + 4 pts. for creativity = 10 pts.)

Nom ______________________ Date ______________________

Leçon 6B.1

GRAMMAR QUIZ I

The subjunctive (Part 2)

1 **Complétez** Complete these sentences with the correct forms of the verbs in parentheses. (6 x 1 pt. each = 6 pts.)

1. Mes parents désirent que je ______________ (faire) mes études supérieures en Europe.
2. Est-ce que tu préfères que nous ______________ (venir) demain?
3. M. et Mme Desnaud exigent que leurs enfants ______________ (prendre) le bus.
4. J'ai peur que tu ne ______________ (être) pas heureuse avec lui.
5. Nous recommandons que tu ______________ (dormir) au moins sept heures par nuit.
6. Mon meilleur ami est furieux que son grand frère ______________ (vendre) les livres de leurs parents.

2 **C'est mon avis** Provide the logical reaction to each situation. Choose from the phrases in the list. (7 x 2 pts. each = 14 pts.)

boire de la limonade	faire une grande fête
apprendre la mauvaise nouvelle	garder le secret
être jalouse sans raison	ne plus avoir d'argent
faire un pique-nique	se lever à quatre heures

1. Tu viens de dire à ta sœur que tu sors avec quelqu'un.
   J'exige que tu ______________________________.
2. Le vol de tes cousins part à six heures du matin.
   Je suggère que vous ______________________________.
3. Raoul a dépensé tout son argent.
   Je suis surpris qu'il ______________________________.
4. Il fait très beau aujourd'hui.
   Je souhaite ______________________________.
5. Ta meilleure amie et son petit ami se sont fiancés.
   Je veux que vous ______________________________.
6. Les grands-parents de ton ami ont eu un accident.
   Je suis triste de/d' ______________________________.
7. Monica a très soif.
   Je recommande que tu ______________________________.

Quizzes

Nom ______________________ Date ______________________

Quizzes

Leçon 6B.1

GRAMMAR QUIZ II

The subjunctive (Part 2)

1 **En forme** Imagine that you're helping a friend get into shape. Complete this fitness checklist for him or her. Use a different verb each time. (5 x 1 pt. each = 5 pts.)

- Je recommande que tu ______________________.
- Je propose que tes amis et toi ______________________.
- Je souhaite que tu ______________________.
- Je préfère que tu ______________________.
- Je veux que tu ______________________.

2 **Les règles** You are a national park ranger. Use these expressions to write five rules or suggestions that all park visitors must follow. (5 x 1 pt. each = 5 pts.)

demander que | exiger que | recommander que | suggérer que | vouloir que

1. ______________________
2. ______________________
3. ______________________
4. ______________________
5. ______________________

3 **Une lettre** Your friend Ayesha wrote you this letter. Write her a response using the subjunctive with at least five different verbs of will and emotion. (5 pts. for grammar + 5 pts. for vocabulary = 10 pts.)

Salut! Ça va? Je suis vraiment contente d'être à Tunis avec mes grands-parents! Il fait très beau et on fait souvent un pique-nique au lac de Tunis le samedi. Et j'ai une grande nouvelle! J'ai fait la connaissance d'un garçon la semaine dernière au café où je travaille à temps partiel. Nous sommes déjà sortis trois fois. Il n'a pas envie de finir ses études et il cherche un travail. Je suis amoureuse de lui et maintenant je ne veux plus rentrer. Mes grands-parents ne savent pas que je sors avec lui. Ils seraient furieux! Alors, ne dis rien à personne. Qu'est-ce que je dois faire? Écris-moi vite!

Bises, Ayesha

____

____

____

____

Quizzes

Leçon 6B.2

GRAMMAR QUIZ I

Comparatives and superlatives of nouns

1 **Assemblez** Write complete sentences using the cues. (5 x 2 pts. each = 10 pts.)

1. mes cousines / gagner / argent / + / mon frère
2. nous / avoir / devoirs / = / nos amis
3. hier / je / voir / – / lapins / ma sœur
4. il / manger / + / croissants / moi
5. mes parents et moi / gaspiller / – / eau / notre voisin

2 **Deux villes** Compare these aspects of Benjamin's and Emma's cities. Look at the data and write five comparative statements. (5 x 2 pts. each = 10 pts.)

	la ville de Benjamin	la ville d'Emma
le chômage	12.5%	22%
les universités	2	2
les habitants	543,000	476,872
les usines	4	1
les lacs	2	4

1.
2.
3.
4.
5.

Leçon 6B.2

GRAMMAR QUIZ II

Comparatives and superlatives of nouns

1 **Comparez** Write complete statements to make comparisons between these people. (5 x 1 pt. each = 5 pts.)

1. toi et ton/ta meilleur(e) ami(e) / avoir des frères et des sœurs
____
2. toi et tes parents / recevoir des e-mails
____
3. toi et tes ami(e)s / jouer à des sports
____
4. le prof d'anglais et le prof de français / donner des devoirs
____
5. ton père et ta mère / faire des tâches ménagères
____

2 **Vos opinions** Write comparative statements about these places. Compare only nouns. (5 x 1 pt. each = 5 pts.)

1. la France / les États-Unis
____
2. un désert / une forêt tropicale
____
3. un petit village / une grande ville
____
4. une mer / un fleuve
____
5. un lycée / une université
____

3 **À votre avis** Your French friend Gustave cannot decide whether to visit New York City or Los Angeles and asked you for recommendations. Write him an e-mail comparing the two cities using these expressions. (5 pts. for grammar + 5 pts. for vocabulary = 10 pts.)

autant de | le plus de | le moins de | moins de | plus de

____
____
____
____
____

Nom ______________________ Date ______________________

Leçon 7A

VOCABULARY QUIZ I

1 **Faites correspondre** Match the items in Column A with their identity in Column B. (6 x 1 pt. each = 6 pts.)

A	B
_______ 1. Steven Spielberg	a. un compositeur
_______ 2. Eugene O'Neill	b. un opéra
_______ 3. *YMCA*	c. une critique littéraire
_______ 4. Fred Astaire	d. un dramaturge
_______ 5. *Carmen* de Bizet	e. un réalisateur
_______ 6. Beethoven	f. un danseur
	g. une chanson

2 **Complétez** Complete each sentence with the appropriate word. (10 x 1 pt. each = 10 pts.)

1. On a adoré l'opéra de Wagner. Tout le monde a beaucoup ______________ à la fin.
2. La pièce a déjà commencé. On peut dire bonjour à Paul pendant l'______________.
3. Nadia Morenski a joué le ______________ le plus important de sa vie dans ce film.
4. Nous avons vu cette ______________ de danseurs canadiens l'année dernière.
5. Tu as entendu la nouvelle ______________ de Taylor Swift?
6. Mes parents voulaient aller au théâtre mais il n'y avait plus de ______________.
7. Tout le monde connaît Julia Roberts. C'est une actrice ______________!
8. Mes amis sont arrivés très tard et on a manqué (*missed*) le ______________ de la pièce.
9. Il y a une ______________ d'*Autant en emporte le vent* (Gone with the Wind) à 20h00. Tu viens?
10. Je vais ______________ de mon jour de congé pour aller voir un spectacle.

3 **Répondez** Answer these questions with complete sentences. (4 x 1 pt. each = 4 pts.)

1. Quel genre de pièce est *Roméo et Juliette*?

____

2. Quel genre de pièce est *Le Songe d'une nuit d'été* (A Midsummer Night's Dream)?

____

3. Comment s'appelle l'ensemble de musiciens qui jouent des instruments?

____

4. Qui met en scène (*directs*) une pièce?

____

Nom ______________________ Date ______________________

Leçon 7A

VOCABULARY QUIZ II

1 **Une invitation** Write your friend an e-mail inviting him or her to a new movie from your favorite French director and starring your favorite French actor. Describe his role in the film, specify show times, and suggest a place to meet. (3 pts. for vocabulary + 2 pts. for style = 5 pts.)

2 **Répondez** Answer these questions with complete sentences. (5 x 1 pt. each = 5 pts.)

1. Quel acteur étranger ou quelle actrice étrangère est célèbre aux États-Unis?
2. Est-ce que quelqu'un dans ta famille joue d'un instrument? Qui? Duquel?
3. Quels genres de pièce aimes-tu?
4. Que penses-tu de l'opéra?
5. Qui est ton réalisateur favori? Lequel de ses films est le meilleur?

3 **Au théâtre** You attended the gala opening of a new play at your local theater, where you saw famous directors and composers. Write a blog entry describing the celebrities, the play, and the audience's reaction. (7 pts. for vocabulary + 3 pts. for style = 10 pts.)

Nom ______________________ Date ______________________

Quizzes

Leçon 7A.1

GRAMMAR QUIZ I

The subjunctive (Part 3)

1 **Choisissez** Choose the correct verb form to complete each sentence. (5 x 1 pt. each = 5 pts.)

1. Je pense que le réalisateur de ce film ______________ belge.
   a. est b. soit c. sois
2. Je ne crois pas que cette pièce ______________ un grand succès.
   a. avait b. ait c. a
3. Il n'est pas certain que le compositeur ______________ l'orchestre.
   a. presenter b. présentait c. présente
4. Il est vrai que mon ami et moi ______________ l'opéra.
   a. préférions b. préfèrent c. préférons
5. Nous savons que tu ______________ les meilleures danseuses.
   a. choisit b. choisiras c. choisisses

2 **Complétez** Complete each sentence with the appropriate verb form. (10 x 1 pt. each = 10 pts.)

1. Je doute que tu ______________ (vouloir) voir ce spectacle.
2. Le professeur pense que les élèves ______________ (rendre) les devoirs hier.
3. Il est impossible que vous ______________ (pouvoir) finir tout ce travail aujourd'hui.
4. Il est douteux que mon père ______________ (savoir) son adresse e-mail.
5. Mes parents croient que mes frères ______________ (faire) du cheval le samedi matin.
6. Il n'est pas certain que Guy et Paul ______________ (aller) à la fête.
7. Il est vrai qu'on ______________ (retenir) mon passeport à la douane la dernière fois.
8. Il est douteux que ma tante ______________ (être) une bonne cuisinière.
9. Il est clair que vous ______________ (profiter) de l'absence de votre patronne!
10. Il est évident que nous ______________ (avoir) faim plus tard si nous ne mangeons pas maintenant.

3 **D'accord ou pas?** Your friend is making certain statements and you are reacting to them. Respond using the expressions given. (5 x 1 pt. each = 5 pts.)

1. Ces metteurs en scène sont très célèbres.
   Il est douteux que ______________________________.
2. Toi et moi, nous savons jouer de la guitare.
   Il n'est pas vrai que ______________________________.
3. Cette troupe a de belles danseuses!
   Il est sûr que ______________________________.
4. Je vais acheter des CD pendant l'entracte.
   Je sais que ______________________________.
5. Marie-Claude et moi allons à l'opéra demain.
   Je ne pense pas que ______________________________.

Nom ____________________ Date ____________________

Quizzes

Leçon 7A.1

GRAMMAR QUIZ II

The subjunctive (Part 3)

1 **Complétez** Complete these sentences. Be creative! (5 x 1 pt. each = 5 pts.)

1. Il est douteux que ______________________________
2. Mes parents pensent que ______________________________
3. Mon/Ma meilleur(e) ami(e) ne croit pas que ______________________________
4. Il est impossible que ______________________________
5. Il est vrai que ______________________________

2 **Assemblez** Write five complete sentences using elements from each column. Make any changes necessary. (5 x 1 pt. each = 5 pts.)

Il est sûr que	je/j'	aller au ballet
Il n'est pas certain que	tu	être méchant(e)(s)
Il est clair que	le professeur	faire du bateau
Je doute que	nous	finir la leçon
Il n'est pas vrai que	les gens	pouvoir sortir tard le soir
Mes amis et moi ne pensons pas que	mes parents	savoir conduire
		vouloir voyager

1. ______________________________
2. ______________________________
3. ______________________________
4. ______________________________
5. ______________________________

3 **Une critique** You are a famous critic of the performing arts. Write a bad review for a new play that just opened. Use at least three expressions of doubt and disbelief and three of certainty in your review. (6 pts. for grammar + 4 pts. for vocabulary and style = 10 pts.)

____

Nom ____________________ Date ____________________

Quizzes

Leçon 7A.2

GRAMMAR QUIZ I

Possessive pronouns

1 **Remplacez** Replace the underlined words with the corresponding possessive pronouns. (8 x 1 pt. each = 8 pts.)

1. Tu préfères la pièce de Pierre ou <u>ta pièce</u>?
   ____
2. Mes enfants sont sérieux mais <u>ses enfants</u> sont drôles.
   ____
3. Notre opéra est plus long que <u>votre opéra</u>.
   ____
4. Notre tante travaille à Chicago mais <u>votre tante</u> travaille à Seattle.
   ____
5. Son compositeur est bon mais <u>leurs compositeurs</u> sont super!
   ____
6. Tu as écrit à tes parents ou à <u>nos parents</u>?
   ____
7. Sa cousine et <u>ma cousine</u> sont allées au concert ensemble.
   ____
8. Sa grand-mère parlait souvent de sa chanson mais pas de <u>leur chanson</u>.
   ____

2 **On compare** Christian and Jérémie are exchanging information about their lives. For each statement that one makes, write how the other would respond. (6 x 2 pts. each = 12 pts.)

Modèle

Mes sœurs sont très sportives. (paresseuses)
Les miennes sont paresseuses.

1. Ma meilleure amie habite à Toulouse. (Bordeaux)
   ____
2. Mon père est architecte. (avocat)
   ____
3. J'adore mes professeurs. (ne pas aimer)
   ____
4. Je m'occupe toujours de mon petit frère. (ne jamais)
   ____
5. Je parle souvent à mes cousines. (rarement)
   ____
6. J'ai reçu une lettre de mes parents hier. (un e-mail)
   ____

Nom _______________ Date _______________

Quizzes

Leçon 7A.2

GRAMMAR QUIZ II

Possessive pronouns

1 **C'est à qui?** Your sister did the laundry yesterday but got everyone's clothes mixed up. Help her sort them by using possessive pronouns. (5 x 1 pt. each = 5 pts.)

1. Ces chaussettes sont à toi?
2. Ce pantalon est à papa?
3. Ces shorts sont à René?
4. Ces chemises sont à Martin et à toi?
5. Cette écharpe est à moi, n'est-ce pas?

2 **Questions personnelles** Answer these questions using possessive pronouns. (5 x 1 pt. each = 5 pts.)

1. Qui est plus gentil, ton professeur ou le professeur de ton/ta meilleur(e) ami(e)?
2. Est-ce que tes parents sont plus stricts que ceux de tes amis?
3. Est-ce que ta ville est aussi grande que celle de tes cousins?
4. Est-ce que tu t'amuses mieux avec ta famille ou avec celle de ton ami(e)?
5. Est-ce que tes vêtements sont différents de ceux de tes camarades de classe?

3 **Tante Estelle** Your aunt Estelle is always comparing people. You are talking to her at a family reunion and exchanging news about different relatives. For everyone you mention, Aunt Estelle makes a comparison. Write this conversation using at least six different possessive pronouns. (6 pts. for grammar + 4 pts. for creativity = 10 pts.)

Nom ______________________ Date ______________________

Leçon 7B

VOCABULARY QUIZ I

1 **Chassez l'intrus** Choose the word that does not belong in each group. (5 x 1 pt. each = 5 pts.)

1. un auteur, un peintre, un écrivain
2. une danseuse, un sculpteur, une critique
3. un festival, une exposition, une publicité
4. un programme, un conte, une histoire
5. le magazine, le roman, la météo

2 **À la télé** The Senegalese exchange student at your home is scrolling through the TV listings. Since she does not speak English, write what kinds of programs or channels these are. Include the indefinite articles. (5 x 1 pt. each = 5 pts.)

1. *March of the Penguins*: ______________________
2. *Family Feud*: ______________________
3. *Tom and Jerry*: ______________________
4. *The Young and the Restless*: ______________________
5. CNN: ______________________

3 **Complétez** Complete each sentence with an appropriate vocabulary word. (10 x 1 pt. each = 10 pts.)

1. Je n'aime pas du tout les films d'______________ comme *Vendredi 13*.
2. Nous avons vu *Star Trek* hier. C'est un film de ______________.
3. À mon avis, *La Joconde* (*Mona Lisa*) n'est pas le ______________ de Léonard de Vinci.
4. Mes parents s'intéressent beaucoup aux ______________, surtout à la peinture et à la sculpture.
5. Maya Angelou est une ______________ célèbre aux États-Unis.
6. J'ai envie de manger une pizza chaque fois que je vois cette ______________.
7. Mon frère a rencontré son ______________ petite amie hier. Ils ne s'étaient pas parlé (*hadn't spoken*) depuis deux ans.
8. On ne doit pas payer le parking. C'est ______________.
9. Ma sœur préfère la musique classique. Elle n'écoute pas les ______________ à la radio.
10. Nous venons d'acheter le dernier ______________ de John Grisham à la librairie.

Nom ______________________ Date ______________________

Quizzes

Leçon 7B

VOCABULARY QUIZ II

1 **Quelle émission?** You and your parents watch TV after dinner but cannot agree on what to watch. Write a short conversation where each one of you says what you want to watch and why. Finally agree on something. (4 pts. for vocabulary + 2 pts. for creativity = 6 pts.)

2 **Répondez** Answer these questions with complete sentences. (5 x 1 pt. each = 5 pts.)

1. Qui considères-tu comme un écrivain doué? Pourquoi?
2. Quel genre de film tes parents préfèrent-ils?
3. Est-ce que quelqu'un dans ta famille est artiste? Dans quel domaine?
4. Quels peintres français connais-tu?
5. Qu'est-ce que les jeunes d'aujourd'hui aiment regarder à la télé?

3 **Vive l'art!** You went to an international arts festival last weekend. Write a journal entry about your experience there. Describe what you saw, the artists you met, and your impressions of them. (6 pts. for vocabulary + 3 pts. for creativity = 9 pts.)

Nom ______________________ Date ______________________

Quizzes

Leçon 7B.1

GRAMMAR QUIZ I

The subjunctive (Part 4)

1 **Complétez** Complete each sentence with the appropriate form of a verb from the list. (8 x 1 pt. each = 8 pts.)

conduire	faire	parler	pouvoir	rester
dire	gagner	partir	prendre	savoir

1. Nous viendrons vous rendre visite à moins qu'il ______________ un temps épouvantable.
2. Les jeunes mariés (*newlyweds*) sont partis sans ______________ aux invités.
3. Nous arriverons à destination sans incident à condition que nous ______________ prudemment.
4. Elle t'a prêté son portable pour que tu ______________ l'appeler en cas d'urgence.
5. Vous espérez vivre dans cette maison jusqu'à ce que vous ______________ votre retraite.
6. Vous devez retirer de l'argent avant de ______________ en vacances.
7. Sa grand-mère est morte avant qu'il lui ______________ la vérité (*truth*).
8. Tu fais du jogging pour ______________ en forme.

2 **Les conjonctions** Combine these sentences by means of the conjunctions given. (4 x 1 pt. each = 4 pts.)

1. Nous allons rester à la maison. Les enfants veulent aller au centre-ville. (à moins que)

   ____

2. Ahmed va passer à la banque. Il va à la poste cet après-midi. (avant de)

   ____

3. Tu vas continuer à travailler. Tu finis tes devoirs. (jusqu'à ce que)

   ____

4. Vous pouvez emprunter leur vélo. Vous le rendrez bientôt. (à condition que)

   ____

3 **Assemblez** Write six complete sentences with the cues provided. Make any changes necessary. (4 x 2 pts. each = 8 pts.)

1. je / aller au théâtre demain / à condition que / tu / venir / avec moi

   ____

2. mon oncle / prendre le bus / pour que / nous / avoir la voiture

   ____

3. Émilie et Justin / aller au stade / sans que / père / le savoir

   ____

4. nous /démissioner / avant que / patron / nous renvoyer

   ____

Quizzes

Leçon 7B.1

GRAMMAR QUIZ II

The subjunctive (Part 4)

1 **Questions personnelles** Answer these questions with complete sentences. (5 x 1 pt. each = 5 pts.)

1. Que fais-tu sans que tes parents le sachent?
____
2. Que faut-il faire pour être en bonne santé?
____
3. Qu'est-ce que tu fais à condition que tes amis le fassent aussi?
____
4. Y a-t-il des choses que tu ne fais pas jusqu'à ce que tes parents l'exigent?
____
5. Qu'est-ce que ton professeur te conseille de faire pour que tu sois accepté(e) à l'université?
____

2 **Finissez** Write an original ending, either real or fictional, for each phrase. (5 x 1 pt. each = 5 pts.)

1. Je ne me marierai pas avant que/qu' ______________________
____
2. Mes parents me permettront de voyager en Europe à condition que/qu' ______________________
____
3. Beaucoup de gens croient aux publicités sans ______________________
____
4. Tous les jours, avant de/d' ______________________
____
5. Elle ne quittera pas son petit ami à moins que/qu' ______________________
____

3 **Les projets d'avenir** Soon you will graduate from high school. Write a letter to your friend Théo telling him the plans you and your friends have for the future. Use these conjunctions. (6 pts. for grammar + 4 pts. for vocabulary = 10 pts.)

avant que	à moins que	pour que
à condition que	jusqu'à ce que	sans

____
____
____
____
____

Nom ______________________ Date ______________________

Quizzes

Leçon 7B.2

GRAMMAR QUIZ I

Review of the subjunctive

1 **Trouvez la suite** Match the phrases in Column A with their corresponding endings in Column B. (8 x 1 pt. each = 8 pts.)

A	B
_______ 1. Il est sûr que nous...	a. venions demain soir.
_______ 2. Ma mère désire que mon père...	b. n'aimes pas travailler avec cette troupe.
_______ 3. Tu exiges qu'ils...	c. embauchons trois personnes.
_______ 4. Je regrette que vous...	d. travaillez moins.
_______ 5. Mes amis sont contents que je/j'...	e. y aillent tout de suite.
_______ 6. Il est vrai que vous...	f. fasse la cuisine demain.
_______ 7. Il est impossible que nous...	g. soyez malades.
_______ 8. Il est évident que tu...	h. aie beaucoup de succès.

2 **Complétez** Write the correct forms of the verbs in parentheses. (6 x 1 pt. each = 6 pts.)

1. Le compositeur recommande que les chanteurs ______________ (répéter) tous les jours.
2. Est-ce que vous souhaitez ______________ (faire) la connaisance du peintre?
3. Il est douteux que nous ______________ (connaître) le metteur en scène.
4. Je ne crois pas que l'histoire ______________ (finir) bien.
5. Vous savez que je ______________ (pouvoir) jouer ce rôle.
6. Nous ne sommes pas certains que nous ______________ (vouloir) visiter les monuments.

3 **Elle doute!** Write Marielle's responses to what you and your friends say. (6 x 1 pt. each = 6 pts.)

1. Nous allons à Paris cet été.
   Je ne crois pas que vous ______________________________.
2. Nous avons beaucoup d'examens dans ce cours.
   Je doute que vous ______________________________.
3. Les touristes font des randonnées à la montagne.
   Il n'est pas vrai qu'ils ______________________________.
4. Ghislaine et toi serez contentes de l'appartement.
   Il n'est pas certain que nous ______________________________.
5. Lucien et Margot viendront de New York dimanche prochain.
   Il n'est pas sûr qu'ils ______________________________.
6. Je peux faire la cuisine pour tout le monde.
   Il est impossible que tu ______________________________.

Quizzes

Leçon 7B.2

GRAMMAR QUIZ II

Review of the subjunctive

1 **Imaginez** Write complete sentences to describe these images using the expressions provided. (4 x 1 pt. each = 4 pts.)

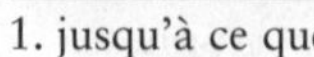
1. jusqu'à ce que

2. avoir peur que

3. il est clair que

4. il est douteux que

1. ______
2. ______
3. ______
4. ______

2 **Soyons verts!** What are your concerns regarding the protection of our natural resources? Is the government doing enough to protect them? Write a short article on this subject using at least five verbs in the subjunctive. (5 pts. for grammar + 3 pts. for vocabulary = 8 pts.)

3 **Qu'est-ce que je fais?** Your best friend is going to study in Brussels and wants you to join him or her. You are not sure what to do. Write a letter to a close relative confiding your concerns and what your parents think of the idea. Use at least five verbs in the subjunctive. (5 pts. for grammar + 3 pts. for creativity = 8 pts.)

Unité préliminaire

Leçon PA

LESSON TEST I

1 **Conversations** Listen to these conversations between various people and select the most logical continuation for each. (5 x 4 pts. each = 20 pts.)

1. Thierry parle à Claire à propos de (*about*) sa chambre.
   a. Non, il y a un tapis et un fauteuil.
   b. Non, j'ai besoin d'une commode.
   c. Non, je n'ai pas rangé la chambre.
2. Salima et Rémy sont au café.
   a. D'habitude, nous mangions à huit heures.
   b. D'habitude, il laissait un pourboire.
   c. D'habitude, il mangeait un sandwich au jambon.
3. Sébastien et Julie parlent de la maison de leurs parents.
   a. C'est dans un très beau quartier.
   b. Il y a un sous-sol.
   c. Il y a seulement trois pièces.
4. La mère de Simon lui parle de son école.
   a. Je dormais.
   b. J'ai eu un examen.
   c. Je jouais souvent aux cartes.
5. Lise décrit son week-end à son petit ami, Maxime.
   a. J'ai loué la maison de Nelly.
   b. Il pleuvait et en plus, j'étais fatiguée.
   c. Nelly a acheté des rideaux et un tapis.

2 **Qu'est-ce que c'est?** Complete each sentence logically with words based on the illustration. (6 x 3 pts. each = 18 pts.)

1. La pièce à côté des toilettes s'appelle _______________.
2. La femme au téléphone est assise (*sitting*) dans _______________ et elle a les pieds (*feet*) sur _______________.
3. Sur le mur, il y a _______________.
4. Si on descend un étage, on arrive _______________.
5. Il y a beaucoup de livres sur _______________.

3 **Les vacances** Emmanuelle just came back from vacation and she is talking about everything she did. Complete her sentences with the **passé composé** or the **imparfait**. (6 x 3 pts. each = 18 pts.)

1. Je ____________________ (partir) en vacances en Italie.
2. Je/J' ____________________ (rendre) visite à mon petit ami, Giovanni.
3. En général, le matin, je/j' ____________________ (aller) au marché.
4. Il ____________________ (pleuvoir) seulement une fois pendant mon séjour.
5. Un jour, nous ____________________ (faire) un pique-nique à la campagne.
6. Ce/C' ____________________ (être) vraiment fantastique!

4 **Une mauvaise expérience!** Jean-Luc and his friends rented an apartment for a week in Senegal but it wasn't quite what they expected. Complete the blog entry about his experience with the **passé composé** or the **imparfait**. (8 x 3 pts. each = 24 pts.)

Le mois dernier, mes amis et moi, nous (1) ____________________ (louer) un appartement à Dakar pendant (*for*) une semaine. D'abord, on (2) ____________________ (avoir) beaucoup de difficultés à trouver l'adresse et en plus, il (3) ____________________ (pleuvoir). Finalement, nous (4) ____________________ (trouver) l'appartement. Il se trouvait (*was located*) au cinquième étage d'un vieil immeuble et il n'y (5) ____________________ (avoir) pas d'ascenseur! Nous (6) ____________________ (monter) l'escalier avec toutes nos valises. Et figure-toi que, quand nous (7) ____________________ (entrer) dans l'appartement, on a réalisé qu'il (8) ____________________ (ne pas être) meublé (*furnished*)! Quel cauchemar (*nightmare*)!

5 **À vous!** In a paragraph of at least five complete sentences, describe the home you lived in when you were a child. Mention whether it was a house or an apartment, how many rooms there were, and how each was furnished. (8 pts. for vocabulary + 8 pts. for grammar + 4 pts. for style and creativity = 20 pts.)

Nom ______________________________ Date ______________________________

Unité préliminaire

Leçon PA

LESSON TEST II

1 **Conversations** Aline and Noah are getting to know each other. Select the most logical response to each conversation. (5 x 4 pts. each = 20 pts.)

1. Aline fait la connaissance de Noah.
   a. Oui, je déménage à Marseille demain.
   b. Oui, je suis suisse.
   c. Non, ma famille et moi, nous avons aussi habité en Suisse.
2. Ils parlent de leurs cours.
   a. Non merci. Il ne faut pas étudier pour le cours de chimie.
   b. C'est vraiment gentil. Tout le monde a besoin d'aide de temps en temps.
   c. En général, je n'aime pas la chimie.
3. Ils continuent à parler.
   a. Absolument!
   b. Seulement!
   c. Franchement!
4. Ils parlent maintenant du professeur d'anglais.
   a. Il roulait trop vite et il n'a pas vu (*see*) l'autre voiture.
   b. Il était au resto U et il a beaucoup mangé.
   c. Il faisait beau et il portait des lunettes de soleil.
5. Enfin ils parlent de leurs appartements.
   a. Il y a sept pièces et même une baignoire.
   b. C'est un tout petit studio et franchement, ce n'est pas un beau quartier.
   c. C'est très grand avec un escalier magnifique et une cave.

2 **Qu'est-ce qu'il y a?** For each photo, write three sentences describing what the rooms are, and what furniture is in each one. (6 x 3 pts. each = 18 pts.)

A

B

A 1. ______________________________

2. ______________________________

3. ______________________________

B 4. ______________________________

5. ______________________________

6. ______________________________

3 **Quel cauchemar!** Muriel and her sister Christine had a lot of bad luck while on vacation. Complete Muriel's sentences with the **passé composé** or the **imparfait.** (6 x 3 pts. each = 18 pts.)

1. Christine ______________________ (perdre) son passeport à l'aéroport.
2. Nous ______________________ (arriver) très tard à l'hôtel.
3. On ______________________ (annuler) notre réservation.
4. L'hôtelier nous ______________________ (donner) la seule chambre libre au rez-de-chaussée.
5. La chambre ______________________ (avoir) deux petits lits pas très confortables.
6. La salle de bains ______________________ (ne pas être) très propre (*clean*).

4 **Une bonne surprise!** Farid is talking about what happened last weekend. Complete his paragraph with the **passé composé** or the **imparfait.** (8 x 3 pts. each = 24 pts.)

Le week-end dernier, il (1) ______________________ (neiger) et il (2) ______________________ (faire) un temps épouvantable. Je (3) ______________________ (ne pas avoir) envie de sortir. Alors, je (4) ______________________ (rester) à la maison toute la journée samedi. Je (5) ______________________ (lire) un roman quand quelqu'un (6) ______________________ (frapper) à la porte. Ce/C' (7) ______________________ (être) ma petite amie, Ayesha! Elle (8) ______________________ (venir) de Tunisie pour me rendre visite. Quelle merveilleuse surprise!

5 **À vous!** In a paragraph of at least five complete sentences, describe the home you lived in when you were in high school. Mention whether it was a house or an apartment, how many rooms there were, what furniture was in each room, and if there was a yard and/or a garage. (8 pts. for vocabulary + 8 pts. for grammar + 4 pts. for style and creativity = 20 pts.)

Nom ______________________ Date ______________________

Unité préliminaire

LESSON TEST I

Leçon PB

1

Une réponse logique You and several friends are moving into a house for a year. Select the most logical answer to each person's question(s) or statement. (6 x 4 pts. each = 24 pts.)

1. a. On les met dans le grille-pain.
   b. On les met dans l'aspirateur.
   c. On les met dans le congélateur.
2. a. Oui, ils sont gentils.
   b. Oui, ils sont pénibles.
   c. Oui, ils sont sales.
3. a. Tu essuies la table.
   b. Tu fais la vaisselle.
   c. Tu enlèves la poussière.
4. a. Tu vas faire la vaisselle?
   b. Tu vas sortir la poubelle?
   c. Tu vas faire ton lit?
5. a. Alors, achète une cafetière!
   b. D'accord, je vais les chercher.
   c. Il est où, le lave-linge?
6. a. Il faut mettre la table.
   b. Il faut débarrasser la table.
   c. Il faut faire la lessive.

2

Qu'est-ce que c'est? Identify the items in the illustrations. Don't forget to include the article! (10 x 2 pts. each = 20 pts.)

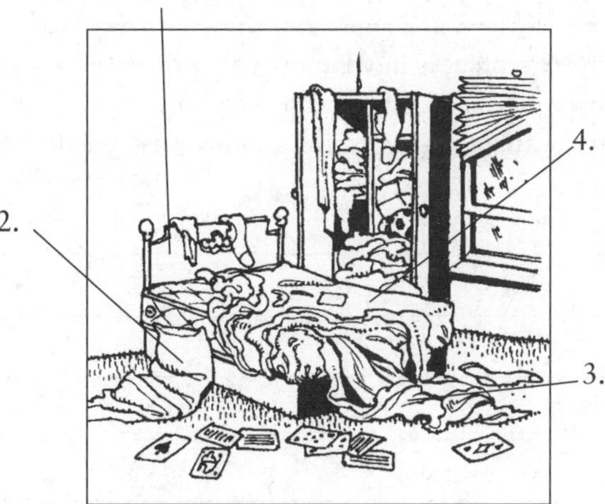

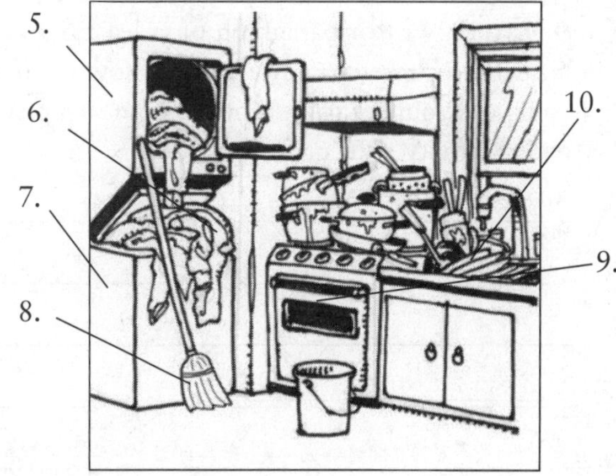

1. ______________________
2. ______________________
3. ______________________
4. ______________________
5. ______________________
6. ______________________
7. ______________________
8. ______________________
9. ______________________
10. ______________________

Lesson Tests

3 **Interruptions** Say that something happened while something else was already going on. Use the **passé composé** and the **imparfait.** (8 x 3 pts. each = 24 pts.)

1. Mon copain Robert ______________ (déménager) quand il ______________ (commencer) à pleuvoir.
2. Je ______________ (balayer) quand Christine ______________ (téléphoner).
3. Mes camarades de chambre ______________ (finir) leurs devoirs quand Karine et Alice ______________ (sortir).
4. Pascal ______________ (faire) la vaisselle quand elle ______________ (arriver).

4 **Savez-vous...** A group of students is renting a house for a year. Complete the sentences with the correct forms of either **savoir** or **connaître.** (6 x 2 pts. each = 12 pts.)

1. Tu ______________ ce quartier?
2. Non, mais je ______________ qu'il y a beaucoup de restaurants.
3. On va partager les tâches ménagères. Claudine et Paul, est-ce que vous ______________ repasser?
4. Non, mais nous ______________ une femme qui adore faire ça.
5. Pierre, toi et ta copine, vous ______________ cette femme?
6. Non, mais Claudine et Paul la ______________.

5 **À vous!** Write a paragraph of at least five complete sentences in which you describe several household chores you do regularly now in your own place and several things you used to do when you were younger to help out at home. (8 pts. for vocabulary + 8 pts. for grammar + 4 pts. for style and creativity = 20 pts.)

____

____

____

____

____

____

____

____

____

____

____

____

Nom ______________________ Date ______________________

Unité préliminaire

Leçon PB

LESSON TEST II

1 **Une réponse logique** You and several friends are renting a house for the upcoming semester, and you are talking about various household tasks. Select the most logical answer to each person's question. (6 x 4 pts. each = 24 pts.)

1. a. Tu balaies la cuisine.
   b. Tu utilises un fer à repasser.
   c. Tu ranges ta chambre.
2. a. Il est dans le frigo.
   b. Il est dans le four.
   c. Il est dans le placard.
3. a. Il faut mettre la table.
   b. Il faut repasser le linge.
   c. Il faut salir la table.
4. a. Dans le grille-pain.
   b. Dans le congélateur.
   c. Dans le lave-vaisselle.
5. a. Presque, mais je n'arrive pas à trouver l'oreiller.
   b. Presque, mais je n'arrive pas à trouver l'évier.
   c. Presque, mais je n'arrive pas à trouver la cuisinière.
6. a. Du lave-vaisselle.
   b. De la cafetière.
   c. Du lave-linge.

2 **Qu'est-ce qu'ils font?** Write two sentences for each image to describe what the person is doing, what room they are in, and what objects you see. (4 x 5 pts. each = 20 pts.)

1. 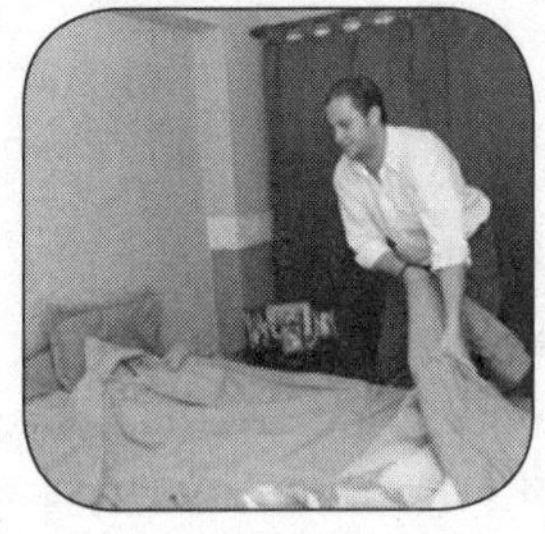
2. 
3. 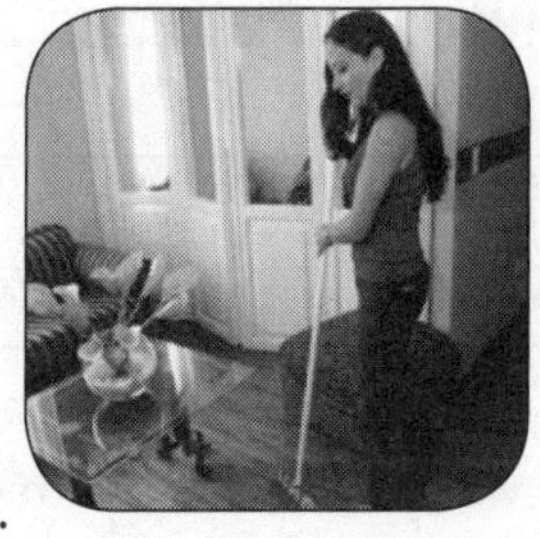
4. 

1. ____
____
____
2. ____
____
____
3. ____
____
____
4. ____
____
____

Lesson Tests

Nom ______________________ Date ______________________

3 **Interruptions** Say that something interrupted something else that was already going on. Use the **passé composé** and the **imparfait** to complete these sentences. (8 x 3 pts. each = 24 pts.)

1. Je/J' ______________________ (aller) sortir quand tu ______________________ (téléphoner).
2. Frédéric ______________________ (passer) l'aspirateur quand nous ______________________ (partir).
3. Vous ______________________ (écrire) une dissertation (*paper*) quand Sylvie ______________________ (arriver).
4. Monsieur et Madame Rousseau ______________________ (faire) une promenade quand il ______________________ (commencer) à neiger.

4 **Savez-vous...** A group of friends is renting a house on campus this year. Complete the sentences with the correct forms of either **savoir** or **connaître**. (6 x 2 pts. each = 12 pts.)

1. Patrice, tu ______________________ la femme qui possède (*owns*) cette maison?
2. Non, mais Thierry la ______________________.
3. Oui, elle est extraordinairement sympa. Vous ______________________ qu'elle va faire toutes nos tâches ménagères cette année?
4. C'est excellent! Moi, je ne ______________________ même pas faire la vaisselle.
5. Et nous ne ______________________ pas repasser le linge. On a vraiment de la chance!
6. Eh, vous deux! Vous me ______________________ mal! C'est une blague.

5 **À vous!** Write a paragraph of at least five complete sentences in which you compare the household chores you do now with those you used to do when you were younger. (8 pts. for vocabulary + 8 pts. for grammar + 4 pts. for style and creativity = 20 pts.)

____

____

____

____

____

____

____

____

____

____

____

Nom ______________________ Date ______________________

Unité 1

LESSON TEST I

Leçon 1A

1 **Conversations** Listen to the following conversations among various people and select the most logical continuation for each. (5 x 4 pts. each = 20 pts.)

1. Il est midi trente. Vincent rencontre Lili dans le parc. Vincent demande:
   a. Il y a deux heures.
   b. Depuis deux heures.
   c. À deux heures.
2. Alexie et Solène dînent au restaurant. Alexie demande:
   a. Si, mais je préfère les œufs.
   b. Non, je ne mange jamais de viande.
   c. Tu sais, je déteste le thon.
3. Madame Dupont vient de rentrer à la maison. Elle demande à son mari:
   a. De la confiture de fraises.
   b. Un pâté de campagne.
   c. Une tarte aux poires.
4. Paméla fait les courses au marché. Le marchand de légumes lui demande:
   a. Un gros oignon, s'il vous plaît.
   b. Des fruits de mer, s'il vous plaît.
   c. De la confiture, s'il vous plaît.
5. Madame Aubin parle à son mari. Elle demande:
   a. Un petit-déjeuner.
   b. Un steak et des petits pois.
   c. À la cantine.

2 **Les couleurs et les aliments** List two fruits or vegetables that fall into each category, based on the color. (10 x 2 pts. each = 20 pts.)

rouge
1. ______________
2. ______________

blanc
3. ______________
4. ______________

vert
5. ______________
6. ______________

jaune
7. ______________
8. ______________

orange
9. ______________
10. ______________

Lesson Tests

3 **La famille de Katarina** Katarina is talking to her friend Paul about her family. Complete her sentences with the correct forms of the verbs from the list. (5 x 2 pts. each = 10 pts.)

venir	retenir	tenir	devenir	revenir

1. Ma sœur est très intelligente. Elle ______________ médecin il y a deux ans.
2. Quand mes parents sont partis en vacances, on les ______________ à la douane pendant des heures!
3. Sur cette photo, ma tante est la femme qui ______________ le livre dans sa main (*hand*).
4. Mon cousin et ses amis ______________ de ______________ d'Angleterre. Ils ont beaucoup aimé!

4 **Il y a...** Lisette and her friends are just about ready for tonight's party. Write their answers to these questions in the affirmative using **venir de, il y a, depuis,** and **pendant**. Be sure to use each expression at least once. (6 x 3 pts. each = 18 pts.)

1. Tu as sorti la poubelle? ______________________________
2. Marie et Yves ont déjà fait les courses? ______________________________
3. Nous avons sorti les boissons? ______________________________
4. Pendant combien de temps met-on ça au four? ______________________________
5. Vous avez préparé la tarte aux fruits? ______________________________
6. Murielle attend les invités? ______________________________

Lesson Tests

5 **Choisissez** Complete each sentence with the correct form of **devoir, pouvoir,** or **vouloir**. Pay attention to the adverbs that indicate verb tense. (6 x 2 pts. each = 12 pts.)

1. Aujourd'hui, je ______________ (devoir) faire les courses, mais je ______________ (ne pas vouloir) les faire.
2. Hier, Julien ______________ (vouloir) sortir, mais ses copains ______________ (ne pas pouvoir).
3. Autrefois, Patrick ______________ (vouloir) toujours faire la cuisine, même quand il ______________ (devoir) faire ses devoirs.

6 **À vous!** Write a paragraph of at least five complete sentences explaining what you typically have for breakfast, lunch, and dinner during the week and on weekends. Also mention what your friends or family members often have for their meals. (8 pts. for vocabulary + 8 pts. for grammar + 4 pts. for style and creativity = 20 pts.)

____

____

____

____

____

Nom ______________________ Date ______________________

Unité 1

LESSON TEST II

Leçon 1A

1 **Conversations** Listen to the following conversations among various people and select the most logical continuation for each. (5 x 4 pts. each = 20 pts.)

1. Il est sept heures du matin. Laurent et Matthieu vont prendre le petit-déjeuner.
   a. Des pâtes et une salade, s'il te plaît.
   b. Des œufs et un yaourt, s'il te plaît.
   c. Du poulet et des haricots verts, s'il te plaît.
2. Léa et Zoé dînent au restaurant.
   a. Si, mais je préfère le porc.
   b. Tu sais, j'adore le thon.
   c. Non, je suis végétarienne.
3. Madame Fournier rentre à la maison. Elle parle à son mari.
   a. Des champignons.
   b. Une tarte aux pommes et de la glace.
   c. Des poivrons et des oignons.
4. Pénélope et Philippe font les courses.
   a. D'accord. Tu peux prendre aussi de la confiture?
   b. D'accord. Tu peux prendre aussi du pâté?
   c. D'accord. Tu peux prendre aussi de la laitue?
5. Monsieur Quintal parle à sa femme.
   a. Un petit-déjeuner.
   b. Des fruits de mer et des petits pois.
   c. Des pêches et des oranges, s'il te plaît.

Lesson Tests

2 **On vient de prendre...** Based on the illustrations, say what the following people just had at the restaurant, using **venir de.** (12 x 2 pts. each = 24 pts.)

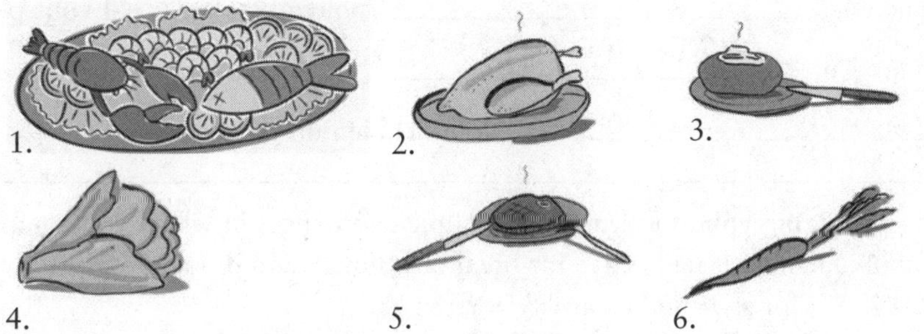

1. Armand et Jamel ______________ de prendre des ______________.
2. Nous ______________ de prendre du ______________.
3. Yvette ______________ de prendre une ______________.
4. Je ______________ de prendre de la ______________.
5. Tu ______________ de prendre un ______________.
6. Vous ______________ de prendre une ______________.

3 **Ma famille** Charles is telling his friend Dominique about his family. Complete his sentences with the correct forms of the verbs from the list. (4 x 3 pts. each = 12 pts.)

devenir	retenir	revenir	tenir

1. Mon cousin est intelligent. Il ____________ médecin il y a trois mois.
2. Quand mon oncle et ma tante sont partis en vacances, on les ____________ à la douane pendant longtemps.
3. Ma grand-mère est la femme qui ____________ le livre dans sa main (*hand*) sur cette photo.
4. Ma sœur vient de ____________ d'Angleterre. Elle a adoré!

4 **Il y a...** Lisette and her friends are just about ready for tonight's party. Answer the following questions in the affirmative using **venir de, il y a, depuis,** and **pendant.** Be sure to use each expression at least once. (6 x 2 pts. each = 12 pts.)

1. Julie et Gilbert ont préparé la tarte? ____________
2. Salima a déjà fait les courses? ____________
3. Pendant combien de temps met-on ça au four? ____________
4. Vous avez sorti les boissons? ____________
5. Tu as sorti la poubelle? ____________
6. On attend les invités? ____________

5 **Choisissez** Complete each sentence with the correct form of **devoir, pouvoir,** or **vouloir.** Pay attention to adverbs that indicate tense. (6 x 2 pts. each = 12 pts.)

1. Tu ____________ (devoir) bientôt préparer le dessert. Les invités arrivent!
2. Hier, Élisabeth ____________ (pouvoir) finir le dîner et le dessert.
3. Les enfants ____________ (ne pas vouloir) nettoyer leurs chambres hier soir.
4. Est-ce que vous ____________ (pouvoir) m'aider, s'il vous plaît?
5. J'ai mal au ventre. Je/J'____________ (devoir) trop manger ce matin.
6. Nous ____________ (vouloir) bien un goûter, merci.

6 **À vous!** Write a paragraph of at least four complete sentences in which you compare what you and a friend or family member usually have for breakfast, lunch, and dinner. (8 pts. for vocabulary + 8pts. for grammar + 4 pts. for style and creativity = 20 pts.)

____

____

____

____

____

Nom ______________________ Date ______________________

Unité 1

Leçon 1B

LESSON TEST I

Lesson Tests

1 **Conversations** Listen to these conversations among various people and select the most logical continuation for each. (5 x 4 pts. each = 20 pts.)

1. Nina déjeune chez Guillaume. Nina dit:
   a. C'est pour la crème.
   b. C'est pour les pâtes.
   c. C'est pour le poulet.
2. Madame Lebeau est au marché. Le marchand de fruits et légumes demande:
   a. Ça fait quatre euros cinquante.
   b. Ça fait un kilo et demi.
   c. C'est compris.
3. Céline et Olivier font les courses au marché. Céline demande:
   a. Ils coûtent un euro quatre-vingts le kilo.
   b. Ils coûtent un euro cinquante le kilo.
   c. Ils coûtent un euro trente le kilo.
4. Alain et Mai-Ly parlent du nouvel appartement de Mai-Ly. Elle dit:
   a. Oui, je vais te le montrer.
   b. Mais, je viens de te la donner!
   c. C'est dans un vieil immeuble.
5. Pauline et Antoine dînent au restaurant. Pauline demande:
   a. Oui, j'ai très faim.
   b. Oui, une tranche, s'il te plaît.
   c. Oui, je suis au régime.

2 **Que se passe-t-il?** Write four complete sentences that describe this photo in as much detail as possible. Imagine what the people are doing, what they are saying to the waiter, and mention what is on the table. (4 x 3 pts. each = 12 pts.)

____

____

____

____

____

____

____

____

____

____

3 **Plus ou moins?** Compare each set of items using the cues in parentheses to express that one item is more than (+), less than (–), or the same as (=) the other. (4 x 3 pts. each = 12 pts.)

1. (+ froid) Un congélateur est _______________ qu'un frigo.
2. (= cher) Les haricots verts sont _______________ que les petits pois.
3. (– grand) La charcuterie est _______________ que le supermarché.
4. (+ bon) La qualité est _______________ chez le charcutier.

4 **Le mieux et le meilleur!** Everything in your neighborhood is the best. Indicate this by completing each of these sentences with a logical superlative. (4 x 3 pts. each = 12 pts.)

Modèle

Le restaurant Chez Jacques est charmant. C'est ***le restaurant le plus charmant*** du quartier.

1. Cette boulangerie fait du bon pain. Elle fait _______________ du quartier.
2. Ce marché est grand. C'est _______________ du quartier.
3. Mes voisins sont gentils. Ce sont _______________ du quartier.
4. Mon immeuble est vieux. En fait, c'est _______________ du quartier.

5 **Les déménagements** A few friends are moving into new apartments near each other, but not everything is unpacked yet. Complete the answers to the questions using two object pronouns in each response. (6 x 4 pts. each = 24 pts.)

1. Tu peux prêter ton aspirateur à Nicole? Oui, je _______________.
2. Corinne a donné son ordinateur à ses parents? Oui, elle _______________.
3. Marc nous achète la pizza? Oui, il _______________.
4. Nous devons vous apporter les couteaux? Oui, vous _______________.
5. Tu rends la voiture à Chloé? Oui, je _______________.
6. Johanna nous a pris les photos? Oui, elle _______________.

6 **À vous!** Imagine you are planning a party. In a paragraph of at least four complete sentences, explain what things you are going to buy and where in town you will go to buy them.
(8 pts. for vocabulary + 8 pts. for grammar + 4 pts. for style and creativity = 20 pts.)

____

____

____

____

____

____

Nom ______________________ Date ______________________

Unité 1

LESSON TEST II

Leçon 1B

1 **Conversations** Listen to these conversations among various people and select the most logical continuation for each. (5 x 4 pts. each = 20 pts.)

1. Isabelle dîne chez Éric.
   a. Pour manger la soupe.
   b. Pour manger les pâtes.
   c. Pour manger le poulet.
2. Monsieur Girard va au supermarché.
   a. Non, je ne suis pas au régime.
   b. Oui, je commande une entrée.
   c. Non, je suis au régime.
3. Marion et Maxime sont à la boucherie.
   a. Il coûte six euros le kilo.
   b. Il coûte cinq euros quatre-vingt-dix le kilo.
   c. Il coûte cinq euros cinquante le kilo.
4. Amandine et Romain parlent de Sarah, la sœur de Romain.
   a. Elle me téléphone quatre ou cinq fois par semaine.
   b. Elle m'envoie des e-mails quatre ou cinq fois par semaine.
   c. Elle vient de m'envoyer un e-mail.
5. Laura et Geoffroy sont dans le salon. Ils parlent d'une assiette assez spéciale.
   a. Oh, montre-la-moi!
   b. Oh, montrez-la-moi!
   c. Oh, montre-le-moi!

2 **Un repas fantastique!** Write three complete sentences that describe this illustration in as much detail as possible. Imagine what the man said to the server before eating, what he ordered, and what is on the table now that he has finished. (3 x 4 pts. each = 12 pts.)

Lesson Tests

3 **Plus?** Compare these items using the cues in parentheses to express that one item is more than (+), less than (–), or the same as (=) another. (4 x 3 pts. each = 12 pts.)

1. (– grand) Cette tranche-ci est ______________________ que cette tranche-là.
2. (+ bien) Mireille cuisine ______________________ qu'Estelle.
3. (= délicieux) Le steak est ______________________ que le poulet.
4. (+ mauvais) Le pain du supermarché est ______________________ que le pain de la boulangerie.

4 **Encore mieux?** Everything in your neighborhood is the best. Indicate this by completing each of these sentences with a logical superlative. (4 x 3 pts. each = 12 pts.)

Modèle

Cette boutique est chic. C'est *la boutique la plus chic* du quartier.

1. Ce commerçant est très sympa. C'est ______________________ du quartier.
2. Cette boulangerie est extraordinaire. C'est ______________________ du quartier.
3. Monsieur Rocher vend de jolies fleurs. Il vend ______________________ du quartier.
4. «Chez Marcel» prépare des escargots fantastiques. En fait, ce sont ______________________ du quartier.

5 **Déménagements** Your friends are moving into new apartments this year. Answer the questions using two object pronouns. (6 x 4 pts. each = 24 pts.)

1. Vous pouvez prêter le balai aux garçons? Oui, nous ______________________.
2. Michel a donné son adresse à son père? Oui, il ______________________.
3. Sylvie achète les boissons pour nous tous? Oui, elle ______________________.
4. Nous devons vous apporter les couteaux? Oui, vous ______________________.
5. Tu as oublié de donner les assiettes à Nancy? Oui, je/j' ______________________.
6. Je dois vous apporter la cafetière et le fer à repasser? Oui, tu ______________________.

6 **À vous!** Imagine you are planning a dinner party. In a paragraph of at least four complete sentences, write about the various places in town where you are going to buy everything you need. (8 pts. for vocabulary + 8 pts. for grammar + 4 pts. for style and creativity = 20 pts.)

____

____

____

____

____

____

Nom ______________________ Date ______________________

Unité 2

Leçon 2A

LESSON TEST I

1 **Questions et réponses** Alice is asking lots of questions today. Select the most logical response for each. (10 x 2 pts. each = 20 pts.)

1. Alice parle à François.
   a. Avec du dentifrice.
   b. Avec du savon.
   c. Avec un peigne.
2. Alice parle à Géraldine.
   a. À huit heures du matin.
   b. À midi.
   c. À dix heures et demie du soir.
3. Alice parle à Thierry.
   a. Parce que j'ai sommeil.
   b. Parce que j'ai faim.
   c. Parce que je me déshabille.
4. Alice parle à Coralie.
   a. Je reste là-bas.
   b. Je suis fatiguée.
   c. Je veux sortir.
5. Alice parle à Gilles.
   a. Sur l'étagère.
   b. Dans le couloir.
   c. Dans ce fauteuil.
6. Alice parle à Anne-Marie.
   a. Oui, j'adore marcher.
   b. Oui, je déteste courir.
   c. Oui, je prends le métro.
7. Alice parle à Roger.
   a. Du shampooing.
   b. Un rasoir.
   c. Du dentifrice.
8. Alice parle à Paul.
   a. Je suis en retard.
   b. J'ai soif.
   c. J'ai chaud.
9. Alice parle à Claudine.
   a. Il faut se dépêcher.
   b. En tailleur et chemisier.
   c. Je regarde souvent la télé.
10. Alice parle à Abdul.
    a. Ma brosse à cheveux.
    b. Ma serviette de bain.
    c. Mes pantoufles.

2 **Que fait-il?** Describe Dominique's morning routine in four complete sentences. (4 x 4 pts. each = 16 pts.)

1.

2.

3.

4.

____

____

____

____

____

Lesson Tests

3 **Faisons notre toilette** Complete each sentence with the correct form of the most logical reflexive verb. (5 x 4 pts. each = 20 pts.)

1. Avec du savon, je ____________________ avant le dîner.
2. Avec du rouge à lèvres (*lipstick*), mes sœurs ____________________.
3. Avec un peigne, tu ____________________.
4. Quand nous entendons le réveil, nous ____________________ tout de suite.
5. Vous choisissez vos vêtements et vous ____________________ le matin.

4 **Choisissons!** Select the verb that most logically completes each sentence and write the correct form. (8 x 3 pts. each = 24 pts.)

1. J'ai envie d'aller chez Fatima. Je ____________________ (s'amuser / s'asseoir) toujours chez elle.
2. Quand mes grands frères mettent la musique trop fort et qu'ils ____________________ (se détendre / ne pas se rendre compte) que je ne peux pas dormir, je leur dis: «____________________ (se souvenir / s'arrêter) tout de suite!»
3. Et vous, est-ce que vous ____________________ (se trouver / s'énerver) aussi de temps en temps?
4. Ma copine et moi, nous faisons souvent du baby-sitting. Nous ____________________ (s'occuper / se tromper) des enfants et nous ____________________ (s'entendre bien / s'inquiéter) avec eux.
5. Est-ce que tu ____________________ (se mettre / se préparer)? Il est tard! ____________________ (se dépêcher / s'ennuyer)!

5 **À vous!** In a paragraph of at least five complete sentences, describe your typical daily routine. Mention when you usually do things, different toiletry items you use, and be sure to include as many reflexive verbs as logically possible. (8 pts. for vocabulary + 8 pts. for grammar + 4 pts. for style and creativity = 20 pts.)

____
____
____
____
____
____
____
____

Nom ____________________ Date ____________________

Unité 2

Leçon 2A

LESSON TEST II

1 **Questions et réponses** Grégoire is asking lots of questions today. Select the most logical response. (10 x 2 pts. each = 20 pts.)

1. Grégoire parle à Mélanie.
   a. Avec du dentifrice.
   b. Avec un peigne.
   c. Avec du savon.
2. Grégoire parle à Delphine.
   a. À minuit.
   b. À six heures et demie du soir.
   c. À six heures et quart du matin.
3. Grégoire parle à Suzanne.
   a. Parce que je vais sortir.
   b. Parce que je m'endors.
   c. Parce que je me déshabille.
4. Grégoire parle à Raphaël.
   a. Parce que je me lave.
   b. Parce que je suis fatigué.
   c. Parce que je veux aller en ville.
5. Grégoire parle à Vincent.
   a. Oui, elle se met souvent en colère.
   b. Oui, nous aimons parler au téléphone pendant des heures.
   c. Non, on se dispute constamment.
6. Grégoire parle à Michel.
   a. Dans le micro-onde.
   b. En face de la nouvelle pâtisserie.
   c. Sur cette étagère-là.
7. Grégoire parle à Cécile.
   a. Ce sont des pantoufles.
   b. C'est une serviette de bain.
   c. C'est du maquillage.
8. Grégoire parle à Marc.
   a. Je dois partir.
   b. Je suis fatigué.
   c. J'ai beaucoup de choses à faire.
9. Grégoire parle à Céline.
   a. C'est un peigne, bien sûr!
   b. C'est du shampooing, bien sûr!
   c. C'est du maquillage, bien sûr!
10. Grégoire parle à Ousmane.
    a. Oui, je me détends chez moi.
    b. Oui, je m'inquiète pour l'examen.
    c. Oui, je me promène pendant deux heures.

Lesson Tests

2 **Que fait-elle?** Write four sentences describing Caroline's morning routine. Mention the time of each activity, being sure that the activities are in the correct order. (4 x 4 pts. each = 16 pts.)

1.

2.

3.

4.

____
____
____
____
____

3 **On fait sa toilette** Complete each sentence with the correct form of the most logical reflexive verb. (5 x 4 pts. each = 20 pts.)

1. Avec une brosse à dents, je ______________________.
2. Avec de la crème à raser, Daniel ______________________.
3. Avant de partir, tu ______________________ une dernière fois dans le miroir.
4. David et Patrick ______________________ avec un peigne.
5. Vous venez de prendre une douche. Maintenant, vous ______________________ avec une serviette de bain.

4 **Choisissons!** Select the verb that most logically completes each sentence and write the correct form in each blank. (6 x 4 pts. each = 24 pts.)

1. Le week-end, j'aime bien ______________________ (se détendre / se disputer) avec mes copains.
2. Tu es fatiguée? Alors, ______________________ (se reposer / se mettre)!
3. Aline et moi, nous aimons être dehors (*outside*). Nous ______________________ (se promener / se mettre en colère) souvent à la campagne.
4. Le petit garçon n'a rien à faire. Il commence à ______________________ (s'ennuyer / se tromper).
5. Où ______________________ (s'asseoir / se trouver) la chaise?
6. Monsieur et Madame Lambert ______________________ (ne pas se souvenir / ne pas s'intéresser) du numéro de téléphone de leur fils.

5 **À vous!** In a paragraph of at least five complete sentences, describe your typical daily routine. Mention some toiletry items you use, and include as many reflexive verbs as possible. (8 pts. for vocabulary + 8 pts. for grammar + 4 pts. for style and creativity = 20 pts.)

____

____

____

____

____

____

____

____

____

____

Unité 2

Leçon 2B

LESSON TEST I

1 **Questions et réponses** Aurélie is full of questions today. Select the most logical response for each. (10 x 2 pts. each = 20 pts.)

1. a. Je guéris.
   b. Je suis malade.
   c. Je suis déprimé.
2. a. J'étais en pleine forme.
   b. Je me sentais très bien.
   c. J'avais la grippe.
3. a. Oui, elle s'est fait mal.
   b. Oui, elle a beaucoup bavardé.
   c. Oui, elle s'est mise en colère.
4. a. Oui, Mademoiselle, il y a cinq minutes.
   b. Oui, Mademoiselle, devant l'hôpital.
   c. Oui, Mademoiselle, je me suis dépêché.
5. a. Oui, j'y joue.
   b. Oh, j'en fais parfois.
   c. Non, je dois courir.
6. a. J'y pense.
   b. Je me sens bien.
   c. J'ai une ordonnance.
7. a. Je me suis cassé la jambe.
   b. Je me suis dépêché.
   c. Je me suis reposé.
8. a. Je ne me trompe pas.
   b. Je me prépare pour l'examen.
   c. Je ne m'en souviens pas.
9. a. Oui, j'y vais.
   b. Je me suis foulé la cheville.
   c. Je vais chercher de l'aspirine.
10. a. Parce que j'ai la cheville enflée.
    b. Parce que j'ai une douleur.
    c. Parce que je me sens mieux.

2 **Qu'est-ce qu'il y a?** Use the illustrations to write six sentences describing each person's sickness, symptoms, or where it hurts. (6 x 3 pts. each = 18 pts.)

1. 
2. 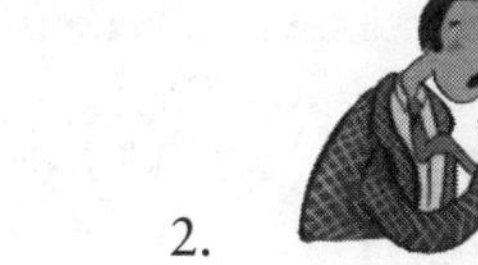 
3. 
4. 
5. 
6. 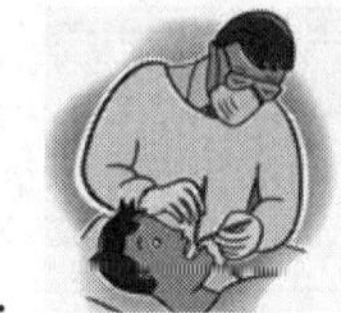

1. Corinne _______________.
2. Monsieur Delmas _______________.
3. Mademoiselle Lacour _______________.
4. Noël _______________.
5. Antoine _______________.
6. Monsieur Duval _______________.

Nom ______________________ Date ______________________

3 **Une journée typique?** Describe yesterday's events for the Méthot family. Use the passé composé. (8 x 3 pts. each = 24 pts.)

1. (se réveiller) À six heures du matin, toute la famille ______________________.
2. (se lever) Maman ______________________ tout de suite, mais les autres sont restés au lit.
3. (se laver les mains) Patrick ______________________ après le petit-déjeuner.
4. (se coiffer) Anna et maman ______________________ avant de partir.
5. (se souvenir) Papa ______________________ d'un rendez-vous à 4h30.
6. (se disputer) Patrick et Robert ______________________ à cause de leurs devoirs.
7. (se détendre) Après le dîner, les parents ______________________.
8. (s'endormir) Vers 10h30, toute la famille ______________________.

4 **Conversation** Céline and Mohammed are having a discussion. Complete their conversation with y or en. (6 x 3 pts. each = 18 pts.)

CÉLINE Mohammed, est-ce que tu vas au centre commercial aujourd'hui?

MOHAMMED Oui, j'______________________ vais maintenant. Tu veux ______________________ aller? Tu dois acheter beaucoup de choses?

CÉLINE Pas beaucoup. Mais il y a quelques anniversaires le mois prochain.

MOHAMMED Ah bon? Il y ______________________ a combien?

CÉLINE Il y ______________________ a trois.

MOHAMMED Tu vas au magasin de disques pour des CD ou des DVD?

CÉLINE Oui. J'aime bien ______________________ aller.

MOHAMMED Bon. On ______________________ va alors?

5 **À vous!** In a paragraph of at least five complete sentences, describe your last visit to a doctor's office. Mention why you went (your symptoms), whether it was an emergency, what the doctor did, whether you got a prescription, how long it took to get better, etc. (8 pts. for vocabulary + 8 pts. for grammar + 4 pts. for style and creativity = 20 pts.)

____

____

____

____

____

____

____

Nom ______________________ Date ______________________

Unité 2

Leçon 2B

LESSON TEST II

1 **Questions et réponses** Julien is full of questions today. Select the most logical response. (10 x 2 pts. each = 20 pts.)

1. a. Je me sens bien.
   b. Je me porte mieux.
   c. Je suis tombé malade.
2. a. J'avais un rhume.
   b. J'étais en bonne santé.
   c. Je guérissais.
3. a. Non, il est guéri.
   b. Non, il est allé aux urgences.
   c. Oui, il se porte mal.
4. a. Oui, je me suis cassé le doigt.
   b. Oui, j'ai fumé.
   c. Oui, j'ai évité un accident.
5. a. Oui, j'y suis.
   b. Oui, j'en achète souvent.
   c. Oui, j'y vais le mercredi après-midi.
6. a. Oui, je me sens bien.
   b. J'y réfléchis.
   c. Non, je ne peux pas. Je n'ai pas d'ordonnance.
7. a. Je me suis foulé la cheville.
   b. Je suis en pleine forme.
   c. Je garde la ligne.
8. a. Je ne me trompe pas.
   b. Non, je ne m'en souviens pas.
   c. Non, je n'y pense pas.
9. a. J'ai mal aux dents.
   b. Je me suis cassé le bras.
   c. Je ne trouve pas mon ordonnance.
10. a. Oui, c'est enflé.
    b. Oui, je suis blessé.
    c. Oui, je suis infirmier.

2 **Qu'est-ce qu'il y a?** Use the illustrations to write six sentences describing each person's sickness, symptoms, or where it hurts. (6 x 3 pts. each = 18 pts.)

1. 
2. 
3. 
4. 
5.
6. 

1. Georges ______________________.
2. Claudette ______________________.
3. Annick ______________________.
4. Monsieur Brel ______________________.
5. Pierre ______________________.
6. Christine ______________________.

3 **Une journée typique** Describe yesterday's events for the Bousquet family. Use the passé composé. (8 x 3 pts. each = 24 pts.)

1. (se réveiller) Les enfants ____________________ à six heures et demie du matin.
2. (se raser) Papa ____________________ dans la salle de bains.
3. (s'habiller) Patrick et Alexandre ____________________ après le petit-déjeuner.
4. (se regarder) Lola et Caroline ____________________ dans le miroir avant d'aller au lycée.
5. (s'occuper) Après le dîner, maman ____________________ des garçons.
6. (se détendre) Papa et les filles ____________________ dans le salon.
7. (se coucher) Les garçons ____________________ vers huit heures et demie.
8. (s'endormir) Le reste de la famille ____________________ vers onze heures.

4 **Conversation** Fatima and Pierre are having a discussion. Complete their conversation with **y** or **en**. (6 x 3 pts. each = 18 pts.)

FATIMA Pierre, est-ce que tu es allé au marché cet après-midi?

PIERRE Oui, j'____________________ suis allé avec Ahmed.

FATIMA Vous ____________________ avez acheté beaucoup de légumes?

PIERRE Oui, j'____________________ ai beaucoup acheté.

FATIMA Ah bon? Et Ahmed?

PIERRE Non, pas vraiment. Il s'intéresse à autre chose.

FATIMA Qu'est-ce que tu dis?

PIERRE Il ____________________ est allé pour dépenser son argent dans des CD! Tu te souviens de la dernière fois que nous ____________________ étions tous les trois?

FATIMA Ah oui, je m'____________________ souviens!

5 **À vous!** In a paragraph of at least five complete sentences, describe your last visit to a doctor's or dentist's office. Mention why you were there, where you had any particular pains, what the doctor and/or nurse did, how long it took for you to feel better, etc. (8 pts. for vocabulary + 8 pts. for grammar + 4 pts. for style and creativity = 20 pts.)

____

____

____

____

____

____

____

Nom ______________________ Date ______________________

Unité 3

Leçon 3A

LESSON TEST I

1 **Situations** Listen to these statements about various people. Then select the most logical summarizing statement for each. (5 x 4 pts. each = 20 pts.)

1. a. Ils s'entendent mal.
   b. Ils se rencontrent.
   c. Ils s'adorent.
2. a. Nous nous sommes embrassés.
   b. Nous nous sommes rencontrés.
   c. Nous nous sommes retrouvés.
3. a. Ils s'écrivaient.
   b. Ils se regardaient.
   c. Ils se quittaient.
4. a. Ils se détestent.
   b. Ils s'aident.
   c. Ils ne se connaissent pas.
5. a. Nous nous donnons.
   b. Nous nous téléphonons.
   c. Nous nous parlons.

2 **C'est à toi?** Identify the five pieces of technology as yours. (5 x 4 pts. each = 20 pts.)

Modèle

C'est ma télécommande.

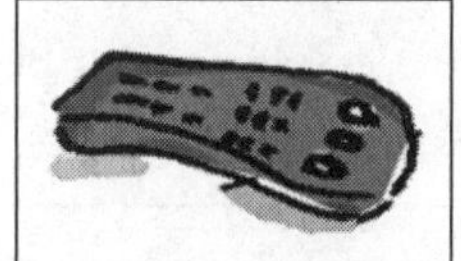

1.  ______________________
2.  ______________________
3. 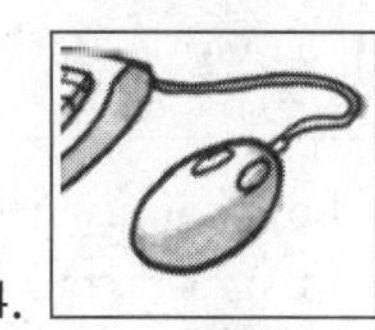 ______________________
4. 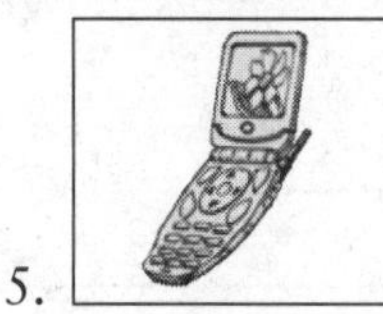 ______________________
5. ______________________

Lesson Tests

Nom ______________________ Date ______________________

3 **Que fait-on?** What do you think people are likely to do, given each of these situations. Use the verb in parentheses and add a preposition—à or de—if necessary. Use the new verb in the same tense as in the original situation. (6 x 4 pts. each = 24 pts.)

Modèle

Les Martin pensaient que la technologie était importante. (rêver)
Ils *rêvaient d'*acheter un nouveau portable.

1. Je prépare bien mon cours de maths.
   (éviter) J'______________________ rater mon examen.
2. Nous avons plusieurs cadeaux à acheter.
   (espérer) Nous ______________________ aller au centre commercial cet après-midi.
3. Paul a voulu mettre quelques chansons sur son ordinateur.
   (décider) Il ______________________ les télécharger.
4. Sandra a passé ses vacances à Grenoble.
   (apprendre) Elle ______________________ faire du ski.
5. J'ai beaucoup de choses à faire ce week-end.
   (aider) Est-ce que tu m'______________________ faire la vaisselle?
6. Océane et Marine ont besoin d'argent.
   (détester) Mais elles ______________________ travailler.

4 **Tout va bien?** Use the verb in parentheses to say how these people feel about each other, based on the context. (4 x 4 pts. each = 16 pts.)

Modèle

Ali et moi, nous sommes de très bons copains. (s'entendre) *Nous nous entendons* bien.

1. Mes parents vont divorcer. (se quitter)
   ______________________ pour toujours.
2. Joël va en France pendant les vacances et toi, tu vas en Italie. (s'écrire)
   ______________________ tous les jours.
3. Mon cousin et moi habitions très loin. (se voir)
   ______________________ rarement.
4. Mon copain Richard aime Annick et elle l'aime aussi. (s'embrasser)
   ______________________ tout le temps!

5 **À vous!** Write a paragraph of at least five complete sentences telling about how you use technology. Mention for how long you have had your computer, whether you use it to write papers, talk on line, or burn CDs, and whether you have your own web page. (8 pts. for vocabulary + 8 pts. for grammar + 4 pts. for style and creativity = 20 pts.)

____

____

____

____

Unité 3

LESSON TEST II

Leçon 3A

1 **Situations** Listen to these statements about various people. Then select the most logical summarizing statement for each. (5 x 4 pts. each = 20 pts.)

1. a. Ils s'aiment bien.
   b. Ils s'entendent bien.
   c. Ils se sont quittés.
2. a. Ils ne se voient jamais.
   b. Ils se parlent souvent.
   c. Ils se regardent souvent.
3. a. Nous ne nous entendons pas bien.
   b. Nous nous écrivons.
   c. Nous nous parlons.
4. a. Nous nous disons «bonjour» tous les matins.
   b. Nous ne nous connaissons pas.
   c. Nous nous donnons rendez-vous.
5. a. Ils se sont rencontrés.
   b. Ils se sont écrit.
   c. Ils se sont quittés.

2 **C'est à toi?** Identify these five pieces of technology as yours. (5 x 4 pts. each = 20 pts.)

Modèle

C'est mon portable / smartphone.

1. ______________________________
2. ______________________________
3. ______________________________
4. ______________________________
5. ______________________________

Lesson Tests

Nom ______________________ Date ______________________

3 **Que fait-on?** What do you think people are likely to do given the situation? Use the verb in parentheses and add a preposition—à or de—if necessary. Use the new verb in the same tense as in the original situation. (6 x 4 pts. each = 24 pts.)

Modèle

J'ai étudié dix heures ce week-end. (se préparer) Je *me suis préparé* pour l'examen d'histoire.

1. Tu veux économiser (*save*) l'énergie, n'est-ce pas?
   (devoir) Alors, tu ______________________ éteindre les appareils électroniques après les avoir utilisés.
2. Vous êtes allé au marché cet après-midi, mais vous n'avez pas tout acheté.
   (oublier) Vous ______________________ acheter des champignons!
3. Mes grands-parents adorent la technologie.
   (savoir) Ils ______________________ même télécharger de la musique et graver des CD.
4. Jean-Luc ne connaît pas la personne qui lui a envoyé ce message.
   (hésiter) Alors, il ______________________ ouvrir le fichier joint.
5. J'ai mal à la tête, moi. Je vais prendre de l'aspirine.
   (refuser) Je ______________________ souffrir (*suffer*) une minute de plus!
6. Gabrielle et moi, nous ne trouvons pas nos portables.
   (continuer) Nous ______________________ les chercher.

4 **On se...?** Use the verb in parentheses to say what these people are doing, based on the context. (4 x 4 pts. each = 16 pts.)

Modèle

J'ai fait la connaissance de Christine il y a quinze ans. (se connaître)
Nous nous connaissons très bien.

1. Daniel et Mélissa ont promis de ne jamais se mentir (*lie*). (se dire)
   ______________________________________ toujours la vérité (*truth*).
2. Lucie et moi, nous adorons utiliser notre portable. (se téléphoner)
   ______________________________________ souvent pendant la semaine.
3. Guillaume et Laure ont rendez-vous ce soir à 19h00. (se retrouver)
   ______________________________________ au café, près du lycée.
4. Mon ami et moi, nous avons tous les deux des examens demain. (se donner)
   ______________________________________ des conseils (*advice*).

5 **À vous!** Write a paragraph of at least five complete sentences telling about how you use technology. Mention what type of equipment you have, whether you use it to download music, to surf the Internet, to play video games, to talk with friends, etc. (8 pts. for vocabulary + 8 pts. for grammar + 4 pts. for style and creativity = 20 pts.)

____

____

____

____

Nom ______________________ Date ______________________

Unité 3

Leçon 3B

LESSON TEST I

1 **Une nouvelle voiture** Raoul has just bought his first car and comes to take Mouna for a drive. Select the most logical answer to her questions. (8 x 3 pts. each = 24 pts.)

1. a. À la station-service.
   b. Dans une auto-école.
   c. Il y a deux mois.
2. a. Oui, quand le voyant d'essence s'allume.
   b. Oui, j'ai vérifié la pression des pneus.
   c. Oui, je suis tombé en panne.
3. a. Oui, j'adore conduire.
   b. Mais, tu n'as pas ton permis!
   c. Oui, il faut payer une amende.
4. a. Un capot.
   b. Un volant.
   c. Une roue de secours.
5. a. Les essuie-glaces.
   b. Un agent de police.
   c. Une portière.
6. a. Oui, je sais faire le plein.
   b. Oui, il y a de la circulation.
   c. Non, j'appelle un mécanicien.
7. a. Les freins.
   b. Un pare-chocs.
   c. L'embrayage.
8. a. Dans le réservoir d'essence.
   b. Sur l'autoroute.
   c. Dans un parking.

2 **À la station-service** Write five sentences explaining what the various people are doing in the illustration. You may want to give them names. (5 x 4 pts. each = 20 pts.)

____

____

____

____

____

Lesson Tests

Nom _______________ Date _______________

3

Quel verbe? Select the verb that most logically completes each sentence. Note that 1–3 are in the **présent** and 4–6 are in the **passé composé.** (6 x 3 pts. each = 18 pts.)

couvrir	découvrir	offrir	ouvrir	souffrir

1. Chez moi, toute la famille _______________ les cadeaux le matin de Noël.
2. Nous _______________ toute sorte de belles choses.
3. Tu me/m' _______________ ce CD? Merci beaucoup!
4. Guillaume et Luc ont eu un accident de voiture et ils _______________ de plusieurs blessures.
5. Le médecin _______________ une blessure avec un pansement (*bandage*).
6. Monsieur l'agent, est-ce que vous _______________ la cause de l'accident?

4

Les vacances Say whether these people would, or likely would not, do the indicated activity if they were on vacation. (9 x 2 pts. each = 18 pts.)

Modèle

Paul et moi / étudier *Nous n'étudierions pas.*

1. Suzanne et toi / réussir / à oublier le travail _______________
2. je / faire une promenade / à la plage _______________
3. Jean et Luc / préparer / un examen _______________
4. Yves et moi / aller / à Montréal _______________
5. tu / se reposer _______________
6. Sophie / attendre / avec impatience / la fin des vacances _______________
7. on / regarder / un film / au cinéma / dans l'après-midi _______________
8. nous / avoir / des cours _______________
9. notre professeur / assister / à une conférence _______________

5

À vous! In a paragraph of at least five complete sentences, talk about how you imagine technology in thirty years. Would we still be driving cars? Would we still be using cell phones? What would be the common means of communication? etc. (8 pts. for vocabulary + 8 pts. for grammar + 4 pts. for style and creativity = 20 pts.)

____

____

____

____

____

Lesson Tests

Nom ______________________ Date ______________________

Unité 3

LESSON TEST II

Leçon 3B

1 **En route** Bernadette bought her first car tonight and is taking Adrien for a drive. Select the most logical answer to each of his questions. (8 x 3 pts. each = 24 pts.)

1. a. Je n'ai pas mon permis de conduire.
   b. Quand j'avais quatorze ans.
   c. Quand j'avais dix-sept ans.
2. a. Non, j'ai déjà fait le plein.
   b. Oui, j'ai bien attaché ma ceinture de sécurité.
   c. Non, jamais.
3. a. Oui, j'ai eu un pneu crevé.
   b. Oui, j'ai fait le plein.
   c. Oui, j'ai vérifié l'huile avant de partir.
4. a. Oui, il y a deux phares.
   b. Oui, il y a toujours beaucoup de circulation.
   c. Oui, la limitation de vitesse est à 130 km/h.
5. a. Je cherche dans le coffre.
   b. Je trouve un agent de police.
   c. Je vérifie l'huile.
6. a. Quand le voyant d'essence est allumé.
   b. Mais non, j'ai déjà dépassé cette voiture.
   c. Mais non, il ne pleut pas.
7. a. Sous le capot.
   b. Dans le coffre.
   c. Près du volant.
8. a. Je regarde dans le réservoir d'essence.
   b. Je regarde dans le rétroviseur.
   c. Je regarde l'embrayage.

2 **La voiture** Write out the words indicated by the numbers in the illustrations. Include definite articles. (10 x 2 pts. each = 20 pts.)

1. ______________________
2. ______________________
3. ______________________
4. ______________________
5. ______________________
6. ______________________
7. ______________________
8. ______________________
9. ______________________
10. ______________________

Lesson Tests

3 **Quel verbe?** Select the verb that most logically completes each sentence. Note that items 1–3 are in the **présent** and 4–6 are in the **passé composé**. (6 x 3 pts. each = 18 pts.)

couvrir	découvrir	offrir	ouvrir	souffrir

1. Qu'est-ce que tu _______________ à ton copain pour son anniversaire?
2. Nous _______________ le capot pour regarder le moteur.
3. Les parents _______________ la tête de leurs enfants quand il fait du soleil.
4. J'ai eu un accident de voiture la semaine dernière. Heureusement, je/j' _______________ seulement d'un mal de tête.
5. Le petit garçon _______________ où ses parents cachent (*hide*) les cadeaux de Noël.
6. Est-ce que vous _______________ le fichier que je vous ai envoyé hier?

4 **Les vacances** Say whether these people would, or likely would not, do the indicated activity if they were on vacation. (9 x 2 pts. each = 18 pts.)

Modèle

Paul et moi / étudier *Nous n'étudierions pas.*

1. Amélie et toi / répondre / aux questions du prof _______________
2. je / nager / souvent / à la piscine _______________
3. Sylvain et Luc / faire / leurs devoirs _______________
4. Philippe / aller / à Paris _______________
5. tu / se promener / à vélo _______________
6. Anne-Laure et moi / lire / un bon livre _______________
7. on / faire / un pique-nique / au parc / tout l'après-midi _______________
8. nous / être / à la bibliothèque _______________
9. les Noirot / passer / une semaine / à la plage _______________

5 **À vous!** In a paragraph of at least five complete sentences, talk about how you imagine technology in fifty years. Would we still be driving cars? What would be the modes of transportation? Would houses be filled with high tech? etc. (8 pts. for vocabulary + 8 pts. for grammar + 4 pts. for style and creativity = 20 pts.)

____

____

____

____

____

Nom ______________________ Date ______________________

Unité 4

Leçon 4A

LESSON TEST I

Lesson Tests

1 **Conversations** Listen to these conversations among various people and select the most logical continuation for each. (5 x 4 pts. each = 20 pts.)

1. Yannick téléphone à Anne-Laure.
   a. Oui, j'ai besoin d'un compte d'épargne.
   b. Oui, je voudrais payer en liquide.
   c. Oui, je dois envoyer un colis.
2. Ketty et Nathalie sont au café.
   a. Quelque chose de joli. Regarde!
   b. Je n'ai vu personne.
   c. J'ai acheté quelques timbres.
3. Lise parle à sa camarade de chambre, Sophie.
   a. J'ai plusieurs e-mails à envoyer.
   b. J'ai besoin d'argent.
   c. Parce que la banque est fermée.
4. Nicole parle à son copain, Gilles.
   a. Quelques cartes postales.
   b. Je vais remplir un formulaire.
   c. Je vais acheter une montre.
5. Patricia parle à Jacques.
   a. Je n'y ai rien fait.
   b. Je n'y ai vu personne.
   c. Je n'ai aucune idée.

2 **Où va-t-on?** Look at the illustrations. Write six short sentences saying where Jacqueline is going and what she is doing at each place. (6 x 3 pts. each = 18 pts.)

1. 
2.
3.
4. 
5. 
6. 

1. ______________________
2. ______________________
3. ______________________
4. ______________________
5. ______________________
6. ______________________

3 **Quel verbe?** Complete the sentences with the appropriate forms of **voir**, **recevoir**, **apercevoir**, or **croire** Pay attention to the adverbs of time in order to use the correct verb tense. (6 x 3 pts. each = 18 pts.)

1. Vous _______________ que le facteur est déjà passé aujourd'hui? Je ne le/l' _______________.
2. —Nous _______________ toujours les cadeaux du Père Noël chez nous.
   —Est-ce que tu _______________ le «Père Noël» au centre commercial hier?
3. Hier soir, je/j'_______________ Marc et Philippe assis devant l'ordinateur.
   Ils _______________ beaucoup d'e-mails tous les jours.

4 **Un cambriolage** There was a break-in (**un cambriolage**) while you were out looking for a new apartment. Complete these questions and statements in the negative. (6 x 4 pts. each = 24 pts.)

1. Vous avez vu quelqu'un? Non, je _______________.
2. Vous avez entendu quelque chose? Non, je _______________.
3. Vous habitez toujours ici? Non, je _______________ ici. Je déménage aujourd'hui.
4. Est-ce que le voleur (*thief*) a pris quelque chose? Oui, mais il _______________ mes CD ni mes DVD.
5. Pardon Monsieur l'inspecteur, mais est-ce qu'il y a des empreintes digitales (*fingerprints*)? Non, il _______________ empreinte.
6. Est-ce que vous avez déjà vu un désordre (*mess*) comme celui-là? Non, c'est vrai, je _______________ de désordre comme celui-là.

5 **À vous!** In a paragraph of at least five complete sentences, write about the last time you went to the bank. Mention what you did there, if you had to stand in line, when you went, when the bank is open, and if you ever use an ATM. (8 pts. for vocabulary + 8 pts. for grammar + 4 pts. for style and creativity = 20 pts.)

____
____
____
____
____
____
____
____
____
____
____

Nom ______________________ Date ______________________

Unité 4

Leçon 4A

LESSON TEST II

1 **Conversations** Listen to these conversations among various people and select the most logical continuation for each. (5 x 4 pts. each = 20 pts.)

1. Étienne parle à Geneviève.
   a. Oui, il me faut de l'argent.
   b. Oui, j'ai payé par chèque.
   c. Oui, j'y dépose souvent de l'argent.
2. Lucille et Sahel sont au café.
   a. Pour leur parler de l'accident de voiture.
   b. Pour acheter des timbres.
   c. Pour poster une lettre.
3. Daniel parle à son camarade de chambre, Robert.
   a. De timbres, s'il te plaît.
   b. De chèques, s'il te plaît.
   c. De pièces de monnaie, s'il te plaît.
4. Catherine parle à son copain, Marc.
   a. Une boîte aux lettres.
   b. Un colis de mon oncle.
   c. Un distributeur automatique.
5. Marcel parle à Juliette.
   a. Non, je n'ai rien entendu.
   b. Non, je n'ai pas de café.
   c. Non, je n'y vais plus.

2 **À la poste** Look at the illustration. Write six short sentences saying what various people are doing at the post office. Give names to the people about whom you decide to write. (6 x 3 pts. each = 18 pts.)

1. ______________________
2. ______________________
3. ______________________
4. ______________________
5. ______________________
6. ______________________

Lesson Tests

3 **Quel verbe?** Complete the sentences with the appropriate forms of **voir, recevoir, apercevoir, s'apercevoir,** or **croire.** Pay attention to the adverbs of time to use the correct tense. (6 x 3 pts. each = 18 pts.)

1. Ton anniversaire, c'était hier, n'est-ce pas? Qu'est-ce que tu ______ comme cadeau?
2. Stéphanie et moi ______ que le bureau de poste est ouvert aujourd'hui. Il ne l'est pas?
3. Chloé ______ qu'il fallait payer en liquide.
4. D'ici, nous ______ la mairie et le commissariat de police.
5. Quand il était jeune, Alexandre ______ souvent des colis de sa grand-mère.
6. Je/J' ______ que le facteur avait un colis pour toi.

4 **Non!** Your friend seems to always be saying «**Non!**» He answers all of your questions using negative expressions. Write his answers. (6 x 4 pts. each = 24 pts.)

1. Est-ce que le prof est toujours en retard?
   ______.
2. Tu fais toujours du jogging le matin?
   ______.
3. Avec qui est-ce que tu as parlé ce matin?
   ______.
4. Tu as un timbre ou une enveloppe?
   ______.
5. Est-ce que tu as envie de m'accompagner au cinéma?
   ______.
6. Qu'est-ce que tu veux faire cet après-midi?
   ______.

5 **À vous!** In a paragraph of at least five complete sentences, write about the last time you went to the bank and to the post office. Mention what you did at each place, whether you sent a package, filled out any forms, etc. (8 pts. for vocabulary + 8 pts. for grammar + 4 pts. for style and creativity = 20 pts.)

______
______
______
______
______
______

Lesson Tests

Nom ______________________ Date ______________________

Unité 4

Leçon 4B

LESSON TEST I

1 **Conversations** Listen to these conversations among various people and select the most logical continuation for each. (5 x 4 pts. each = 20 pts.)

1. Sarah et André visitent Montréal.
   a. On prend le métro, alors?
   b. Nous sommes perdus.
   c. Ah, je la vois au coin.
2. Richard et Laure font les courses.
   a. Elle est dans ce bâtiment-là.
   b. Elle est dans cette boîte aux lettres.
   c. Elle traverse le pont.
3. Gabriel et Caroline visitent une ville pour la première fois.
   a. Descendez les escaliers.
   b. Je n'en ai aucune idée.
   c. Il n'y a pas de fontaine au coin.
4. Robert et Claire parlent du week-end prochain.
   a. Je lirai un livre.
   b. J'ai pris un parapluie.
   c. Je me promène en ville.
5. Jean-Philippe et Mélanie rêvent de la fin des cours.
   a. Il y a une semaine.
   b. Depuis une semaine.
   c. La semaine prochaine.

2 **Où sommes-nous?** Look at the map and then read the problems your friends have. Write directions for them to reach their destinations. (3 x 4 pts. each = 12 pts.)

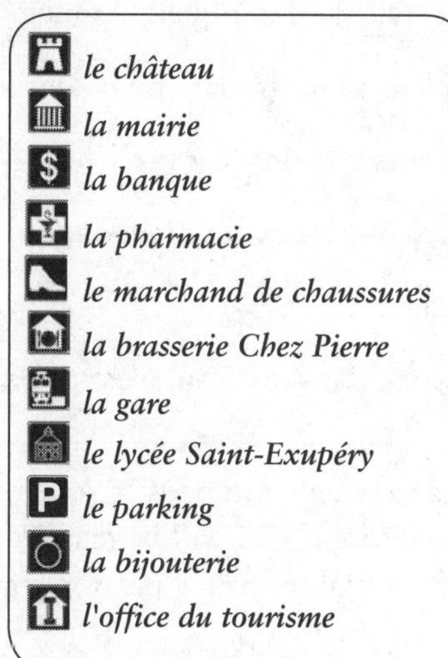

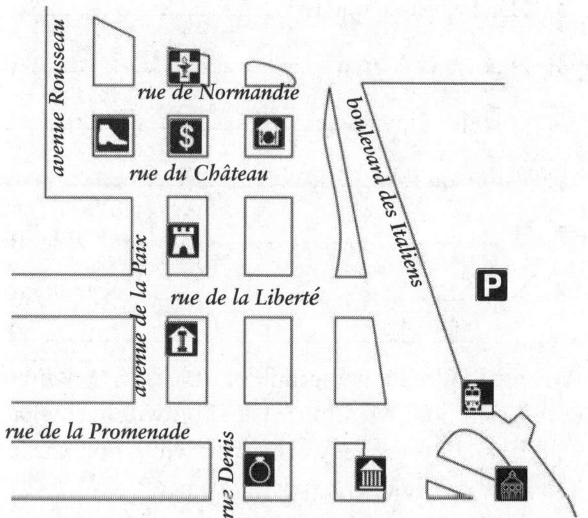

1. Pascal: Je suis au lycée et j'ai faim. Comment est-ce que je vais à la brasserie Chez Pierre? ____

2. Christine: Je suis à la banque et je cherche ma voiture. Où se trouve le parking sur le boulevard des Italiens? ____

3. Véronique: Je suis chez le marchand de chaussures et je veux aller à la gare. ____

3 **Demain** No one feels like doing anything today. Say that they will do these things tomorrow by completing the sentences with the correct form of the futur. (8 x 3 pts. each = 24 pts.)

1. Je ne dépose pas mon argent aujourd'hui. Je le ______________________ demain.
2. Nous ne nettoyons pas l'appartement aujourd'hui. Nous le ______________________ demain.
3. Pierre n'attend pas à la poste aujourd'hui. Il ______________________ demain.
4. Caroline ne choisit pas de cadeaux aujourd'hui. Elle en ______________________ demain.
5. Yasmine et toi, vous ne cherchez pas de travail aujourd'hui. Vous en ______________________ demain.
6. Fatou et Habib ne finissent pas leurs devoirs aujourd'hui. Ils les ______________________ demain.
7. Tu ne réfléchis pas à l'opinion de Diane aujourd'hui. Tu y ______________________ demain.
8. Karine et ses copines ne déménagent pas aujourd'hui. Elles ______________________ demain.

4 **Une surprise** You and some friends are planning a surprise party that will take place in two weeks. Say what each person's task or tasks will be and what still has to be organized. Use the futur of the verbs in parentheses. (8 x 3 pts. each = 24 pts.)

1. Moi, je/j'______________________ (envoyer) les invitations.
2. Pierre ______________________ (aller) à la papeterie acheter des décorations.
3. Hélène, est-ce que tu ______________________ (pouvoir) téléphoner à quelques invités?
4. Nicolas et Marco ______________________ (devoir) faire leur sauce tomate pour tout le monde.
5. Quelques invités ______________________ (venir) avec leurs copains. Ça va?
6. Est-ce qu'il y ______________________ (avoir) assez de chaises pour tout le monde?
7. Il ______________________ (il faut) en emprunter plusieurs.
8. Nous ______________________ (recevoir) tout le monde ici, dans le salon, n'est-ce pas?

5 **À vous!** Write a paragraph of at least five complete sentences in which you predict your future five years from now. Mention where you will live, what work you will do, if you will be married, if you will have children, and where you will go on vacation. (8 pts. for vocabulary + 8 pts. for grammar + 4 pts. for style and creativity = 20 pts.)

____

____

____

____

____

____

____

____

Nom ______________________ Date ______________________

Unité 4

Leçon 4B

LESSON TEST II

1

Conversations Listen to these conversations among various people and select the most logical continuation for each. (5 x 4 pts. each = 20 pts.)

1. Alain et Marguerite visitent Québec.
   a. Oui, la voilà.
   b. Il faut prendre le bus, alors.
   c. On est vraiment perdu.
2. Janine et Albert font les courses.
   a. Elle est dans la fontaine.
   b. Elle est fermée.
   c. Elle est à côté de l'office du tourisme.
3. Max et Anna visitent Nice pour la première fois.
   a. On regarde la carte et on s'oriente!
   b. Ne t'inquiète pas. On est perdu.
   c. Ne t'inquiète pas. La fontaine est là.
4. Angélique et Bastien parlent de l'été prochain.
   a. J'irai aux États-Unis.
   b. Je resterai en France et je me reposerai.
   c. Je n'aurai pas assez d'argent.
5. Solange et Pierre-Antoine parlent du pique-nique de demain.
   a. Il fera beau.
   b. Nous irons en Espagne.
   c. Nous devrons l'annuler.

2

Où sommes-nous? Look at the map and then read the problems your friends have. Write directions for them to reach their destinations. (3 x 4 pts. each = 12 pts.)

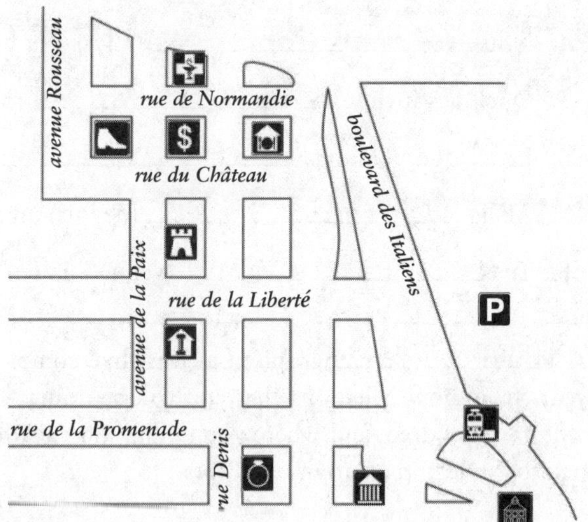

1. Yannick: Je suis à l'office du tourisme. Comment est-ce que je vais à la gare? ______________________
2. Élisabeth: Je suis chez le marchand de chaussures et j'ai rendez-vous avec Christophe à midi. Où se trouve la brasserie Chez Pierre? ______________________
3. André: Je suis à la bijouterie et je veux aller à la mairie. ______________________

Lesson Tests

Nom ______________________ Date ______________________

3 **Demain** No one feels like doing things today. Say that they will do them tomorrow by completing the sentences with the correct form of the **futur.** (8 x 3 pts. each = 24 pts.)

1. Je ne poste pas le colis aujourd'hui. Je le ______________ demain.
2. Nous ne remplissons pas le formulaire aujourd'hui. Nous le ______________ demain.
3. Youssef ne retire pas d'argent aujourd'hui. Il en ______________ demain.
4. Tu ne lis pas ce livre aujourd'hui. Tu le ______________ demain.
5. Malika et toi, vous n'achetez pas de pain aujourd'hui. Vous en ______________ demain.
6. Emmanuel et Lily n'écrivent pas de lettres aujourd'hui. Ils en ______________ demain.
7. Tu ne rends pas visite au voisin aujourd'hui. Tu lui ______________ demain.
8. Mariama et ses copines ne traversent pas le pont aujourd'hui. Elles le ______________ demain.

4 **Une fête** You and some friends are planning a party that will take place in two weeks. Discuss the details of the party, using the futur of the verbs in parentheses. (8 x 3 pts. each = 24 pts.)

1. Je ______________ (revenir) bientôt avec les décorations.
2. Morgane ______________ (faire) sa quiche spéciale.
3. Saïd et Delphine, est-ce que vous ______________ (prendre) les boissons?
4. Nous ______________ (aller) à la boulangerie pour acheter du pain.
5. Quelques invités ______________ (être) en retard.
6. Est-ce que Vladimir ______________ (savoir) comment venir?
7. Alicia ______________ (devoir) amener son nouveau copain.
8. Tu ______________ (venir) à la fête, n'est-ce pas Hakim?

5 **À vous!** Write a paragraph of at least five complete sentences in which you predict your future ten years from now. Mention what you will be doing, where you will live, if you will be married, if you will have children, and where you will go on vacation. (8 pts. for vocabulary + 8 pts. for grammar + 4 pts. for style and creativity = 20 pts.)

____

____

____

____

____

____

____

____

Unité 5

Leçon 5A

LESSON TEST I

1 **Conversations** Listen to these conversations among various people and select the most logical continuation for each. (5 x 4 pts. each = 20 pts.)

1. Jérôme téléphone à une entreprise.
   a. Qui est à l'appareil?
   b. Ne quittez pas.
   c. Vous faites un stage?
2. Jean-Paul téléphone à ses copains.
   a. Oui, bien sûr, je t'écoute.
   b. Oui, je décroche.
   c. Oui, je vais l'embaucher.
3. Youssef parle à Serge.
   a. Ah bon? À laquelle?
   b. Ah bon? De laquelle?
   c. Ah bon? Laquelle?
4. Bruno lit le journal. Il parle à Gisèle.
   a. Le poste avec le salaire le plus élevé.
   b. Le poste avec une mention.
   c. Le poste qui cherche un candidat.
5. Grégoire et Chantal parlent de l'avenir.
   a. Oui, mais tout commence avec une bonne formation.
   b. Non, les stages ne sont pas importants.
   c. Oui, les spécialistes sont bien payés.

2 **Au bureau** Write two conversations to accompany the photos below. What would people say to each other in each situation? Give them names and write out what they may be saying.
(2 x 9 pts. each = 18 pts.)

1.

1. ____
____
____
____
____
____

2.

2. ____

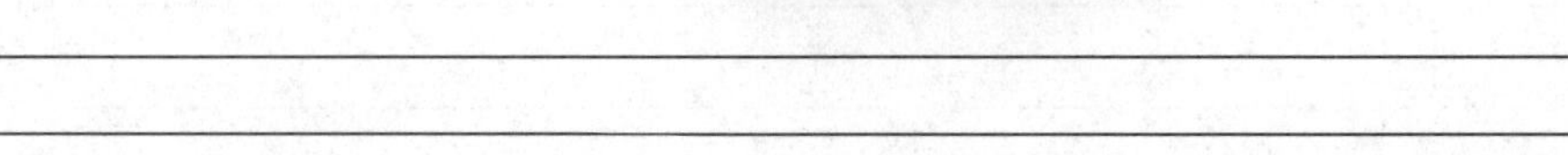

____
____
____
____

3 **Des projets** You and your friends are anxious about finding a job when you finish school. Express this by completing the sentences with the correct forms of the verbs. Pay attention to the verb tenses. (6 x 3 pts. each = 18 pts.)

1. Je finirai mon CV dès que j'____________________ (avoir) le temps.
2. Pierre achètera un costume quand il ____________________ (réussir) à avoir un entretien.
3. Nous ferons des projets dès que nous ____________________ (prendre) un rendez-vous.
4. Je t'écrirai une lettre de motivation quand tu en ____________________ (avoir) besoin.
5. Vous ____________________ (finir) le journal et ensuite, je l'emprunte. Je cherche un poste.
6. Le directeur m'a donné des conseils quand il m'____________________ (embaucher). J'ai de la chance!

4 **Choisissez** Everyone has to make choices. Ask an adult whose expertise you respect which choice he or she would make by completing the questions with the correct form of **lequel**. (6 x 4 pts. each = 24 pts.)

1. Il y a deux entreprises. Pour ____________________ voulez-vous travailler?
2. Il y a deux stages. ____________________ voulez-vous aller?
3. Il y a deux candidats, Monsieur Leblanc et Monsieur Lenoir. ____________________ parlez-vous?
4. Il y a plusieurs références. ____________________ pensez-vous?
5. Il y a deux spécialistes pour ce poste, Mademoiselle Lacour et Mademoiselle Lacroix. ____________________ avez-vous besoin?
6. Il y a plusieurs lettres de motivation. ____________________ voulez-vous voir d'abord, celles des femmes ou celles des hommes?

5 **À vous!** In a paragraph of at least five complete sentences, imagine you have an upcoming job interview. Mention the type of work you are looking for, the documents you have prepared, what kind of training, experiences, or education you have had to prepare you, etc. (8 pts. for vocabulary + 8 pts. for grammar + 4 pts. for style and creativity = 20 pts.)

Lesson Tests

Unité 5

Leçon 5A

LESSON TEST II

1 **Conversations** Listen to these conversations among various people and select the most logical continuation for each. (5 x 4 pts. each = 20 pts.)

1. Ariel téléphone à une entreprise.
   a. Ne quittez pas.
   b. Je peux lui laisser un message?
   c. C'est de la part de qui?
2. Gaston essaie de téléphoner à son copain, Marcel.
   a. Oui, bien sûr. Je cherche une télécarte.
   b. Oui, c'est de la part de qui?
   c. Oui, c'est son père à l'appareil.
3. Virginie parle à Carole.
   a. Ah bon? À laquelle?
   b. Ah bon? De laquelle?
   c. Ah bon? Avec laquelle?
4. Anne-Laure surfe sur Internet pour trouver du travail. Elle parle à Karim.
   a. C'est vrai! Pour laquelle?
   b. Pourquoi?
   c. Il me faut une lettre de recommandation.
5. Élisabeth et Fabrice parlent de l'été.
   a. Oui, je suis spécialiste.
   b. Oui, on va m'embaucher.
   c. Oui, l'expérience professionnelle, c'est important.

2 **L'entretien** Write two conversations to accompany the pictures below. In the first photo, Robert is interviewing for a job with Madame Dufour. What is the conversation like in the interview? In the second photo, Madame Garneau (Madame Dufour's associate) is calling Robert back to talk about the interview. Write out what they may be saying. (2 x 9 pts. each = 18 pts.)

1.

1. ____

2.

2. ____

Lesson Tests

Nom ______________________ Date ______________________

3 **Le travail** You and your friends are talking about finding jobs. Express this by completing the sentences with the correct forms of the verbs. Pay attention to the verb tenses.
(6 x 3 pts. each = 18 pts.)

1. Je prendrai rendez-vous dès que j'____________ (avoir) une lettre de recommandation.
2. Paul laisse un message pour le directeur quand il ____________ (ne pas être) au bureau.
3. Cette entreprise embauchera Monsieur Proulx quand elle ____________ (s'apercevoir) de son expérience professionnelle.
4. Mes parents étaient contents de moi quand j'____________ (obtenir) une mention au stage.
5. Quand elle en ____________ (avoir) besoin, Monsieur Beauchemin donnera des conseils à Lucie pour chercher du travail.
6. Dès que vous ____________ (trouver) du travail, vous nous le direz, n'est-ce pas?

4 **Choisissez** Everyone has to make choices. Ask an adult whose expertise you respect which choice he or she would make by completing the questions with the correct form of **lequel**.
(6 x 4 pts. each = 24 pts.)

1. Il y a deux domaines intéressants. Dans ____________ voulez-vous travailler?
2. Il y a deux conseils. ____________ est-ce que vous suivez?
3. Il y a deux spécialistes, Madame Bertrand et Mademoiselle Beaulieu. ____________ parlez-vous?
4. Il y a deux entreprises. Pour ____________ est-ce que vous voulez travailler?
5. Il y a plusieurs candidats pour ce poste. ____________ est-ce que vous voulez d'abord rencontrer, les femmes ou les hommes?
6. Il y a deux postes. ____________ préférez-vous?

5 **À vous!** In a paragraph of at least five sentences, talk about a position for which you wish to apply in the future. Mention what type of work it is, what kind of education and/or training you have had that makes you an attractive applicant, etc. (8 pts. for vocabulary + 8 pts. for grammar + 4 pts. for style and creativity = 20 pts.)

Lesson Tests

Nom ______________________ Date ______________________

Unité 5

Leçon 5B

LESSON TEST I

1 **Questions et réponses** Listen to these questions, then select the most logical response for each. (5 x 4 pts. each = 20 pts.)

1. a. Elle est bien payée.
   b. Elle est au chômage.
   c. Elle travaille à mi-temps.
2. a. Parce qu'il veut faire de la politique.
   b. Parce qu'il a une bonne carrière.
   c. Parce qu'il a une femme au foyer.
3. a. J'ai un emploi à plein temps.
   b. Je n'ai pas d'assurance-vie.
   c. J'ai une réunion dans quelques minutes.
4. a. Oui, j'ai besoin d'un plombier.
   b. Oui, j'ai besoin d'un ouvrier.
   c. Oui, j'ai besoin d'un comptable.
5. a. Je veux être chauffeur de taxi.
   b. Je veux être cuisinière.
   c. Je veux être chercheuse.

2 **Les métiers** Identify from the illustrations what each person's job is. (5 x 2 pts. each = 10 pts.)

1. 

2. 

3. 

4. 

5. 

1. Monsieur Roland est ______________________.
2. Monsieur Leduc est ______________________.
3. Mademoiselle Rouleau est ______________________.
4. Monsieur Delmas est ______________________.
5. Monsieur Lafontaine est ______________________.

3 **À condition que...** Say that certain things will happen, depending on the circumstances. Pay attention to the verb tenses. (8 x 3 pts. each = 24 pts.)

Modèle

(démissionner) Si je n'étais pas content, je *démissionnerais*.

1. (être) Si Monsieur Moreau dirige bien la section, nous _______________ bien payés.
2. (gagner) Si je _______________ assez d'argent, je m'achèterai une voiture.
3. (prendre) Si tu ne faisais pas ton travail, tu ne _______________ pas de congé.
4. (avoir) Si vous dépensez trop ici, vous n'_______________ plus d'argent.
5. (se reposer) Si mon copain ne _______________ pas, il sera malade.
6. (renvoyer) Si tu étais gérant, tu _______________ Bernard.
7. (travailler) Si Bruno _______________ à plein temps, il recevrait une augmentation.
8. (voyager) Si tu étais riche, est-ce que tu _______________ partout dans le monde?

4 **Souhaits** Make wishes using **si** clauses and the verbs in parentheses. (4 x 2 pts. each = 8 pts.)

1. (faire) Si seulement (*only*) il _______________ beau demain!
2. (embaucher) Si seulement cette compagnie m'_______________!
3. (aller) Si seulement j'_______________ à Paris ce week-end!
4. (être) Si seulement tu _______________ mieux payé!

5 **Pronoms** Choose an appropriate relative pronoun to complete each sentence. (6 x 3 pts. each = 18 pts.)

1. Le métier _______________ j'ai choisi est dans le domaine des arts.
2. Le candidat _______________ je vous ai parlé n'est pas venu pour l'entretien.
3. Une femme au foyer _______________ a des enfants travaille beaucoup.
4. Prendre un congé est quelque chose _______________ je voudrais faire le mois prochain.
5. Le bureau _______________ je travaille n'est pas loin du centre-ville.
6. La ville _______________ j'habite a beaucoup de possibilités d'emplois, heureusement.

6 **À vous!** In a paragraph of at least five complete sentences, tell what you would like to be doing in fifteen years. Mention where you would be working, what you would do there, what salary you would be earning, where you would live, where you would go on vacation, etc. (8 pts. for vocabulary + 8 pts. for grammar + 4 pts. for style and creativity = 20 pts.)

____

____

____

____

____

____

____

____

Unité 5

LESSON TEST II

Leçon 5B

1 **Questions et réponses** Listen to these questions, then select the most logical response. (5 x 4 pts. each = 20 pts.)

1. a. Il est très bien payé.
   b. Il est femme au foyer.
   c. Il est comptable.
2. a. Parce qu'elle a reçu une augmentation de salaire.
   b. Parce qu'elle va déménager.
   c. Parce qu'elle a une femme au foyer.
3. a. J'ai un emploi à plein temps.
   b. Je n'ai pas d'assurance-vie.
   c. J'ai une réunion dans quelques minutes.
4. a. Oui, j'ai besoin d'un vétérinaire.
   b. Oui, j'ai besoin d'un électricien.
   c. Oui, j'ai besoin d'un psychologue.
5. a. Oui, je suis mal payé.
   b. Oui, j'ai obtenu une promotion.
   c. Oui, je suis retraité.

2 **Les métiers** Identify from the illustrations what each person's job is. (5 x 2 pts. each = 10 pts.)

1. 
2. 
3 
4. 
5. 

1. Monsieur Bonnet est ____________________.
2. Madame Leroy est ____________________.
3. Mademoiselle Morel est ____________________.
4. Monsieur Dubois est ____________________.
5. Mademoiselle Laurent est ____________________.

3 **À condition que...** Say that certain things will or would happen, depending on the circumstances. Pay attention to the verb tenses. (8 x 3 pts. each = 24 pts.)

Modèle

(diriger) Si j'étais patron, je ***dirigerais*** avec prudence.

1. (avoir) Si j'______________ un meilleur poste, je serais mieux payé.
2. (prendre) Si je n'avais pas trop de travail, je ______________ un congé.
3. (trouver) Si la patronne renvoie Jean-David, il ______________ un autre emploi.
4. (obtenir) Si vous travailliez, vous ______________ une augmentation de salaire.
5. (être) Si tu perdais ton poste, tu ______________ au chômage.
6. (regarder) Si nous ______________ la carte, nous ne serions pas perdus.
7. (ne pas gagner) Si Monsieur David ne signe pas son contrat, il ______________ d'argent.
8. (quitter) Si tu avais beaucoup d'argent, est-ce que tu ______________ ton travail?

4 **Si...** Make suggestions and wishes using **si** clauses and the verbs in parentheses. (4 x 2 pts. each = 8 pts.)

1. (prendre) Si nous ______________ un congé?
2. (renvoyer) Si seulement (*only*) Monsieur Leclerc ______________ Mireille! Elle est trop paresseuse.
3. (être) Si seulement j'______________ mieux payé!
4. (lire) Si nous ______________ les annonces?

5 **Pronoms** Choose an appropriate relative pronoun to complete each sentence. (6 x 3 pts. each = 18 pts.)

1. Le comptable ______________ travaille au sixième étage voudrait te parler.
2. Je ne retrouve pas le numéro de téléphone ______________ j'ai besoin.
3. La maison ______________ j'ai grandi est à la campagne.
4. Le conseil ______________ elle m'a donné était de faire une formation de cuisinier.
5. Le candidat ______________ a laissé un message voulait prendre rendez-vous pour un entretien.
6. Tu auras la promotion ______________ tu veux cette année.

6 **À vous!** In a paragraph of at least five complete sentences, tell what you would like to be doing in ten years. Mention where you would be working, what type of work you would do there, if you would have a full or a part-time job, what salary you would be earning, what you would do when you took time off, etc. (8 pts. for vocabulary + 8 pts. for grammar + 4 pts. for style and creativity = 20 pts.)

____

____

____

____

____

____

____

Lesson Tests

Unité 6

Leçon 6A

LESSON TEST I

1 **Questions et réponses** You are with friends who are discussing things that need to be done to protect the environment. You keep asking why. Select the most logical response. (5 x 4 pts. each = 20 pts.)

1. Philippe répond:
   a. Pour prévenir les incendies.
   b. Pour sauver la planète.
   c. Pour éviter la surpopulation.
2. Fatima répond:
   a. Avec le covoiturage on économise (*saves*) de l'essence.
   b. Ça n'améliore pas l'effet de serre.
   c. C'est bien de proposer une solution.
3. Sami répond:
   a. Parce qu'il y a un trou dans la couche d'ozone.
   b. Parce que les glissements de terrain sont catastrophiques.
   c. Parce qu'il peut ne pas y avoir assez de ressources pour tout le monde.
4. Bruno répond:
   a. Pour pouvoir continuer à s'amuser en plein air.
   b. Pour préserver l'emballage en plastique.
   c. Pour ramasser les ordures.
5. Chantal répond:
   a. Pour développer des produits écologiques.
   b. Pour améliorer les lois.
   c. Pour ne pas tout gaspiller.

2 **Quelle catastrophe!** Write two sentences that express your opinion of the issues depicted in the illustrations. (3 x 6 pts. each = 18 pts.)

1.

2.

3.

1. ____
____
2. ____
____
3. ____
____

3 **Projets de voyage** Marie-Lou is making vacation plans with a friend but needs to narrow down the choices. Complete each blank with the correct form(s) of **celui.** Add **-ci** and **-là** if necessary. (7 x 3 pts. each = 21 pts.)

—Quelle ville veux-tu visiter?

—Je préfère visiter (1) ____________ où il y a beaucoup de choses à voir (*see*).

—Et comme hôtel?

—(2) ____________ dont on parlait hier—avec de grandes chambres de luxe.

—Et qu'est-ce que tu préfères comme restaurants?

—J'aime (3) ____________ qui offrent des cuisines différentes. Par exemple, (4) ____________ sert de la cuisine tunisienne et (5) ____________ sert de la cuisine vietnamienne.

—Il y a plusieurs musées dans le coin. Lequel veux-tu visiter?

—Je préfère (6) ____________ qui a une exposition (*exhibit*) d'art impressionniste—ou peut-être (7) ____________ qui ont des expositions d'art chinois ou égyptien.

4 **Faisons attention** You and your friends are talking about various things people can do to protect the environment. Complete each statement with the correct form of the verb in parentheses. (7 x 3 pts. each = 21 pts.)

1. (conduire) Il est dommage que tu ____________________ beaucoup.
2. (prévenir) Il est indispensable que le gouvernement ____________________ le gaspillage.
3. (recycler) Il vaut mieux que les habitants de cette ville ____________________.
4. (finir) Il est essentiel que nous ____________________ ce travail.
5. (acheter) Il faut que j'____________________ une voiture hybride.
6. (annoncer) Il est possible que le président ____________________ des changements.
7. (ne pas attendre) Il est nécessaire que vous ____________________ trop longtemps.

5 **À vous!** In a paragraph of at least five complete sentences, discuss what you do personally to help prevent pollution. Mention how important it is to you to reduce pollution and whether the government should make laws to better protect our environment. Can you suggest some such laws? (8 pts. for vocabulary + 8 pts. for grammar + 4 pts. for style and creativity = 20 pts.)

Lesson Tests

Nom ______________________ Date ______________________

Unité 6

Leçon 6A

LESSON TEST II

1 **Questions et réponses** You are with friends who are discussing things that need to be done to protect the environment. You keep asking why. Select the most logical response. (5 x 4 pts. each = 20 pts.)

1. François répond:
   a. Pour faire des économies (*savings*) d'électricité.
   b. Pour polluer l'environnement.
   c. Pour prévenir la surpopulation.
2. Michèle répond:
   a. Parce que le gaspillage de l'eau prévient les incendies.
   b. Parce que le gaspillage de l'eau fait des glissements de terrain.
   c. Parce que le gaspillage de l'eau aggrave (*worsens*) le réchauffement de la Terre.
3. Yvonne répond:
   a. Pour prévenir les pluies acides.
   b. Pour prévenir le gaspillage de papier et de plastique.
   c. Pour polluer la Terre.
4. Guillaume répond:
   a. Pour éviter un incendie.
   b. Pour ramasser les ordures.
   c. Pour recycler le papier.
5. Christelle répond:
   a. Parce que ça contribue à la surpopulation.
   b. Parce que ça contribue à l'effet de serre.
   c. Parce que ça aide à sauver la planète.

Lesson Tests

2 **Quelle catastrophe!** For each illustration, write two sentences that express your opinion of the depicted issues. (3 x 6 pts. each = 18 pts.)

1.

2.

3.

1. ____
   ____
2. ____
   ____
3. ____
   ____

3 **Projets de voyage** André is making vacation plans with a friend but needs to narrow down the choices. Complete the conversation with the correct forms of **celui**. Add **-ci** and **-là** if necessary. (6 x 3 pts. each = 18 pts.)

—Tu veux visiter quel pays?
—Moi, j'aimerais bien visiter (1) ______________ où il y a le plus de choses à faire.
—D'accord. Si on allait en Italie?
—Bonne idée. On peut commencer le voyage à Rome.
—On reste dans une auberge de jeunesse?
—Oui, (2) ______________ dont on parlait hier, tout près de la gare.
—Est-ce que tu aimes les expositions (*exhibits*) d'art?
—Bien sûr. J'aime surtout (3) ______________ qui ont une grande variété d'art.
—Bon. Il y a deux musées dans le coin. Lesquels veux-tu visiter?
—Regardons cette brochure. Peut-être (4) ______________, il a beaucoup d'art ancien —ou bien (5) ______________, il a des expositions d'art moderne.
—Et ces deux autres musées? Ça te dit?
—(6) ______________ qui sont en banlieue? Non, pas vraiment.

4 **Il faut qu'on...** You and your friends are talking about various things that people can do to protect the environment. Complete each statement with the correct form of the verb in parentheses. (8 x 3 pts. each = 24 pts.)

1. (protéger) Il faut qu'on ______________________ la Terre et les océans.
2. (interdire) Il est bon que nous ______________________ les produits toxiques.
3. (diminuer) Il est possible que les usines ______________________ la quantité d'émissions de déchets toxiques.
4. (éviter) Il est essentiel que les gens ______________________ le gaspillage.
5. (ne pas gaspiller) Il vaut mieux que je ______________________ l'eau quand je prends une douche.
6. (proposer) Il est important que le gouvernement ______________________ des lois qui protègent l'environnement.
7. (ne pas préserver) Il est dommage que vous ______________________ l'environnement.
8. (sauver) Il est nécessaire que tu ______________________ la planète! Les changements commencent par toi!

5 **À vous!** In a paragraph of at least five complete sentences, discuss what you and your family do to help protect the environment. Mention how important it is to you that the government proposes solutions to help people prevent waste and pollution. (8 pts. for vocabulary + 8 pts. for grammar + 4 pts. for style and creativity = 20 pts.)

____

____

____

____

____

Nom ______________________ Date ______________________

Unité 6

Leçon 6B

LESSON TEST I

1 **Conversations** Listen to these conversations between Renée and Vincent and select the most logical continuation for each. (5 x 4 pts. each = 20 pts.)

1. Renée et Vincent font un pique-nique.
   a. De l'eau minérale.
   b. Des sandwichs au jambon.
   c. Du fromage.
2. Maintenant, ils font une promenade.
   a. C'est une vache.
   b. C'est un lapin.
   c. C'est un écureuil.
3. Ils continuent leur promenade.
   a. Le lac est très froid aujourd'hui.
   b. Il y a un serpent sous cette pierre.
   c. Il n'y a pas de sentier là-bas.
4. Un peu plus tard.
   a. Tu veux nager?
   b. Tu veux chasser?
   c. Tu veux jeter une pierre?
5. Ils parlent de l'environnement.
   a. Je dois la jeter dans le lac.
   b. C'est terrible qu'elle soit en danger.
   c. Il faut protéger les ressources naturelles.

2 **Qu'est-ce que c'est?** Identify each of these animals or things that you might see if you were walking in the countryside. (7 x 2 pts. each = 14 pts.)

Modèle

C'est un arbre.

1. 
2.
3. 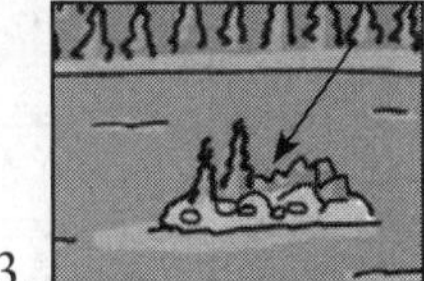
4. 
5. 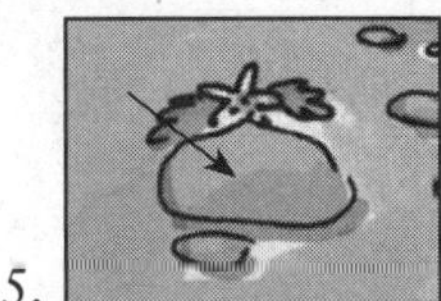
6. 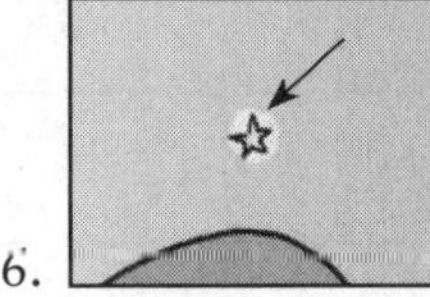
7. 

1. ____.
2. ____.
3. ____.
4. ____.
5. ____.
6. ____.
7. ____.

Nom ________________ Date ________________

3 **Il faut** You have a very demanding professor this semester. Express this by completing each sentence with the correct form of the verb in parentheses. (6 x 3 pts. each = 18 pts.)

1. (être) Chaque jour, je demande que vous ________________ à l'heure.
2. (faire) Je serais furieux que personne (*nobody*) ne ________________ ses devoirs.
3. (avoir) Mais je ne veux pas que vous ________________ peur.
4. (lire) Je recommande que vous ________________ le chapitre avant le cours.
5. (mettre) Et toi, Bruno, je suggère que tu te ________________ ici, juste devant moi.
6. (recevoir) Je serais heureux que vous ________________ tous de bonnes notes.

4 **L'infinitif ou le subjonctif?** Complete these sentences with an infinitive or with the subjunctive. (5 x 2 pts. each = 10 pts.)

1. (finir) Il faut que je ________________ mes devoirs avant 6h00.
2. (attendre) Il faut ________________ Jean-François.
3. (avoir) Il regrette qu'on ________________ peur.
4. (venir) Je suis désolé que tu ne ________________ pas.
5. (être) Je suis content de/d'________________ à l'heure.

Lesson Tests

5 **Comparaisons** Compare the following things using comparatives or superlatives as suggested by the words in parentheses. (6 x 3 pts. each = 18 pts.)

1. (*more*) Il y a ________________ pollution en Pologne qu'au Canada.
2. (*the most*) C'est en Corse qu'on trouve ________________ falaises, je crois.
3. (*fewer*) Autrefois, il y avait ________________ séjours d'écotourisme.
4. (*as many*) Est-ce qu'il y a ________________ sentiers dans la jungle que dans le désert?
5. (*more*) Est-ce qu'on trouve ________________ animaux dans un champ ou dans un bois?
6. (*the fewest*) Est-ce en Antarctique qu'on trouve ________________ ressources naturelles?

6 **À vous!** In a paragraph of at least five complete sentences, describe a scene you would find relaxing for a picnic. Mention what the area would be like, what animals you might see, what you would bring to eat, and what activities you might do there. (8 pts. for vocabulary + 8 pts. for grammar + 4 pts. for style and creativity = 20 pts.)

____

____

____

____

____

Nom ____________________ Date ____________________

Unité 6

Leçon 6B

LESSON TEST II

1 **Conversations** Listen to these conversations between Serge and Jennifer and select the most logical continuation for each. (5 x 4 pts. each = 20 pts.)

1. Serge et Jennifer se promènent dans la forêt.
   a. C'est un lapin.
   b. C'est un serpent.
   c. C'est une vache.
2. Ils regardent une partie de la forêt qui n'a plus d'arbres.
   a. Oui, c'est ça la préservation.
   b. Oui, c'est ça le déboisement.
   c. Oui, c'est ça le sauvetage des habitats naturels.
3. Ils continuent leur promenade.
   a. D'accord. Allons vers la falaise.
   b. D'accord. Allons vers ces arbres.
   c. D'accord. Allons vers le fleuve.
4. Un peu plus tard.
   a. Voilà un écureuil qui court.
   b. Voilà une vache qui mange de l'herbe.
   c. Voilà un lapin qui saute.
5. Ils sont presque prêts à partir.
   a. Oui, le lac est magnifique.
   b. Oui, je préfère qu'on regarde le volcan.
   c. Oui, j'aimerais qu'on regarde les étoiles ensemble.

2 **Qu'est-ce que c'est?** Identify each of these animals or things that you might see outside. (7 x 2 pts. each = 14 pts.)

Modèle

C'est la Lune.

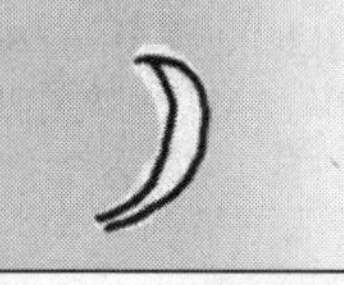

1. 
2. 
3. 
4. 
5. 
6. 
7. 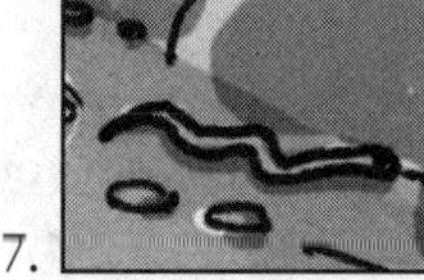

1. ____________________.
2. ____________________.
3. ____________________.
4. ____________________.
5. ____________________.
6. ____________________.
7. ____________________.

Lesson Tests

3 **Il faut** You have a new professor this semester. Express his wishes and feelings by completing the sentences with the correct forms of the verbs in parentheses. (6 x 3 pts. each = 18 pts.)

1. (avoir) Je désire que tout le monde ____________ de la patience avec les autres.
2. (écrire) J'exige que mes élèves ____________ lisiblement (*legibly*).
3. (être) Sébastien, je veux que tu ____________ plus prudent.
4. (faire) Les examens sont difficiles. Je suggère que vous ____________ très attention.
5. (dormir) Julie et Christine, réveillez-vous! Je suis furieux que vous ____________ en cours.
6. (finir) Finalement, je suggère que chaque élève ____________ ses devoirs à l'heure.

4 **L'infinitif ou le subjonctif?** Complete these sentences with an infinitive or with the subjunctive. (5 x 2 pts. each = 10 pts.)

1. (partir) J'ai peur de ______________________ sans toi.
2. (venir) Elle est heureuse que sa famille ______________________ à la fête.
3. (téléphoner) Il faut ______________________ à Édouard avant de sortir.
4. (être) Le président est désolé que ces gens ______________________ au chômage.
5. (aller) Nous préférons ______________________ au volcan.

5 **Comparaisons** Compare the following things using comparatives or superlatives as suggested by the words in parentheses. (6 x 3 pts. each = 18 pts.)

1. (*fewer*) On trouve ______________________ déserts en Amérique du Nord qu'en Afrique.
2. (*more*) Est-ce qu'il y a ______________________ serpents dans le désert que dans la jungle?
3. (*as much*) On ne trouve pas ______________________ lapins en ville que dans les champs.
4. (*fewer*) Il y a ______________________ étoiles dans le ciel à 7h00 du soir qu'à minuit.
5. (*the least*) Ce sont les déserts qui ont ______________________ herbe.
6. (*the most*) Est-ce ici qu'il y a ______________________ ressources naturelles?

6 **À vous!** In a paragraph of at least five complete sentences, talk about spending an afternoon/evening outside enjoying nature. Mention where you would be, what animals you might see, what activities you might do, etc. (8 pts. for vocabulary + 8 pts. for grammar + 4 pts. for style and creativity = 20 pts.)

____

____

____

____

____

____

____

Nom _______________ Date _______________

Unité 7

LESSON TEST I

Leçon 7A

1 **Conversations** Listen to these conversations among various people, and then select the most logical continuation for each. (5 x 4 pts. each = 20 pts.)

1. Renaud téléphone à Anne-Marie.
   a. C'est une comédie.
   b. Après l'entracte.
   c. À huit heures.
2. Alice parle à Richard.
   a. Bon. J'adore ses chansons.
   b. Je ne connais pas ce chœur.
   c. Super! À samedi, alors.
3. Jean-François parle à Lise.
   a. J'ai envie de faire un pique-nique à la campagne.
   b. Je vais voir une pièce de théâtre.
   c. Je vais écouter un nouveau chœur à la mairie.
4. Brigitte parle à Louis-André.
   a. Parce que j'aime les réalisateurs célèbres.
   b. Parce qu'ils jouent des rôles et ils chantent aussi.
   c. Parce que c'est triste et qu'on réfléchit après.
5. Thérèse parle à Vincent.
   a. C'est que je n'aime pas tellement leur genre de musique.
   b. C'est que je n'ai pas aimé le metteur en scène.
   c. C'est que je ne sais pas jouer du piano.

2 **Des arts** Look at the scenes from the arts festival and write two sentences about each. (2 x 4 pts. each = 8 pts.)

1.

2.

1. ____
   ____
   ____
2. ____
   ____
   ____

Lesson Tests

Nom ______________________ Date ______________________

3 **Des doutes** Summer vacation is fast approaching and although everyone has great plans, you doubt that these activities will actually take place. Express this using the verbs in parentheses to complete the sentences. (6 x 3 pts. each = 18 pts.)

1. (voir) Je ne crois pas que Julien et Marc ______________ un film chaque semaine.
2. (faire) Il est impossible qu'Olivier ______________ un voyage à Tokyo.
3. (vouloir) Je ne pense pas que Stéphanie ______________ me rendre visite en juillet.
4. (lire) Il est douteux que tu ______________ deux livres par semaine.
5. (s'en aller) Je doute que Thomas ______________.
6. (savoir) Il n'est pas certain qu'Aurélie ______________ ce qu'elle va faire.

4 **Sûr ou pas?** Express various people's doubts or certainties about tomorrow's picnic by completing the sentences with the appropriate form of the verb in parentheses. (5 x 2 pts. each = 10 pts.)

1. Je ne pense pas qu'il ______________ (faire) beau.
2. Mais il est clair qu'on ______________ (faire) un pique-nique chez Mireille.
3. Je doute que nous ______________ (manger) dehors (*outside*).
4. C'est vrai. Je crois qu'on ______________ (prendre) le repas dans son salon.
5. Mais je ne suis pas sûr que tout le monde le ______________ (savoir).

Lesson Tests

5 **Pronoms** Complete each of these sentences with an appropriate possessive pronoun. Use the cue provided to know which pronoun to give. (8 x 3 pts. each = 24 pts.)

1. Tes chansons sont meilleures que ______________. (ses chansons)
2. C'est ta place ou ______________? (ma place)
3. L'opéra de Bizet est beau, mais ______________ superbe. (votre opéra)
4. Nos violons sont dans le bus et ______________ sont dans le placard. (leurs violons)
5. Les comédies de Molière ne sont pas plus drôles que ______________. (vos comédies)
6. Leur piano est blanc, ______________ est noir. (notre piano)
7. Vos personnages sont moins tragiques que ______________. (les personnages de Racine)
8. Tu vas jouer ton rôle et je vais jouer ______________. (mon rôle)

6 **À vous!** In a paragraph of at least five complete sentences, discuss the last time you attended a live event. Mention what type of performance you saw, who the entertainers were or what their roles were, how well you enjoyed it, etc. (8 pts. for vocabulary + 8 pts. for grammar + 4 pts. for style and creativity = 20 pts.)

____

____

____

____

____

____

Unité 7

LESSON TEST II

Leçon 7A

1 **Conversations** Listen to these conversations among various people and select the most logical continuation for each. (5 x 4 pts. each = 20 pts.)

1. Abdel téléphone à Ingrid.
   a. C'est le personnage principal.
   b. Le metteur en scène est célèbre.
   c. Une fille qui s'appelle Lucie Moreau.
2. Octave parle à Jeanne-Marie.
   a. Il est clair que ce groupe est super.
   b. En fait, je crois que ce groupe ne chante pas bien du tout.
   c. Je sais que ce groupe aura beaucoup de succès.
3. Anne-Sophie parle à Xavier.
   a. Je suis metteur en scène.
   b. Je joue de la batterie.
   c. Je suis réalisateur.
4. Madeleine parle à Fernand.
   a. Oui, il vaut mieux qu'on le lui dise.
   b. Oui, il vaut mieux qu'il apprenne à jouer du piano.
   c. Oui, il vaut mieux qu'on le félicite (*congratulate*).
5. Blandine parle à Annick.
   a. Je ne pense pas qu'il soit célèbre.
   b. Il est vrai qu'il n'a pas de succès.
   c. Il est certain qu'il va devenir célèbre.

2 **Des arts** Look at these scenes from an arts festival and write two sentences about each. (2 x 4 pts. each = 8 pts.)

1. ____
   ____
2. ____
   ____

Lesson Tests

3 **Des doutes** Although everyone has great plans for vacation, you doubt that these activities will actually take place. Use the verbs in parentheses to complete the sentences. (6 x 3 pts. each = 18 pts.)

1. (aller) Il n'est pas sûr que Chloé et Zaïna ____________ au Portugal.
2. (être) Il n'est pas vrai que tu ____________ en Allemagne tout le mois de juin.
3. (pouvoir) Je doute que Maryse et Dominique ____________ arriver à la gare à l'heure.
4. (savoir) Lise ne croit pas que Bernard et Joël ____________ ce qu'ils vont faire pendant les vacances.
5. (venir) Il est impossible que vous ____________ me rendre visite.
6. (prendre) Il n'est pas certain que Noémie ____________ le train pour aller en Italie.

4 **Sûr ou pas?** Express various people's doubts or certainties about tomorrow's performance by completing the sentences with the appropriate form of the verb in parentheses. (5 x 2 pts. each = 10 pts.)

1. Je sais que le spectacle ____________ (être) excellent.
2. Il n'est pas certain que l'orchestre ____________ (jouer) avec le chœur.
3. Vous pensez que les danseurs ____________ (sortir) au début.
4. Il est douteux qu'il y ____________ (avoir) un entracte.
5. Il est sûr que les spectateurs ____________ (applaudir) la troupe.

5 **Pronoms** Complete each of these sentences with an appropriate possessive pronoun. Use the cue provided to know which pronoun to give. (8 x 3 pts. each = 24 pts.)

1. La pièce de Molière est plus comique que ____________. (votre pièce)
2. Notre concert est jeudi soir, ____________ est vendredi soir. (leur concert)
3. La guitare de Marie-Belle est chez elle, alors que ____________ est chez moi. (ma guitare)
4. Nos violons sont très vieux, ____________ sont neufs (*new*). (leurs violons)
5. Vos spectateurs adorent les opéras classiques, mais ____________ préfèrent les opéras modernes. (mes spectateurs)
6. Notre théâtre est très beau. ____________ est somptueux. (votre théâtre)
7. Nos tragédies personnelles sont moins intéressantes que ____________. (les tragédies de Racine)
8. L'opéra de Poulenc est bizarre; ____________ ne l'est pas. (l'opéra de Bizet)

6 **À vous!** In a paragraph of at least five complete sentences, talk about a performance you attended recently. Mention what sort of show it was, who the entertainer(s) was/were, if there was an intermission or not, and what you thought about the beginning and ending. (8 pts. for vocabulary + 8 pts. for grammar + 4 pts. for style and creativity = 20 pts.)

____

____

____

____

____

Unité 7

Leçon 7B

LESSON TEST I

1 **Conversations** Listen to these conversations among various people, and then select the most logical continuation for each. (5 x 4 pts. each = 20 pts.)

1. C'est lundi matin. Louise et Michel parlent du week-end.
   a. Au théâtre.
   b. À la librairie.
   c. Au musée.
2. Caroline et Didier parlent de *Harry Potter*.
   a. Elle adore la publicité.
   b. C'est un écrivain très doué.
   c. Je l'ai vue à la radio.
3. Cédric parle à Anne.
   a. Il vaut mieux que tu prennes un parapluie.
   b. Je viens d'entendre les variétés.
   c. Il y a un feuilleton à la télé.
4. Suzanne et Gaston parlent des expositions.
   a. Mais il y a des chefs-d'œuvre!
   b. Mais il y a des émissions!
   c. Mais il y a des nouvelles!
5. Anne parle à Charles.
   a. Mais non, il y a un documentaire gratuit qu'on présente.
   b. Mais non, il y a un écrivain célèbre qui signe son dernier roman.
   c. Mais il y a des œuvres fantastiques dans le parc.

2 **Un festival** Look at the illustrations of the arts festival. Describe what is going on using two complete sentences for each. (2 x 6 pts. each = 12 pts.)

1.

2.

1. ____
____
____

2. ____
____
____

Lesson Tests

3 **Qu'est-ce qu'on fait?** Vacation time is approaching and you and your friends are thinking about various options. Complete the sentences with the correct form of the verb in parentheses. (8 x 3 pts. each = 24 pts.)

1. Julien et moi, on voudrait aller en vacances, mais nous devons étudier jusqu'à ce que nous ______________ (passer) le bac.
2. Thomas va à la plage, à moins qu'il ______________ (faire) mauvais. En ce cas, il restera ici pour ______________ (gagner) un peu d'argent.
3. Pour moi, il faut que je ______________ (réfléchir) avant que vous ______________ (prendre) une décision finale.
4. Corinne rendra visite à quelques copains, à condition qu'ils ______________ (être) libres.
5. Eh Pierre, est-ce que tu ______________ (vouloir) voir l'exposition au musée avant qu'elle ______________ (partir)?

4 **L'ange et le diable** An angel and a devil are both trying to persuade Adiva to see things their way. Express this by completing the sentences with correct form of the indicative, the subjunctive, or the infinitive. (8 x 3 pts. each = 24 pts.)

L'ange dit:

Adiva, je ne pense pas que ce (1) ______________ (être) une bonne idée de dormir si tard. Il faut que tu (2) ______________ (réussir) ton bac la semaine prochaine. Tu ne dois pas (3) ______________ (dormir) jusqu'à onze heures! Il faut étudier jusqu'à ce que tu ne (4) ______________ (pouvoir) plus lire un mot.

Le diable dit:

Adiva, je suis content que tu (5) ______________ (s'amuser). Tu dois manger autant que tu (6) ______________ (vouloir). Tu peux étudier un peu, à condition que tu ne te (7) ______________ (faire) pas mal aux yeux. Et puis, tu sais, je doute que tu (8) ______________ (être) reçu à l'examen.

5 **À vous!** In a paragraph of at least five sentences, talk about your likes and dislikes in entertainment. Mention what kinds of films you prefer or those you hate, whether you go to museums regularly, and what you typically watch on TV. (8 pts. for vocabulary + 8 pts. for grammar + 4 pts. for style and creativity = 20 pts.)

____

____

____

____

____

____

Nom ____________________ Date ____________________

Unité 7

LESSON TEST II

Leçon 7B

1 **Conversations** Listen to these conversations among various people and select the most logical continuation for each. (5 x 4 pts. each = 20 pts.)

1. C'est lundi matin. Yolande et Nassim parlent du week-end.
   a. Un drame psychologique.
   b. Une critique.
   c. Un feuilleton.
2. Annabelle et Jean-Benoît parlent de la télé.
   a. Un roman.
   b. Les nouvelles.
   c. Une peinture.
3. Cyril parle à Catherine.
   a. Oui, ce peintre est vraiment doué.
   b. Oui, ce poète est vraiment doué.
   c. Oui, cette femme sculpteur est vraiment douée.
4. Paul-Édouard et Aimée font des projets pour demain.
   a. Bon, j'y vais pour que tu sois furieux.
   b. D'accord! J'y vais, à condition qu'on n'aille jamais au cinéma.
   c. Bon, j'y vais, à condition qu'on aille au cinéma après!
5. Corinne parle à Daniel.
   a. Excellente idée! Il est sûr qu'on va voir des chefs-d'œuvre!
   b. Bonne idée! C'est une œuvre magnifique!
   c. Superbe idée! Il est certain qu'il va lire un de ces contes récents.

2 **Un festival** Look at the illustrations of the arts festival. Talk about what you see in each scene, using the subjunctive. (2 x 6 pts. each = 12 pts.)

1.

2.

1. ____

____

____

2. ____

____

____

Lesson Tests

3 **Que fait-on?** Vacation time is approaching and you and your friends are thinking about various options. Complete the sentences with the correct form of the verb in parentheses. (8 x 3 pts. each = 24 pts.)

1. Je ne pars pas en vacances, à moins que vous ________________ (venir) avec moi.
2. Lily et Étienne vont à la montagne pour faire du ski, à condition qu'il ________________ (faire) beau.
3. Karine lit toutes les brochures de vacances avant de ________________ (décider) où aller.
4. Nous irons rendre visite à nos cousins en Italie, à condition qu'ils ________________ (vouloir) nous voir.
5. Mes copains me donnent leurs adresses pour que je ________________ (pouvoir) leur envoyer des cartes postales.
6. Alain ne va pas à Londres avec toi, à moins que tu ________________ (connaître) bien la ville.
7. Annie, je reste ici jusqu'à ce que tu ________________ (être) prête.
8. Lola et Michel iront avec vous, à condition que vous ________________ (prendre) le train.

4 **L'ange et le diable** An angel and a devil are both trying to persuade Paul to see things their way. Express this by completing the sentences with the correct form of the indicative, the subjunctive, or the infinitive. (8 x 3 pts. each = 24 pts.)

L'ange dit:

Paul, je ne pense pas que tu (1) ________________ (pouvoir) aller à la fête ce week-end. Il vaut mieux que tu (2) ________________ (se préparer) pour les examens. Il est essentiel que tu (3) ________________ (faire) tes devoirs avant de t'amuser! Tu ne crois pas que le succès (4) ________________ (venir) aux gens qui ne travaillent pas, n'est-ce pas?

Le diable dit:

Paul, il est bon que tu (5) ________________ (sortir) avec tes copains. J'ai peur que tu (6) ________________ (avoir) trop de travail. Ne t'inquiète pas! Je doute que les examens (7) ________________ (être) difficiles. Il est très important que tu (8) ________________ (savoir) t'amuser!

5 **À vous!** In a paragraph of at least five sentences, talk about your likes and dislikes in the world of media. Mention what film genre you prefer, what types of programs you tend to watch, and what kinds of books most interest you. You may also wish to discuss what you like to see at museums and listen to on the radio. (8 pts. for vocabulary + 8 pts. for grammar + 4 pts. for style and creativity = 20 pts.)

____

____

____

____

____

Nom ______________________ Date ______________________

Unité préliminaire

Leçons A et B

UNIT TEST I

1

Dans le passé Listen to these statements. Then decide whether these events happened at a specific moment in the past (**Événement unique**) or if they happened repeatedly (**Habitude**). (8 x 1 pt. each = 8 pts.)

1. O Événement unique O Habitude
2. O Événement unique O Habitude
3. O Événement unique O Habitude
4. O Événement unique O Habitude
5. O Événement unique O Habitude
6. O Événement unique O Habitude
7. O Événement unique O Habitude
8. O Événement unique O Habitude

2

Quel appareil? Say which appliance you need to do these things. Do not forget to use the corresponding definite article. (10 x 1 pt. each = 10 pts.)

1. Pour faire le café: ______________
2. Pour repasser les vêtements: ______________
3. Pour faire cuire (*bake*) un gâteau: ______________
4. Pour garder le lait frais (*fresh*): ______________
5. Pour réchauffer (*reheat*) une boisson: ______________
6. Pour faire des toasts: ______________
7. Pour nettoyer la vaisselle: ______________
8. Pour sécher les vêtements: ______________
9. Pour laver les draps: ______________
10. Pour garder les aliments congelés (*frozen*): ______________

3

Dans le passé These events happened in the past. Choose the most logical tense for the verbs in parentheses and write the corresponding form. (8 x 1 pt. each = 8 pts.)

1. Soudain, l'aspirateur ______________ (tomber).
2. D'habitude, je ______________ (balayer) ma chambre moi-même.
3. Les voisins ______________ (déménager) tout à coup.
4. Mme Lacroix ______________ (louer) tous les étés le même appartement.
5. Un jour, toi et tes frères, vous ______________ (faire) toutes les tâches ménagères dans la maison.
6. À la campagne, nous ______________ (salir) souvent nos chaussures.
7. Est-ce que tu ______________ (nettoyer) ta chambre parfois le week-end?
8. Céline ______________ (descendre) une fois au sous-sol.

Nom ____________________ Date ____________________

4 **Savoir et connaître** Complete each sentence with the correct form and tense of **savoir, connaître,** or **reconnaître.** (10 x 1 pt. each = 10 pts.)

1. Je ______________ faire la cuisine chez moi, je ______________ bien ma cuisinière. Mais chez les autres, c'est plus difficile.
2. Vraiment, tu ______________ ranger ta chambre? Prouve-le!
3. Nous allons déménager, mais nous ne ______________ pas encore où.
4. Est-ce que tu ______________ les propriétaires de cet immeuble? Ils habitent près d'ici?
5. Avant, ils ______________ bien ce quartier, mais maintenant, tout a changé. C'est presque impossible de le ______________.
6. On ______________ que la cuisine est à droite, et le salon à gauche. Mais où sont les chambres?
7. Vous ______________ cette lampe et ce tapis? Je les ai achetés dans votre magasin préféré.
8. Nous ______________ mal les gens de l'appartement 32. Ils ont emménagé hier soir.

5 **Avant** Compare what used to happen before with what has happened since. Use the **passé composé** or the **imparfait** of the verbs in parentheses. (12 x 1 pt. each = 12 pts.)

1. Avant, je ne ______________ (savoir) pas faire le linge. Depuis (*Since then*), j' ______________ (apprendre).
2. Avant, nous ne ______________ (connaître) pas Guillaume. Depuis, nous l' ______________ (rencontrer).
3. Avant, vous ne ______________ (savoir) pas passer l'aspirateur. Depuis, vous ______________ (essayer) une fois.
4. Avant, ils ______________ (connaître) leurs voisins de gauche. Depuis, ces voisins ______________ (déménager).
5. Avant, M. Vasseur ______________ (savoir) repasser. Depuis il ______________ (oublier).
6. Avant, tu ______________ (connaître) bien ton placard. Depuis, tu ______________ (acheter) trop de vêtements et de chaussures.

6 **On a nettoyé** You and a couple of friends cleaned your house. Say in what state everything was and what you did. Use the correct forms of the verbs in parentheses. (12 x 1 pt. each = 12 pts.)

1. La vaisselle ______________ (être) sale, donc je l' ______________ (laver).
2. Il y ______________ (avoir) de la poussière partout, donc nous ______________ (essuyer) les meubles.
3. Les tapis n' ______________ (être) pas propres, donc Samantha et Frédéric ______________ (passer) l'aspirateur.
4. Il y ______________ (avoir) du désordre (*mess*) partout, donc on ______________ (ranger) la maison.
5. C' ______________ (être) le jour des poubelles, donc nous les ______________ (sortir).
6. Il ______________ (falloir) laver les vêtements, et après, j' ______________ (repasser) les chemises.

Unit Tests

Nom ______________________ Date ______________________

7 **Chez moi** Djamel is talking about where he has lived. Complete his story by using the correct **passé composé, imparfait,** or present-tense forms of the verbs in parentheses. (10 x 1 pt. each = 10 pts.)

Quand j' (1) ______________ (être) encore lycéen, j' (2) ______________ (habiter) avec mes parents. C' (3) ______________ (être) pratique et confortable. Maman (4) ______________ (faire) ma lessive et (5) ______________ (nettoyer) aussi parfois ma chambre. Puis, je/j' (6) ______________ (déménager) pour aller à l'université. Je/J' (7) ______________ (louer) un petit studio et je/j' (8) ______________ (habiter) seul pour la première fois. Évidemment, j' (9) ______________ (apprendre) très vite à faire toutes les tâches ménagères. Maintenant, je/j' (10) ______________ (savoir) même faire la cuisine!

8 **Au même moment** Write a sentence to describe what these people were doing when something else happened. Use the **imparfait** for what they were doing and the **passé composé** for the action that interrupted them. (5 x 2 pts. each = 10 pts.)

1. 

2.

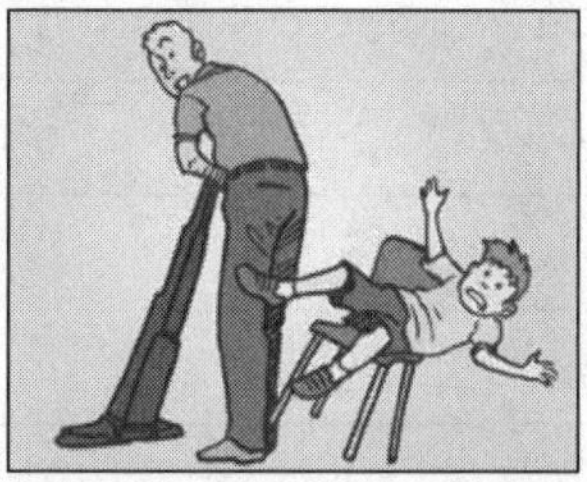

3. 

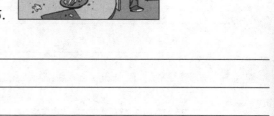

4. 

5. 

1. ____

____

2. ____

____

3. ____

____

4. ____

____

5. ____

____

Unit Tests

Nom ______________________ Date ______________________

9 **À vous** Write a paragraph to describe the chores you know how to do and which one(s) you do not. (8 pts. for vocabulary + 8 pts. for grammar + 4 pts. for style and creativity = 20 pts.)

Unit Tests

Nom ______________________ Date ______________________

Unité préliminaire

Leçons A et B

UNIT TEST II

1 **Une histoire** Listen to each statement and decide whether it narrates facts in a story (**Action**) or describes the setting (**Cadre**). (8 x 1 pt. each = 8 pts.)

1. ❍ Action ❍ Cadre
2. ❍ Action ❍ Cadre
3. ❍ Action ❍ Cadre
4. ❍ Action ❍ Cadre
5. ❍ Action ❍ Cadre
6. ❍ Action ❍ Cadre
7. ❍ Action ❍ Cadre
8. ❍ Action ❍ Cadre

2 **Quel appareil?** Say how or for what you use these appliances. (5 x 2 pts. each = 10 pts.)

Modèle

le grille-pain: *pour préparer des sandwichs*

1. le lave-linge: ______________________
2. la cafetière: ______________________
3. l'aspirateur: ______________________
4. le fer à repasser: ______________________
5. le lave-vaisselle: ______________________

3 **Avant** Compare what used to happen before with what has happened since. Use the **passé composé** or the **imparfait** of the verbs in parentheses. (10 x 1 pt. each = 10 pts.)

1. Avant, je/j' ______________ (habiter) avec ma mère. Depuis (*Since then*), j' ______________ (emménager) avec mon père.
2. Avant, tu ______________ (faire) du bon café. Depuis, ta cafetière ______________ (mourir).
3. Avant, nous ______________ (reconnaître) tous nos voisins. Depuis, le quartier ______________ (changer).
4. Avant, vous ______________ (louer) votre maison. Depuis, vous l' ______________ (acheter).
5. Avant, Aude et sa sœur ______________ (vivre) en résidence universitaire. Depuis, elles ______________ (prendre) un appartement.

Unit Tests

Nom ____________________ Date ____________________

4 **Le ménage** You and a few friends cleaned your house. Say what you did by completing the sentences. Do not use the same expression more than once. (5 x 2 pts. each = 10 pts.)

1. La vaisselle était propre, donc tu ____________________.
2. Les draps et les vêtements étaient sales, alors Khaled et Théo ____________________.
3. Le lavabo n'était pas propre, donc je ____________________.
4. Les poubelles sentaient mauvais, donc Brigitte ____________________.
5. Le sol (*floor*) de la cuisine était sale, alors nous ____________________.

5 **Notre appartement** Amadou and his best friend found an apartment for rent. Complete their story by using the correct **passé composé** or **imparfait** forms of the verbs in parentheses. (8 x 1 pt. each = 8 pts.)

Nous (1) ____________ (passer) tout samedi dernier à visiter des appartements. Le premier (2) ____________ (être) en plein centre-ville et assez grand, mais il n' (3) ____________ (avoir) pas de salle de bain! Les autres n' (4) ____________ (avoir) pas de jardin, mais nous (5) ____________ (finir) par louer le cinquième. Dimanche, Jean-Michel et moi, on (6) ____________ (commencer) à emménager. Il (7) ____________ (mettre) son canapé dans le salon et j' (8) ____________ (passer) l'aspirateur dans ma chambre.

6 **On sait...** Finish each of these sentences by using an appropriate present-tense form of **savoir** or **connaître**. Use the statements provided as cues. (6 x 2 pts. each = 12 pts.)

Modèle

Chérifa et moi, on va à l'école ensemble le matin.
Je *connais bien Chérifa.*

1. Justin fait son lit tous les matins.
   Il ____________________.
2. Ma propriétaire n'a jamais rencontré mes parents.
   Elle ____________________.
3. Mes amis ne sont jamais venus dans mon immeuble.
   Ils ____________________.
4. Hervé et son frère sont incapables de faire leur lessive.
   Ils ____________________.
5. Vous allez au musée du Louvre quand vous êtes à Paris.
   Vous ____________________.
6. Je cuisine tout le temps.
   Je ____________________.

7 **Quel désordre!** Élisa came back from vacation and realized that she forgot to clean up before she left. Use the **passé composé** and the **imparfait** to write four complete sentences and say what she did not do. (4 x 3 pts. each = 12 pts.)

Modèle

La boîte à pizza était vide (empty), *mais Élisa ne l'a pas mise à la poubelle.*

1. ______
2. ______
3. ______
4. ______

8 **Questions personnelles** Answer the questions with complete sentences. (5 x 2 pts. each = 10 pts.)

1. Est-ce que tu as déjà déménagé? Combien de fois et quand? ______
2. Quels meubles est-ce que tu as choisis pour ta chambre? ______
3. Est-ce que tu as mis des affiches au mur? De quoi? ______
4. Est-ce que tu as déjà fait la poussière dans ta chambre? ______
5. Est-ce que tu as déjà partagé la même chambre avec un de tes frères ou sœurs? ______

Nom ______ Date ______

9 **À vous** Write a paragraph to describe what you did the last time you helped clean up around the house. Also mention a few things that you did not do because you do not know how. (8 pts. for vocabulary + 8 pts. for grammar + 4 pts. for style and creativity = 20 pts.)

Unit Tests

Unité 1

UNIT TEST I

Leçons A et B

1 **Questions** Listen to these questions. Then select the most logical response to each one. (8 x 1 pt. each = 8 pts.)

1. a. Elle est gentille
   b. Je ne vais jamais à cette poissonnerie.
   c. C'est la meilleure du quartier.
2. a. Oui. Leurs saucisses sont très bonnes.
   b. Oui. Ils font du bon café.
   c. Oui. Ils sont ouverts le samedi.
3. a. Oui, un kilo.
   b. Non, je suis au régime.
   c. Je n'aime pas les pêches.
4. a. Peut-être une salade.
   b. Le service est compris.
   c. On a le menu.
5. a. Je fais les courses demain.
   b. Oui, c'est plus prudent.
   c. C'est le meilleur steak de toute la ville.
6. a. C'est un bon commerçant.
   b. C'est pour le petit-déjeuner.
   c. Prends-moi des oignons.
7. a. On a des fourchettes et des couteaux.
   b. Avec une cuillère à soupe.
   c. Oui, c'est normal, c'est ton anniversaire.
8. a. Des haricots, pour changer.
   b. Je veux bien goûter.
   c. Pourquoi pas.

2 **Par exemple** Provide an example of a type of food that belongs in each category. Use the correct definite articles. (8 x 1 pt. each = 8 pts.)

1. Un légume vert: ____________________
2. Un fruit jaune: ____________________
3. Quelque chose qu'on trouve à la boucherie: ____________________
4. Une épice ou un condiment: ____________________
5. Une sauce: ____________________
6. Un lieu pour manger, mais pas dans la maison: ____________________
7. Un objet pour manger: ____________________
8. Un repas: ____________________

3 **Expressions de temps** Complete each sentence with **depuis**, **pendant**, or **il y a**. (8 x 1 pt. each = 8 pts.)

1. Je suis au régime ____________________ trois semaines.
2. Quand Béatrice était végétarienne, elle n'a pas mangé de viande ____________________ un an.
3. Nous avons acheté ces yaourts ____________________ une semaine. Ils sont encore bons.
4. On peut garder les pâtes dans son placard ____________________ des mois.
5. Je vais chez cette commerçante ____________________ des années.
6. Choisis autre chose. Tu as déjà pris ce plat ____________________ deux jours.
7. Mathilde ne peut pas rentrer à temps pour dîner ____________________ un mois. Elle travaille tard en ce moment.
8. On n'a pas répondu au téléphone ____________________ le repas.

Unit Tests

4 **La nourriture** Complete the sentences with the correct forms of the verbs in parentheses. (12 x 1 pt. each = 12 pts.)

1. Mme Talbot ______________ (venir) toujours chercher son pain vers 8h00.
2. Faites attention, sinon (*otherwise*) la crème ______________ (devenir) du beurre.
3. Du poulet aux poivrons et aux champignons... Je ______________ (retenir) l'idée!
4. Nous ______________ (maintenir) que la mayonnaise à l'huile d'olive est meilleure.
5. Au frigo, les yaourts ______________ (tenir) des semaines.
6. Merci, M. Ferrand, et ______________ (revenir) bientôt!
7. En été, les fruits de mer pas frais ______________ (devenir) vite dangereux.
8. M. Videau ______________ (maintenir) une charcuterie très propre.
9. Nous ______________ (retenir) une table pour six à l'Amphitryon.
10. ______________ (tenir), apporte cette carafe à table.
11. Commence à manger. Je ______________ (revenir) dans cinq minutes.
12. Vous ______________ (tenir) vraiment à faire les courses au dernier moment?

5 **À table!** A group of friends is having dinner. Complete the sentences with the correct forms of the verbs **pouvoir**, **devoir**, or **vouloir**. Be logical! (12 x 1 pt. each = 12 pts.)

1. ______________-vous me passer le sel, s'il vous plaît?
2. Je ______________ bien encore un peu de poulet.
3. Ce plat est délicieux. Tu ______________ me donner la recette?
4. Nous ______________ finir les pâtes ce soir, ou je les mets à la poubelle.
5. Est-ce que Fabien ______________ une autre serviette?
6. Cette viande est très tendre. On ne ______________ même pas utiliser son couteau pour la couper (*cut*).
7. Est-ce que quelqu'un ______________ me passer la carafe?
8. Regarde! Ils ont trop mangé. Ils ______________ faire une pause.
9. ______________-vous goûter ma tarte?
10. Je suis au régime. Je ______________ faire attention à ce que (*to what*) je mange.
11. Pour manger le dessert, vous ______________ une fourchette ou une cuillère?
12. ______________-nous attendre un peu avant le café?

6 **Malheureusement!** Marthe thinks that things have taken a turn for the worse.

A. Complete each statement with the comparative that corresponds to the cue in parentheses. (12 x 1 pt. each = 12 pts.)

1. Avant, ce pain était ______________________. (+ bon)
2. Les commerçants étaient ______________________. (+ poli)
3. La boucherie vendait de la viande ______________________. (– cher)
4. Le poisson était ______________________. (– dangereux)
5. Mes repas étaient ______________________. (+ calme)
6. La moutarde était ______________________. (+ naturel)

B. Now, complete each statement with the corresponding superlative.

7. Malheureusement, cette commerçante est ______________________ (– poli) de toutes.
8. Ces poissons sont ______________________ (– bon marché) de tous.
9. Ce pain est ______________________ (+ mauvais) de tous.
10. Cette moutarde n'est pas bonne, mais c'est ______________________ (+ naturel) de toutes.
11. Le petit-déjeuner est mon repas ______________________ (+ calme).
12. Cette boucherie est ______________________ (+ cher) du quartier.

7 **On fait la cuisine** A few friends are cooking dinner. Replace the underlined words with the corresponding double object pronouns. (5 x 2 pts. each = 10 pts.)

1. —Est-ce que tu peux <u>me</u> passer <u>les haricots verts</u>?
   —Je ______________________ ai mis sur la table.
2. —Je <u>te</u> prépare <u>la salade</u>?
   —Oui. Prépare-______________________, s'il te plaît.
3. —Est-ce que Nelly <u>nous</u> a apporté <u>le poisson</u>?
   —Oui. Elle ______________________ a pris à la poissonnerie Desjeans.
4. —On va faire <u>les escargots</u> <u>à Madeleine</u>?
   —Oui, on va ______________________ faire à l'ail et au beurre, comme (*as*) elle aime.
5. —Je donne <u>les pommes de terre</u> <u>aux garçons</u> maintenant?
   —Non, tu vas ______________________ donner dans cinq minutes.

Unit Tests

Nom _______________ Date _______________

8 **À ce moment-là** Write two sentences for each picture, one to say what these people just did and one to say what they have to do next. Use the cues and a different subject for each item. (5 x 2 pts. each = 10 pts.)

Modèle

faire une promenade / rentrer
Je viens de faire une promenade. Maintenant, je dois rentrer.

1.  2.  3.  4.  5. 

1. assister au concert / dîner _______________
2. bien manger / marcher un peu _______________
3. jouer au tennis / retrouver les autres _______________
4. faire les courses / aller chercher les enfants _______________
5. finir de manger / payer l'addition _______________

9 **À vous** It is the holidays, and you and your family are cooking a special meal. Mention where you went shopping, what you bought, and what you are preparing. Compare the outcome to last year's holiday meal. (8 pts. for vocabulary + 8 pts. for grammar + 4 pts. for style and creativity = 20 pts.)

Unit Tests

Nom ______________________ Date ______________________

Unité 1

UNIT TEST II

Leçons A et B

1 Questions Listen to these questions. Then select the most logical response to each one. (8 x 1 pt. each = 8 pts.)

1. a. C'est le petit-déjeuner.
   b. Dans vingt minutes.
   c. Je dois faire les courses.
2. a. Non, je ne veux pas de carottes.
   b. Oui, mettez-moi un demi-kilo de plus.
   c. Donnez-moi cette laitue.
3. a. C'est le meilleur du quartier.
   b. Il a le sel et le poivre.
   c. C'est tout compris.
4. a. Une tranche.
   b. De la baguette.
   c. Ce pain-ci.
5. a. C'est la banane.
   b. Il y a des pommes et des poires.
   c. C'est moi.
6. a. Le secret, c'est la crème.
   b. Je mets la table.
   c. Pour le poulet.
7. a. On a déjà commandé.
   b. Et comme hors-d'œuvre, les escargots.
   c. Bien sûr, elle n'est pas propre.
8. a. Non merci. Je connais déjà.
   b. J'aime bien ce vin.
   c. Je veux bien un dessert.

2 Par exemple Write a short definition for each item. Use the correct indefinite articles. (5 x 2 pts. each = 10 pts.)

Modèle

la fraise: *un fruit rouge*

1. le steak: ______________________
2. la fourchette: ______________________
3. la carotte: ______________________
4. le déjeuner: ______________________
5. les petits pois: ______________________

Unit Tests

3 **À manger** Complete each sentence with the correct form of the verb in parentheses. (10 x 1 pt. each = 10 pts.)

1. Hier, j' ______________ (retenir) une table pour nous à La Tour rose.
2. Avant, sans les frigos, la viande fraîche ______________ (tenir) beaucoup moins longtemps.
3. En ce moment, les escargots ______________ (revenir) à la mode.
4. Tu ______________ (maintenir) toujours que la tomate n'est pas un fruit?
5. La semaine dernière, cette boulangerie ______________ (devenir) une boulangerie-pâtisserie.
6. Bonjour M. Vallet. Mon mari et moi, nous ______________ (venir) chercher de la saucisse.
7. Avant, vous ______________ (tenir) une poissonnerie en centre-ville, n'est-ce pas?
8. Je ne ______________ (retenir) jamais les recettes!
9. Comme ça, les pâtes ______________ (retenir) bien la sauce.
10. Nous ______________ (devenir) des habitués il y a deux ans.

4 **Un dîner** A group of friends is having dinner. Complete each sentence with the correct form of the verb **pouvoir, devoir,** or **vouloir** in the appropriate tense. Be logical! (10 x 1 pt. each = 10 pts.)

1. Est-ce que tu ______________ du pain de campagne ou de la baguette?
2. Je ______________ apporter de la glace, mais j'ai oublié.
3. Nous ______________ reprendre de la salade, mais Simon l'a déjà finie.
4. Tu ______________ absolument me donner cette recette!
5. ______________-vous me trouver un morceau de saucisse?
6. Vous ______________ bien finir le riz? Je ne vais pas mettre ces deux cuillères au frigo.
7. Qui ______________ plus de vin?
8. Quand il était jeune, il ne ______________ pas manger de fruits de mer. Il était allergique.
9. Cette mayonnaise est fabuleuse. Vous ______________ absolument la goûter!
10. Avant, je ______________ manger des œufs soir et matin. J'adorais les œufs et les omelettes.

5 **Tous ensemble** A few friends are cooking dinner together. Replace the underlined words with the corresponding double object pronouns. (5 x 2 pts. each = 10 pts.)

1. —Est-ce que vous avez apporté la viande à Djamel?

   —Oui. On ______________________________ a mise au frigo.
2. —Tu me montres la recette?

   —Attends. Je vais ______________________________ montrer dans deux secondes.
3. —Tu nous sors les légumes du frigo?

   —Je ______________________________ mets où?
4. —Est-ce qu'Angélique m'a préparé les fruits pour le gâteau?

   —Oui. Elle ______________________________ a nettoyés.
5. —Colette a choisi la boisson pour les enfants?

   —Oui. Elle ______________________________ a déjà servie.

Nom ______________________ Date ______________________

6 **Maintenant** Write two sentences to describe what these people just did and what they want to do next. Use the cues and a different subject for each item. (5 x 2 pts. each = 10 pts.)

Modèle

bien manger / discuter un peu

On vient de bien manger. Maintenant, on veut discuter un peu.

1.  2.  3.  4.  5. 

1. avoir un diplôme / travailler ______________________
2. prendre quelques kilos / manger un peu moins ______________________
3. écrire un long message / l'envoyer ______________________
4. commander / commencer le repas ______________________
5. payer l'addition / partir ______________________

7 **C'est meilleur que...** Write complete sentences to compare these items and express your opinion of them. (6 x 2 pts. each = 12 pts.)

1. la cuisine à la maison / le restaurant ______________________
2. les boîtes de conserves / les légumes frais ______________________
3. une tarte / un gâteau ______________________
4. les escargots / les fruits de mer ______________________
5. le petit-déjeuner / le dîner ______________________
6. manger en famille / manger seul ______________________

Unit Tests

8 **Questions personnelles** Answer the questions with complete sentences. (5 x 2 pts. each = 10 pts.)

1. Est-ce que tu dois cuisiner de temps en temps? Quand?
2. Quand est-ce que tu as fait les courses pour la dernière fois?
3. Quel plat ou aliment sais-tu préparer le mieux?
4. Est-ce que tu aimes goûter de nouveaux aliments ou recettes?
5. Quel est l'aliment ou le plat que tu détestes le plus?

9 **À vous** Today is Mother's Day, and you and your family are cooking breakfast for your mom. Mention where you went food shopping, what you bought, and what you are preparing. Compare the outcome to your typical family breakfast. (8 pts. for vocabulary + 8 pts. for grammar + 4 pts. for style and creativity = 20 pts.)

Nom ____________________ Date ____________________

Unité 2

UNIT TEST I

Leçons A et B

1 **Conversations** Listen to these conversations and select the most logical continuation for each one. (8 x 1 pt. each = 8 pts.)

1. a. Au bras gauche.
   b. À l'œil droit.
   c. Aux dents.
2. a. Oui, j'en ai deux.
   b. Oui, s'il te plaît.
   c. Oui, je me coiffe.
3. a. Le doigt.
   b. La bouche.
   c. Le corps.
4. a. Non, je vais éternuer.
   b. Non, je vais me sécher.
   c. Non, je vais juste me reposer un peu.
5. a. Non, je ne tousse pas.
   b. Oui, je sens une douleur.
   c. Oui, je me sens en pleine forme.
6. a. Bien, je vais me préparer.
   b. Bien, je vais me sentir mieux.
   c. Bien, je vais appeler mon médecin.
7. a. Je suis guéri.
   b. Je suis tombé malade.
   c. Je ne vais pas très bien.
8. a. Vous pouvez déprimer.
   b. Vous pouvez éternuer.
   c. Vous pouvez prendre ces pilules.

2 **À la maison** Name the appropriate object to use in each situation. Include the definite article. (10 x 1 pt. each = 10 pts.)

1. Pour se laver les dents: ____________________
2. Pour se brosser les cheveux: ____________________
3. Pour quand on a mal à la tête: ____________________
4. Pour se laver les mains: ____________________
5. Pour se raser: ____________________
6. Pour se maquiller: ____________________
7. Pour se sécher: ____________________
8. Pour se laver les cheveux: ____________________
9. Pour se coiffer: ____________________
10. Pour se réveiller: ____________________

Unit Tests

3 **Le diagnostic** Say what is going on with these people. Use the words from the list and make any necessary changes. (10 x 1 pt. each = 10 pts.)

allergie	faire mal
déprimé	fièvre
enceinte	grippe
enflé	se fouler
en pleine forme	tousser

1. Mme Vermuse attend un bébé. Elle est ______________________.
2. Au printemps, David éternue beaucoup. Il a des ______________________.
3. Maxence est triste tout le temps. Il est ______________________.
4. Marie-Claire est malade et sa peau est toute chaude. Elle a de la ______________________.
5. M. Robert est chez le dentiste. Sa dent lui ______________________.
6. La jeune fille est tombée et se tient la cheville. Elle ______________________ la cheville.
7. J'ai mal à la poitrine parce que je ______________________ beaucoup.
8. Nous sommes au lit avec de la fièvre et des douleurs partout. Nous avons la ______________________.
9. Mégane va bien. Elle est ______________________.
10. Votre doigt est très gros, chaud et tout rouge. Il est ______________________.

4 **Au petit-déjeuner** Sylviane and Amadou are describing their breakfast routine. Complete their sentences with the correct forms of the verbs in parentheses. (10 x 1 pt. each = 10 pts.)

Sylviane: «Le matin, je (1) ______________ (se lever) vers 6h00. Je (2) ______________ (s'occuper) de mon chat, puis je (3) ______________ (s'habiller) et je (4) ______________ (se maquiller). Ensuite, je lis le journal en buvant mon café. Je (5) ______________ (se détendre) toujours un peu avant de commencer la journée.»

Amadou: «Heureusement, les enfants (6) ______________ (se laver) le soir. Le matin, je (7) ______________ (se réveiller) souvent le premier et je (8) ______________ (se mettre) à préparer le petit-déjeuner. Quand les enfants et ma femme (9) ______________ (se lever), nous (10) ______________ (s'asseoir) tous ensemble pour manger.»

5 **Dans la salle d'attente** These people are waiting for the doctor. Complete each sentence with the correct form of the verb in parentheses. (8 x 1 pt. each = 8 pts.)

1. M. et Mme Lemoine arrivent et ______________ (s'asseoir) pour attendre le docteur Serrault.
2. Nicolas ______________ (s'énerver) tout seul.
3. Les enfants ______________ (s'amuser) avec les magazines.
4. Tu ______________ (s'occuper) en lisant.
5. Mlle Chapoul ______________ (se promener) dans le couloir.
6. Vous ______________ (se reposer) un peu.
7. On ______________ (se rendre compte) qu'on est en retard.
8. Je ______________ (s'ennuyer) à mourir.

Unit Tests

Nom ______________________ Date ______________________

6 **La routine** Every day is the same. Say what happened yesterday. (10 x 1 pt. each = 10 pts.)

1. Jules: «Je m'ennuie. Hier aussi, je ______________________.»
2. À Laurie: «Cet après midi, tu te reposes. Hier aussi, tu ______________________.»
3. Les Lemoine: «Nous nous préparons à partir bientôt. Hier aussi, nous ______________________ à partir.»
4. À propos de Mme Frémoux: Elle s'assied ici. Hier aussi, elle ______________________ sur cette chaise.
5. À M. Desclos: «Vous vous trompez. Hier aussi, vous ______________________.»
6. À des copines: «Vous vous amusez bien. Hier aussi, vous ______________________ ensemble.»
7. À propos des infirmiers: Ils se détendent dans cette salle. Hier aussi, ils ______________________ ici.
8. À propos de ce docteur: Il ne s'énerve pas. Hier non plus (*too*), il ______________________.
9. Les Tellier: «Nous ne nous promenons pas ensemble. Hier non plus, nous ______________________.»
10. À Virginie: «Tu te mets en colère pour rien. Hier aussi, tu ______________________ en colère.»

7 **Hier** Write sentences to describe what these people did yesterday. Use the cues and only reflexive verbs. (8 x 2 pts. each = 16 pts.)

1. tu

2. Catherine

3. vous

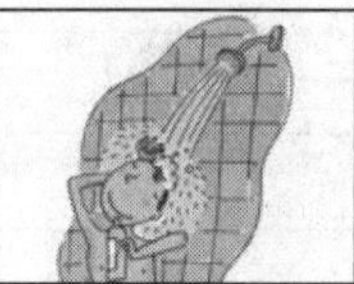
4. je

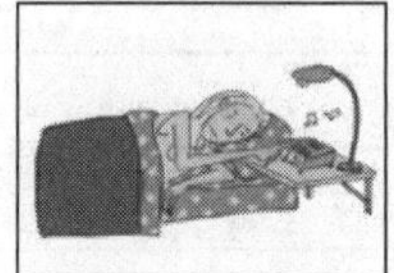
5. ma voisine

6. Mme Decroix

7. Noël

8. on

1. ______________________
2. ______________________
3. ______________________
4. ______________________
5. ______________________
6. ______________________
7. ______________________
8. ______________________

Unit Tests

8 **Quel pronom?** Complete each sentence by using the pronoun **y** or **en** to replace the underlined words. (8 x 1 pt. each = 8 pts.)

1. Pour être en forme, il faut faire de l'exercice. Il faut ______________ faire trois fois par semaine.
2. Après mon accident, j'avais mal à la jambe. J'______________ avais mal surtout le matin.
3. Quand on a la grippe, on a souvent de la fièvre. On ______________ a pendant un jour ou deux.
4. Nous n'avons pas eu le temps de prendre une douche ce matin, mais nous pouvons ______________ prendre une maintenant.
5. Vous pouvez lire dans cette salle. Tous les infirmiers peuvent s'______________ reposer.
6. Ne vous occupez pas de cette piqûre. Mme Prallet va s'______________ occuper elle-même.
7. Simon aime se regarder dans son miroir. Il s'______________ regarde souvent.
8. Je prends régulièrement de l'aspirine. J'______________ prends une fois par jour.

9 **À vous** Last night you attended a party. Write a paragraph to describe what you and you friends did to get ready for the party. Also mention something that you did not do. Use as many reflexive verbs as possible. (8 pts. for vocabulary + 8 pts. for grammar + 4 pts. for style and creativity = 20 pts.)

Nom ______________________ Date ______________________

Unité 2

UNIT TEST II

Leçons A et B

1 **Conversations** Listen to these conversations and select the most logical continuation for each one. (8 x 1 pt. each = 8 pts.)

1. a. Non, ils se lèvent bientôt.
   b. Non, ils se sont déjà endormis.
   c. Non, ils se préparent à aller au lit.
2. a. Oui, et je me suis même coiffé.
   b. Oui, et je me suis réveillé.
   c. Oui, et je me suis brossé les dents.
3. a. À la tête, le plus souvent le soir.
   b. Au genou, je suis tombé.
   c. À la salle des urgences.
4. a. Oui, mais prends ta douche vite.
   b. Oui, mais je me lave d'abord.
   c. Oui, mais dépêche-toi.
5. a. Regarde dans le tiroir de gauche.
   b. C'est ma brosse.
   c. Utilise la brosse rouge.
6. a. Oui, je vais me réveiller à 7h00.
   b. Oui, je vais m'endormir aussi.
   c. Oui, je vais me lever avec toi.
7. a. Moi, je me lave les cheveux.
   b. Moi, je me maquille la bouche en dernier.
   c. Moi, je me couche ensuite.
8. a. Je fais une légère toilette.
   b. Je prends ma douche.
   c. Je me réveille tôt.

2 **Le corps** Name the body part that corresponds to each description. Include the definite article. (10 x 1 pt. each = 10 pts.)

1. Pour entendre: ______________________
2. Pour sentir les odeurs: ______________________
3. On en a cinq par pied: ______________________
4. Pour regarder des choses: ______________________
5. On en a deux sur le visage, sous les yeux: ______________________
6. Enveloppe et protège le reste du corps: ______________________
7. Pour manger et parler: ______________________
8. A cinq doigts: ______________________
9. Supporte la tête: ______________________
10. Articulation de la jambe: ______________________

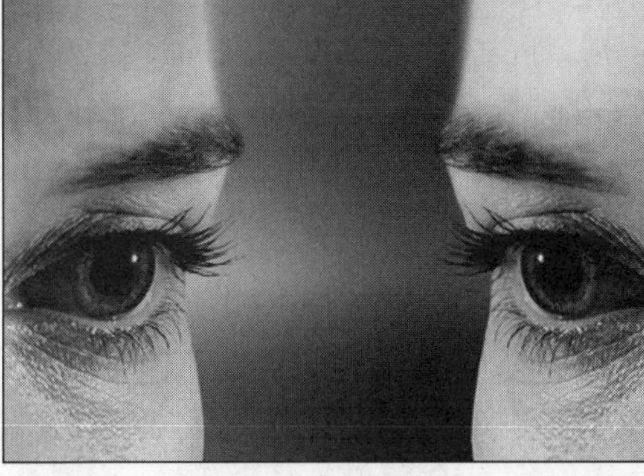

Unit Tests

3 **Un hypocondriaque** Mr. Bloncourt visits his doctor much too often. Complete their conversation with the appropriate words. (10 x 1 pt. each = 10 pts.)

LE DOCTEUR Bonjour, M. Bloncourt. Alors, qu'est-ce qui ne va pas aujourd'hui?
M. BLONCOURT Je ne sais pas trop, mais une chose est sûre, je me sens très (1) ________________ (bien / mal)!
LE DOCTEUR Bien, décrivez-moi vos (2) ________________ (symptômes / urgences).
M. BLONCOURT J'ai assez mal à la gorge, mais j'ai vérifié et je n'ai pas de (3) ________________ (fièvre / douleur).
LE DOCTEUR Ah! Vous avez peut-être un petit (4) ________________ (rhume / blessure) alors?
M. BLONCOURT Ah non, alors! Ça doit être beaucoup plus (5) ________________ (grave / sain) que ça!
LE DOCTEUR Vous avez mal ailleurs (*somewhere else*)?
M. BLONCOURT Pas pour l'instant. Mais hier soir, après avoir mangé, j'ai eu légèrement mal au (6) ________________ (tête / ventre).
LE DOCTEUR La digestion, sans doute. Vous (7) ________________ (fumez / vous peignez)?
M. BLONCOURT Bien sûr que non. C'est très mauvais pour la (8) ________________ (corps / santé)!
LE DOCTEUR Bien. Je pense que nous avons fini pour cette fois.
M. BLONCOURT Mais docteur, vous allez me donner une (9) ________________ (ordonnance / allergie) au moins (*at least*)?
LE DOCTEUR Pas la peine. Rentrez chez vous, M. Bloncourt, et (10) ________________ (reposez-vous / ennuyez-vous).

4 **Dans la salle d'attente** These people are waiting for the doctor. Complete the sentences with the correct forms of the verbs in parentheses. (10 x 1 pt. each = 10 pts.)

1. Juliette ________________ (se coiffer) devant un miroir.
2. Nous ________________ (s'amuser) à regarder les gens.
3. Pierre ________________ (s'asseoir) sur toutes les chaises.
4. L'infirmière ________________ (s'occuper) d'un patient.
5. Je ________________ (s'intéresser) aux magazines.
6. Ce bébé ________________ (se mettre) à pleurer (*cry*).
7. Tu ________________ (se tromper) de porte.
8. Vous ________________ (s'ennuyer) sans doute beaucoup.
9. On ne ________________ (s'énerver) pas quand le docteur est en retard.
10. M. et Mme Alliet ________________ (se préparer) à partir.

5 **Quel pronom?** Complete each sentence with the pronoun **y** or **en**. (8 x 1 pt. each = 8 pts.)

1. Quand on va aux urgences, on n'a pas envie d'________________ rester.
2. La pharmacie était encore ouverte. J'________________ reviens juste.
3. Maude a peut-être déjà appelé cet hôpital, mais elle ne s'________________ souvient pas.
4. Ma fille Sabine aime jouer à se maquiller. Elle s'________________ amuse souvent.
5. Aller chez le dentiste, c'est très important. Il faut ________________ aller au moins une fois par an.
6. Le docteur Bellot est fasciné par le cœur. Il s'________________ intéresse depuis très longtemps.
7. Je n'ai pas le temps de passer à la pharmacie aujourd'hui. Tu peux t'________________ occuper?
8. On n'a plus de dentifrice. Nous allons ________________ acheter tout à l'heure.

Nom ______________________ Date ______________________

6 **À nouveau** Every day is the same. Say what these people did yesterday too. (10 x 1 pt. each = 10 pts.)

1. Catherine: «Je m'assieds à ce bureau. Hier aussi, je ______________________ ici.»
2. À Christian: «Tu te prépares vite ce matin. Hier aussi, tu ______________________ rapidement.»
3. À propos de Victor: Il ne s'ennuie pas. Hier non plus (*too*), il ______________________.
4. Un groupe d'enfants: «On s'amuse ensemble. Hier aussi, on ______________________ tous ensemble.»
5. Aux copines: «Vous vous détendez un peu. Hier aussi, vous ______________________ une demi-heure.»
6. À propos de ces parents: Ils s'inquiètent pour leur fils. Hier aussi, ils ______________________ pour lui.
7. Les Courtin: «Nous nous dépêchons aujourd'hui. Hier aussi, nous ______________________ toute la journée.»
8. À Mme Chambolle: «Vous vous trompez d'adresse. Hier aussi, vous ______________________.»
9. À Chantal: «Tu t'énerves à la boulangerie. Hier aussi, tu ______________________ au supermarché.»
10. À ces frères: «Vous ne vous disputez pas maintenant. Hier non plus, vous ______________________ pour le CD.»

7 **Ce matin** Write sentences to describe what these people did to get ready this morning. Use the cues and only reflexive verbs. (6 x 2 pts. each = 12 pts.)

1. je

2. vous

3. Hippolyte

4. Mlle Desbiens

5. tu

6. on

1. ______________________
2. ______________________
3. ______________________
4. ______________________
5. ______________________
6. ______________________

Unit Tests

8 **Questions personnelles** Answer the questions with complete sentences. (6 x 2 pts. each = 12 pts.)

1. Est-ce que tu t'es déjà cassé quelque chose? ____________________
2. Quels petits problèmes de santé as-tu régulièrement? ____________________
3. Est-ce que tu aimes aller chez le dentiste ou chez le médecin? ____________________
4. Qu'est-ce que tu évites de faire pour être en bonne santé? ____________________
5. À quel moment de la journée te sens-tu le mieux? ____________________
6. Que fais-tu quand tu sens que tu vas avoir un rhume? ____________________

9 **À vous** You are babysitting eight-year-old Christophe and have to make sure that he is ready for school. Write a conversation in which you ask him what he did to get ready this morning. Use as many reflexive verbs as possible. (8 pts. for vocabulary + 8 pts. for grammar + 4 pts. for style and creativity = 20 pts.).

Nom ______________________ Date ______________________

Unité 3

Leçons A et B

UNIT TEST I

1 **Questions** Listen to the questions and select the most logical response for each one. (8 x 1 pt. each = 8 pts.)

1. a. Oui, la circulation est mauvaise.
   b. Oui, je fais le plein.
   c. Oui, j'ai mon permis.
2. a. Oui, je lis mes messages plusieurs fois par jour.
   b. Oui, c'est ma page web.
   c. Oui, je connais mon mot de passe.
3. a. Oui, c'est la limitation de vitesse.
   b. Oui, je ne veux pas d'amende.
   c. Oui, c'est plus prudent.
4. a. Non, j'ai effacé le film.
   b. Non, j'ai oublié.
   c. Non, j'ai composé le mauvais numéro.
5. a. Sous le capot.
   b. Dans mon appareil photo.
   c. Près de mon smartphone.
6. a. De la musique.
   b. Le web.
   c. Le disque dur.
7. a. Non, on peut se garer sur l'autoroute.
   b. Non, on peut se garer dans sa rue.
   c. Non, on va se garer à la station-service.
8. a. Nous sommes tombés en panne.
   b. Nous avons freiné.
   c. Nous avons réparé l'embrayage.

2 **La technologie** Name the object to be used in each situation. Include the indefinite article. (10 x 1 pt. each = 10 pts.)

1. Un appareil pour regarder un film: ______________________
2. Un autre appareil pour regarder un film: ______________________
3. Un appareil pour envoyer des SMS: ______________________
4. Un appareil pour écouter des CD: ______________________
5. Un appareil pour prendre des photos: ______________________
6. Pour changer de chaîne: ______________________
7. Un objet pour essuyer le pare-brise: ______________________
8. Un objet pour voir (*see*) les voitures qui sont derrière: ______________________
9. Un objet pour faire tourner les roues: ______________________
10. Un appareil pour taper (*type*) un texte à l'ordinateur: ______________________

Unit Tests

3 **À moi** Imagine that these items are yours, and write a short sentence to say something different about each one. (6 x 2 pts. each = 12 pts.)

1.  2.  3. 

4.  5.  6. 

1. ______________________
2. ______________________
3. ______________________
4. ______________________
5. ______________________
6. ______________________

4 **L'ordinateur** Complete each sentence with the correct form and tense of the verb in parentheses. (10 x 1 pt. each = 10 pts.)

1. ______________ (ouvrir) ce document, s'il te plaît.
2. Vous ______________ (couvrir) l'écran quand vous tapez votre mot de passe.
3. Mon ordinateur ______________ (souffrir) d'un problème étrange. Il est très lent.
4. Les grands-parents ______________ (découvrir) souvent Internet avec leurs petits-enfants.
5. Pour son anniversaire, nous lui ______________ (offrir) un écran plus grand.
6. Pour garder ton clavier propre, tu le ______________ (couvrir) avec ça.
7. Avant, quand on ______________ (ouvrir) ce fichier, on installait un virus.
8. Hier, ils ______________ (découvrir) comment sauvegarder leur travail facilement.
9. Je/J' ______________ (souffrir) quand mon disque dur est mort brusquement.
10. Cette année, on ______________ (offrir) aux enfants un nouveau jeu vidéo et on leur a acheté un CD-ROM.

5 **Au garage** Édouard is picking up his car from the mechanic. Complete the mechanic's report with **à** or **de**, if necessary. (10 x 1 pt. each = 10 pts.)

M. Villon, nous nous sommes occupés (1) ______________ réviser les freins, comme d'habitude. La dernière fois, on a décidé (2) ______________ ne pas changer l'huile, donc je viens (3) ______________ le faire aussi. Mais je voudrais (4) ______________ vous montrer quelque chose. Aidez-moi (5) ______________ ouvrir le capot. Voilà, j'ai hésité (6) ______________ vous changer cette pièce tout de suite parce que je peux peut-être essayer (7) ______________ la réparer d'abord. Mais il ne faut pas (8) ______________ attendre. Si (*If*) vous continuez (9) ______________ rouler comme ça, le moteur va avoir des problèmes. Venez, on peut finir (10) ______________ en parler dans mon bureau.

6 **Les relations** Complete each sentence with the correct form and tense of the verb in parentheses. (10 x 1 pt. each = 10 pts.)

1. Marina et Sylvain _______________ (se quitter); ils ont arrêté de s'aimer!
2. Mon frère et moi, on est très proche et on _______________ (s'adorer).
3. Emmanuel et lui, ils _______________ (ne pas se connaître) bien. Ils viennent de se rencontrer.
4. Avant, mes copines et moi, nous _______________ (s'écrire) des petits mots en classe.
5. Et le soir, après l'école, on _______________ (se téléphoner) et on discutait.
6. Vous _______________ (s'entendre) bien avec vos voisins?
7. Elles _______________ (se dire) au revoir et elles sont parties chacune de son côté.
8. En général, nous _______________ (se retrouver) au café Bertrand.
9. On _______________ (ne pas se regarder); on a honte.
10. Quand vous avez eu le temps, vous _______________ (se donner) les adresses de vos sites.

7 **Ma voiture** Xavier would have his car repaired if he had the money. Complete each sentence with the conditional form of the verb in parentheses. (12 x 1 pt. each = 12 pts.)

1. Mon mécanicien me _______________ (réparer) l'embrayage.
2. J' _______________ (acheter) de nouveaux pneus.
3. Ma femme et moi _______________ (faire) le plein à chaque fois.
4. On _______________ (changer) nos essuie-glaces.
5. Nous _______________ (mettre) des freins neufs.
6. Je _______________ (pouvoir) rouler autant que je veux.
7. On _______________ (nettoyer) la voiture toutes les semaines.
8. Et les enfants _______________ (vouloir) s'en occuper plus souvent.
9. Je _______________ (faire) changer le moteur.
10. On _______________ (pouvoir) partir en vacances avec cette voiture.
11. On _______________ (ne pas savoir) qu'elle est si vieille.
12. Nous _______________ (être) plus contents de la garder.

8 **Sentiments** Write a sentence to describe each image. Use only reciprocal reflexive verbs and vary the subjects. (4 x 2 pts. each = 8 pts.)

1. 2. 3. 4.

1. ____
2. ____
3. ____
4. ____

Unit Tests

Nom _______________ Date _______________

9 **À vous** Have you ever lost work on your computer or lost some other digital content? Write a paragraph to explain what happened and what precautions you take now to keep your work, digital music, pictures, etc., safe. Mention when you use passwords, how often and where you save files, and whether you keep backup copies. (8 pts. for vocabulary + 8 pts. for grammar + 4 pts. for style and creativity = 20 pts.)

Unit Tests

Nom ____________________ Date ____________________

Unité 3

UNIT TEST II

Leçons A et B

1 Questions Listen to the questions and select the most logical response for each one. (8 x 1 pt. each = 8 pts.)

1. a. D'accord, mais je ne veux pas avoir d'amende.
   b. D'accord, mais on va s'arrêter pour faire le plein avant.
   c. D'accord, mais je me gare ici.
2. a. Je suis rentré dans une voiture.
   b. J'ai une roue de secours.
   c. J'ai regardé dans le rétroviseur.
3. a. Il faut ouvrir le coffre.
   b. Il faut attacher sa ceinture.
   c. Il faut vérifier la pression des pneus.
4. a. Je vais le graver sur un CD.
   b. Je vais télécharger des photos.
   c. Je vais démarrer l'ordinateur.
5. a. Oui, et j'ai un pneu crevé.
   b. Oui, et j'ai fermé ma portière.
   c. Oui, et j'ai mis mes essuie-glaces.
6. a. Non, mon portable ne marche pas.
   b. Non, je laisse mon smartphone prendre le message.
   c. Non, j'ai composé le mauvais numéro.
7. a. Vous pouvez essayer de le fermer et de l'ouvrir.
   b. Vous pouvez essayer d'être connecté.
   c. Vous pouvez essayer de l'éteindre et de le rallumer.
8. a. Oui, monsieur l'agent, le voilà.
   b. Oui, prenez la voiture.
   c. Oui, tu peux venir avec moi.

2 Des descriptions Write a short description of how each object is used. (5 x 2 pts. each = 10 pts.)

Modèle

un réservoir d'essence: *pour mettre de l'essence dans la voiture*

1. une imprimante: ____________________
2. les freins: ____________________
3. un CD: ____________________
4. un enregistreur DVR: ____________________
5. une tablette tactile: ____________________

Unit Tests

3 **Dans les voitures** Use the words from the list to describe what each part does in most cars. (5 x 2 pts. each = 10 pts.)

arrêter
couvrir
nettoyer
protéger
tourner

1. Le volant: ______________________
2. Le capot: ______________________
3. Les essuie-glaces: ______________________
4. Les pare-chocs: ______________________
5. Les freins: ______________________

4 **Au garage** Hélène is picking up her car from the repair shop. Complete the mechanic's report with **à** or **de**, if necessary. (10 x 1 pt. each = 10 pts.)

Mme Doiset, si vous voulez éviter (1) ______________ avoir des problèmes en conduisant, il faut (2) ______________ vérifier la pression des pneus plus régulièrement. On vient aussi (3) ______________ vous changer l'huile et j'ai fini (4) ______________ vérifier les freins. Tout va bien pour ça. Par contre, vous devez (5) ______________ vous préparer (6) ______________ remplacer l'embrayage. Le vôtre (*Yours*) est vieux et il ne va pas continuer longtemps (7) ______________ bien marcher. Vous préférez (8) ______________ le faire tout de suite ou la prochaine fois? Permettez-moi (9) ______________ vous montrer nos prix, ça peut vous aider (10) ______________ décider.

5 **En voiture** Complete each sentence with the correct form and tense of the verb in parentheses. (10 x 1 pt. each = 10 pts.)

1. Tu ______________ (ouvrir) ma portière.
2. Vous ______________ (découvrir) une roue de secours dans le coffre.
3. Ces stations-service ______________ (offrir) la meilleure essence.
4. Quand on roule vite à froid, le moteur ______________ (souffrir).
5. Quand M. Frégères ne conduit pas sa voiture de collection, il la ______________ (couvrir) pour la protéger.
6. Hier soir, je/j' ______________ (découvrir) une amende sur mon pare-brise.
7. Ces pare-chocs nous ______________ (offrir) un peu de protection.
8. Nous nous sommes arrêtés et nous ______________ (ouvrir) le capot.
9. Quand mon mari était au volant, je ______________ (souffrir) en silence. Il conduisait très mal!
10. En hiver, la neige ______________ (couvrir) souvent la voiture quand nous nous garions dans la rue.

Nom ______________________ Date ______________________

6 **Mon ordinateur** Sam would update his computer if he had the money. Complete each sentence with the conditional form of the verb in parentheses. (10 x 1 pt. each = 10 pts.)

1. J' ______________ (acheter) un écran plus large.
2. Je ______________ (prendre) aussi une nouvelle souris.
3. Mon disque dur ______________ (être) plus gros.
4. L'imprimante et le scanner ______________ (marcher) mieux.
5. Mes amis et moi ______________ (pouvoir) jouer à des jeux vidéo plus intéressants.
6. Nous ______________ (avoir) aussi peut-être un site Internet.
7. On ______________ (jouer) en ligne avec des gens partout dans le monde.
8. Mon ordinateur ______________ (démarrer) plus vite.
9. J' ______________ (installer) beaucoup de nouveaux logiciels.
10. Mes amis ______________ (venir) chez moi plus souvent.

7 **Sentiments** Write a sentence to describe each illustration. Use the verbs from the list and vary the subjects. (5 x 2 pts. each = 10 pts.)

se connaître
se dire
s'écrire
ne pas s'embrasser
se parler

1. 
2. 
3. 
4. 
5. 

1. ____
2. ____
3. ____
4. ____
5. ____

Unit Tests

Nom ____________________ Date ____________________

8 **Questions personnelles** Answer the questions with complete sentences. (6 x 2 pts. each = 12 pts.)

1. Quel appareil ou gadget technologique utilises-tu le plus souvent?
   ____
2. Combien d'heures par semaine passes-tu sur Internet?
   ____
3. Quel appareil ou gadget est indispensable pour toi? Pourrais-tu vivre sans?
   ____
4. Est-ce que tu as un poste de télévision dans ta chambre? Si non, aimerais-tu en avoir un?
   ____
5. Est-ce que tu as des CD de musique? Combien?
   ____
6. Aimes-tu les jeux vidéo? Lequel aimerais-tu acheter?
   ____

9 **À vous** Write a paragraph to describe how you would react if you got a flat tire on the road. Mention where you would stop, what you would look for in the car, who you would call, and whether you would try to change the tire yourself. (8 pts. for vocabulary + 8 pts. for grammar + 4 pts. for style and creativity = 20 pts.)

____

Unit Tests

Nom ______________________ Date ______________________

Unité 4

Leçons A et B

UNIT TEST I

1

C'est vrai? Listen to these conversations then decide whether each statement is true (**Vrai**) or false (**Faux**) or whether there is no way of knowing (**On ne sait pas.**). (6 x 1 pt. each = 6 pts.)

	Vrai	Faux	On ne sait pas
1. La banque est sur l'avenue Jean Jaurès.	❍	❍	❍
2. Le pont Mirabeau est près d'ici.	❍	❍	❍
3. Vincennes est à 10 km.	❍	❍	❍
4. Le distributeur est à droite de la papeterie.	❍	❍	❍
5. La mairie n'est pas loin.	❍	❍	❍
6. Ils cherchent une brasserie.	❍	❍	❍

2

Définitions Match each word or expression in Column B with its definition in Column A. (10 x 1 pt. each = 10 pts.)

A	B
______ 1. Plusieurs rues s'y rencontrent.	a. une pièce de monnaie
______ 2. On y met les cartes et les enveloppes.	b. la queue
______ 3. On peut s'y reposer.	c. un timbre
______ 4. Il s'occupe du courrier.	d. un carrefour
______ 5. C'est de l'argent, mais pas un billet.	e. s'orienter
______ 6. Le prix d'une lettre	f. le facteur
______ 7. Il faut s'arrêter quand il est rouge.	g. traverser
______ 8. Quand on attend à la banque, on la fait.	h. une boîte aux lettres
______ 9. Retrouver son chemin	i. un feu de signalisation
______ 10. Passer sur un pont	j. un banc

3

Complétez Complete the sentences with the correct forms and tenses or moods of the verbs in parentheses. (10 x 1 pt. each = 10 pts.)

1. Je ______________ (voir) un agent de police au bout de la rue.
2. Est-ce que tu ______________ (apercevoir) un distributeur près d'ici?
3. Vous ______________ (croire) que nous sommes perdus.
4. Ils ______________ (s'apercevoir) que la voiture est garée à l'autre bout de la ville.
5. Nous ______________ (voir) le feu passer au rouge.
6. Avant, on ______________ (ne pas apercevoir) ce bâtiment de la route; maintenant, si.
7. Hier, Laure ______________ (recevoir) une amende et elle ______________ (s'apercevoir) qu'elle ne pouvait pas se garer ici.
8. Nous ______________ (ne pas voir) la voiture quand elle est arrivée et nous ______________ (croire) que nous étions seuls au carrefour.

Unit Tests

Nom ______________________ Date ______________________

4 **Les directions** Finish the sentences to help Marie-France find these places. (10 x 1 pt. each = 10 pts.)

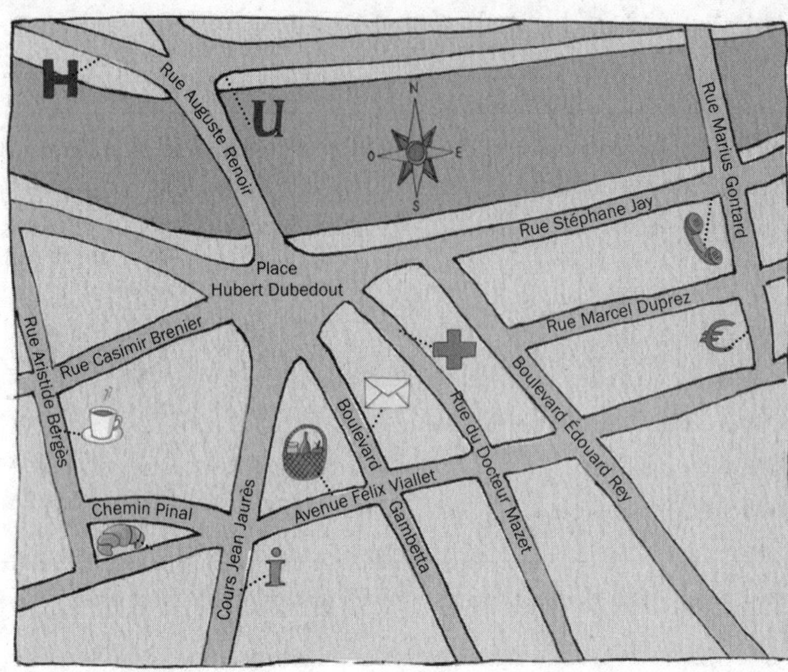

1. La pharmacie est dans ______________________.
2. La banque est au bout de ______________________.
3. La poste n'est pas loin de ______________________.
4. L'épicerie est près du ______________________.
5. L'office de tourisme est après ______________________.
6. L'hôpital St-Jean est tout près de ______________________.
7. Le café de la gare est à l'ouest de ______________________.
8. La boulangerie est autour du ______________________.
9. La cabine téléphonique est au coin des ______________________.
10. L'université Joseph Fourier est au bout du ______________________.

5 **En ville** Complete each sentence with the correct future tense form of the verb in parentheses. (10 x 1 pt. each = 10 pts.)

1. Pour aller au cybercafé, vous ______________ (tourner) à gauche sur l'avenue Maupassant.
2. À Paris, on ______________ (se déplacer) en métro et en bus.
3. Nous ______________ (descendre) place de l'Opéra.
4. Leïla et Cédric ______________ (finir) leur chemin ensemble.
5. Demain matin, les gens ______________ (acheter) le pain à cette boulangerie.
6. Si (*If*) je n'ai pas assez pour payer mon café, je t'______________ (emprunter) un peu de monnaie.
7. Pour trouver mon immeuble, tu ______________ (suivre) cette rue jusqu'au bout.
8. À l'avenir, nous ______________ (sortir) prudemment de ce parking.
9. À la poste, il ne ______________ (remplir) aucun formulaire sur place (*on site*).
10. On ______________ (payer) en liquide chez le marchand de journaux.

Unit Tests

Nom ______________________ Date ______________________

6 **Le bon chemin** Complete each sentence with the correct form of the verb in parentheses. (10 x 1 pt. each = 10 pts.)

1. Pour trouver le boulevard St-Germain, vous ____________ (devoir) prendre la prochaine rue à gauche.
2. On ____________ (voir) la statue sur la gauche.
3. Ils ____________ (être) perdus dans les petites rues.
4. Quand vous ne ____________ (savoir) plus où vous êtes, demandez votre chemin.
5. Au retour, nous ____________ (vouloir) peut-être rentrer par ici.
6. Tu ____________ (pouvoir) voir la fontaine au bout du pont.
7. J'____________ (avoir) peut-être du mal à retrouver ce bâtiment.
8. Fabien ____________ (ne pas venir) avec nous.
9. Ils ____________ (faire) une pause sur ce banc.
10. Nous ____________ (aller) jusqu'à ce feu.

7 **Et non!** Rewrite the sentences by using negative expressions to say the opposite. (6 x 2 pts. each = 12 pts.)

1. Il y avait beaucoup de clients dans la boutique.

____

____

2. J'ai toujours vu cette laverie ici.

____

____

3. En général, on paie en liquide ou par chèque.

____

____

4. Loubna fréquente encore ce salon.

____

____

5. Ils ont signé quelque chose.

____

____

6. Vous avez reçu un colis aujourd'hui.

____

____

Unit Tests

8 **Cet après-midi** Write six sentences to say what these people will do this afternoon and where they will do it. Use the cues and the future tense of the verbs in the list. (6 x 2 pts. each = 12 pts.)

acheter	choisir	laver
aller	envoyer	retirer

1. je

2. les Gervais

3. vous

4. tu

5. nous

6. Mme Pradier

1. ______
2. ______
3. ______
4. ______
5. ______
6. ______

9 **À vous** You will go on your senior class trip to New York City next spring. Write a paragraph to explain what you and your classmates will see and visit, how you will get around, and where you will stay. (8 pts. for vocabulary + 8 pts. for grammar + 4 pts. for style and creativity = 20 pts.)

______

Nom ______________________ Date ______________________

Unité 4

UNIT TEST II

Leçons A et B

1 **C'est vrai?** Listen to these conversations then decide whether each statement is true (**Vrai**) or false (**Faux**) or whether there is no way of knowing (**On ne sait pas.**). (6 x 1 pt. each = 6 pts.)

	Vrai	Faux	On ne sait pas
1. Elles vont à la banque ensemble.	❍	❍	❍
2. La rue Pierre Desmaret n'est pas loin.	❍	❍	❍
3. La poste est au coin du carrefour de l'Odéon.	❍	❍	❍
4. Le commissariat est au prochain feu.	❍	❍	❍
5. On va à la basilique.	❍	❍	❍
6. Le marchand de journaux est sur la gauche.	❍	❍	❍

2 **Descriptions** Write a description of what you can do at these places. (6 x 2 pts. each = 12 pts.)

Modèle

La bijouterie: *acheter des bijoux*

1. La poste: ______________________
2. L'office de tourisme: ______________________
3. La banque: ______________________
4. La laverie: ______________________
5. Le cybercafé: ______________________
6. Le marchand de journaux: ______________________

3 **En ville** Complete the sentences with the correct forms and tenses or moods of the verbs in parentheses. (10 x 1 pt. each = 10 pts.)

1. De la banque, on ______________ (ne pas apercevoir) bien la statue.
2. Est-ce que tu ______________ (croire) que l'office de tourisme est près d'ici?
3. Vanessa ______________ (recevoir) sa monnaie et s'en va.
4. Vous ______________ (s'apercevoir) que la laverie est fermée le dimanche.
5. Nous ______________ (ne pas voir) de cinéma dans cette rue.
6. Quand ils ont discuté avec le marchand de journaux, les policiers ______________ (ne pas le croire).
7. Avant, j'______________ (apercevoir) cette avenue de ma fenêtre.
8. Hier midi, tu ______________ (recevoir) une lettre de ta banque.
9. Est-ce que vous ______________ (voir) une cabine téléphonique sur votre chemin hier?
10. Nous ______________ (ne pas s'apercevoir) tout de suite que nous étions perdus.

Unit Tests

Nom ____________________ Date ____________________

4 **Les directions** Complete the sentences to help Jacques find his way. (10 x 1 pt. each = 10 pts.)

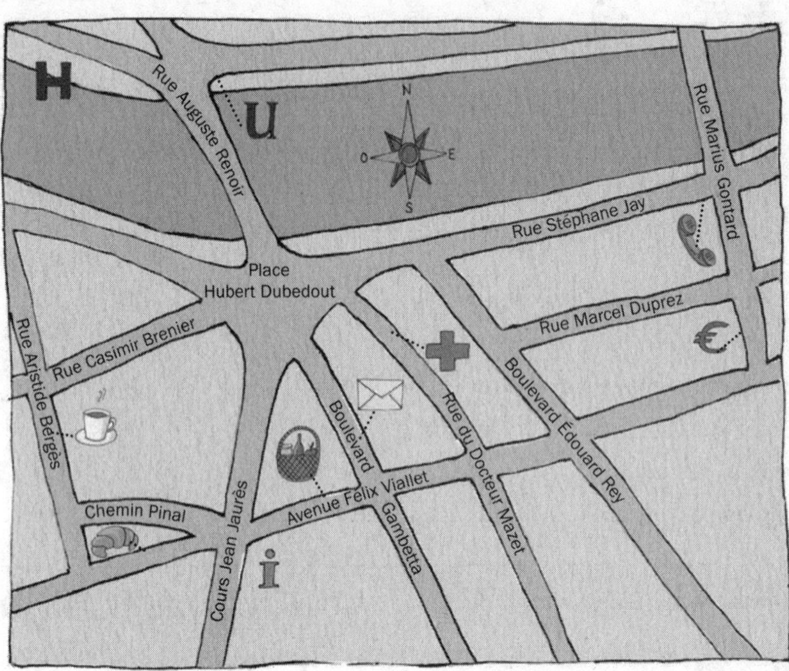

1. Pour aller à l'université, il faut ______________ le pont.
2. Pour aller de l'office de tourisme au café, tournez ______________ dans le chemin Pinal.
3. On trouve la cabine téléphonique ______________ des rues Stéphane Jay et Marius Gontard.
4. Pour aller de la cabine à la banque, il faut ______________ dans la rue Gontard.
5. Pour aller de la banque à l'office de tourisme, il faut tourner à gauche ______________ de l'avenue Félix Viallet.
6. L'épicerie est tout ______________ de la poste.
7. Pour trouver la pharmacie de la place Dubedout, il faut ______________ la rue du Docteur Mazet.
8. Pour aller de la boulangerie à la pharmacie, on suit l'avenue Viallet ______________ la rue du Docteur Mazet.
9. De l'épicerie, allez ______________ sur l'avenue Viallet, puis tournez à gauche dans la rue Gontard.
10. Quand on vient du sud sur le boulevard Gambetta, la poste est ______________.

5 **On se déplace** Complete each sentence with the correct future tense form of the verb in parentheses. (10 x 1 pt. each = 10 pts.)

1. Pour trouver la banque, tu ______________ (devoir) prendre l'avenue St-Étienne.
2. Ensuite, il ______________ (falloir) tourner à gauche.
3. Au bout du pont, vous ______________ (apercevoir) une grande rue.
4. Vous ______________ (prendre) la première à droite.
5. Je ______________ (ne pas faire) le chemin toute seule.
6. Nous ______________ (envoyer) ces gens à la brasserie.
7. Ils ______________ (suivre) leur propre chemin.
8. Nous ______________ (aller) à l'office de tourisme ensemble.
9. Est-ce que tu ______________ (savoir) t'orienter?
10. Tu ______________ (ne pas traverser) tout seul.

Unit Tests

Nom ____________________ Date ____________________

6 **Et non!** Rewrite the sentences by using negative expressions to say the opposite. (6 x 2 pts. each = 12 pts.)

1. Beaucoup de gens font la queue.
2. J'utilise trois cartes de crédit.
3. Il y a une statue de Louis XIII et un pont sur ce boulevard.
4. Tu vois quelque chose là-bas.
5. Cette boutique est toujours fermée le dimanche.
6. Ils connaissent encore le chemin.

7 **Cet après-midi** Write six sentences to say what will happen this afternoon at these places. Use the future tense of the verbs provided. (6 x 2 pts. each = 12 pts.)

1. être

2. ne plus donner

3. pouvoir

4. apercevoir

5. ouvrir

6. avoir

1.
2.
3.
4.
5.
6.

8 **Questions personnelles** Answer the questions with complete sentences. (4 x 2 pts. each = 8 pts.)

1. Est-ce que tu iras (ou retourneras) en Europe un jour?
2. Vivras-tu dans une grande ville plus tard? Si oui, laquelle?
3. Que feras-tu et où seras-tu dans cinq ans?
4. Quel endroit visiteras-tu dès que (*as soon as*) tu le pourras?

Unit Tests

9 **À vous** Imagine it was your birthday recently and someone gave you quite a bit of money as a gift. Write a paragraph to say several things you will do and where you will go with the money. Also mention whether you will put some into a savings account. (8 pts. for vocabulary + 8 pts. for grammar + 4 pts. for style and creativity = 20 pts.)

Nom ______________________ Date ______________________

Unité 5

UNIT TEST I

Leçons A et B

1 **Entretiens** Tao is at a job interview. Listen to his interviewer's questions, then select the most logical response. (6 x 1 pt. each = 6 pts.)

1. a. Parce que je suis déjà un employé de cette compagnie.
   b. Parce que je connais bien votre compagnie et je l'admire.
   c. Parce que la patronne de votre compagnie est absente.
2. a. J'ai fait un stage.
   b. J'ai un diplôme.
   c. C'est mon domaine préféré.
3. a. Oui j'aime, parce que je suis indépendant.
   b. Oui, j'aime parce que c'est motivant.
   c. Oui, j'aime parce que comme ça, les autres travaillent plus que moi.
4. a. Oui, je suis prêt à travailler le dimanche.
   b. Oui, je suis libre samedi prochain.
   c. Oui, quand c'est nécessaire.
5. a. Je travaillais à mi-temps.
   b. Je gagne un bon salaire.
   c. J'étais assez bien payé.
6. a. J'espérais en avoir, mais je peux attendre.
   b. Je voulais faire carrière.
   c. Je voulais une assurance maladie.

2 **Quelle profession?** Say whom you would call to get each job done. (12 x 1 pt. each = 12 pts.)

A. First, list only male professionals.

1. Pour ouvrir un compte-chèques: un ______________________
2. Pour préparer un délicieux repas: un ______________________
3. S'il y a un incendie (*fire*): un ______________________
4. Si votre chien est malade: un ______________________
5. Si vous avez des problèmes d'électricité: un ______________________
6. Pour cultiver un jardin: un ______________________

B. Now, list the female professionals for the same professions.

7. une ______________________
8. une ______________________
9. une ______________________
10. une ______________________
11. une ______________________
12. une ______________________

Unit Tests

Nom ______________________ Date ______________________

3 Au téléphone

Complete each sentence with the correct word from the list. (6 x 1 pt. each = 6 pts.)

combiné	laisser un message	raccrocher
décrocher	messagerie	télécarte

1. Le téléphone sonne et je suis occupée. Je ne peux pas ______________________.
2. La conversation est finie. Je vais ______________________.
3. C'est pour toi. Tiens, voilà le ______________________.
4. J'ai peut-être des messages. Je vais vérifier ma ______________________.
5. Je vais utiliser une cabine téléphonique. Mais d'abord, je dois acheter une ______________________.
6. Alain m'appelle mais je suis au cinéma. Il va ______________________.

4 Au travail

Complete each question with a form of **lequel**. (10 x 1 pt. each = 10 pts.)

1. Nous avons deux postes disponibles. ______________ vous intéresse le plus?
2. Voici les meilleurs candidats. ______________ ont déjà travaillé dans notre domaine?
3. Toutes ces entreprises veulent vous embaucher. ______________ a répondu à votre lettre le plus vite?
4. Vous avez beaucoup d'employées. ______________ sont les plus efficaces?
5. Ce sont deux formations utiles. ______________ offrez-vous en premier?
6. Nous avons deux chefs du personnel. ______________ pensiez-vous?
7. Nos directrices, Mme Jaubert et Mme Vareilles, sont toutes les deux en réunion. ______________ voulez-vous laisser le message?
8. Nous avons plusieurs projets importants. ______________ parlez-vous?
9. Vos réussites sont nombreuses. ______________ êtes-vous le plus fier?
10. Tous ces cadres travaillent beaucoup. ______________ voulez-vous augmenter le salaire?

5 Lequel?

Use the cues and a form of **lequel** to ask a question about the people in each drawing. (5 x 2 pts. each = 10 pts.)

1. être au chômage

2. être la mieux payée

3. venir de postuler

4. prendre un congé

5. travailler pour la même compagnie

1. ____
2. ____
3. ____
4. ____
5. ____

Unit Tests

6 **Si...** Complete each sentence with the correct form of the verb in parentheses. (8 x 1 pt. each = 8 pts.)

1. Si mon patron me le ______________ (demande), je resterais plus tard ce soir.
2. Si le niveau de ton travail ______________ (être) meilleur, tu recevrais une augmentation.
3. Si nous démissionnons, nous ______________ (être) au chômage.
4. Si l'entretien se passe bien, ils l'______________ (embaucher) tout de suite.
5. Si le projet était bon, l'équipe le ______________ (finir).
6. Si vous laissez un message, nous vous ______________ (rappeler).
7. On ______________ (embaucher) du personnel à mi-temps, s'il faut.
8. Ces ouvriers seraient mieux payés s'ils ______________ (être) plus qualifiés.

7 **Dans l'entreprise** Combine two sentences into one by using the correct relative pronoun. (8 x 2 pts. each = 16 pts.)

1. Voici Mme Planaud. Elle vous montrera votre bureau.

____

____

2. C'est une profession exigeante. Vous avez choisi cette profession.

____

____

3. L'électricien vient d'arriver. Je l'ai appelé il y a une semaine.

____

____

4. Voici la grande salle. Nous y avons nos réunions.

____

____

5. M. Durand est le patron du syndicat. Il nous rendra visite bientôt.

____

____

6. Le poste a trop de responsabilités. J'ai démissionné de ce poste.

____

____

7. Cette entreprise a beaucoup d'employés. On y a fait carrière.

____

____

8. Je vous parle de ce projet. Il est important.

____

____

8 **Quand?** Answer the questions by using the cues, **quand** or **dès que**, and the future tense. (6 x 2 pts. each = 12 pts.)

Modèle

Quand est-ce que tu vas appeler cette compagnie? (avoir le bon numéro)
J'appellerai cette compagnie dès que j'aurai le bon numéro.

1. Quand vas-tu être mieux payé? (diriger ma propre équipe) _______________
2. Quand est-ce que la réunion va avoir lieu? (cette salle, être libre) _______________
3. Quand est-ce que tu vas gagner autant que ton patron? (l'entreprise, faire des bénéfices (*profits*)) _______________
4. Quand va-t-on embaucher quelqu'un pour ce poste? (recevoir un bon CV) _______________
5. Quand est-ce que vous allez renvoyer du personnel? (devoir le faire) _______________
6. Quand est-ce que Mathilde et toi allez démissionner? (le pouvoir) _______________

9 **À vous** Write a paragraph to describe the professional sacrifices you would make if you got your dream job. Would you accept to work part-time, long hours, for a lower salary, or without vacation? Also mention what you would do if your boss was not very supportive. (8 pts. for vocabulary + 8 pts. for grammar + 4 pts. for style and creativity = 20 pts.)

Nom ______________________ Date ______________________

Unité 5

UNIT TEST II

Leçons A et B

1 **Entretiens** Laurent is at a job interview. Listen to his questions, then select the most logical response. (6 x 1 pt. each = 6 pts.)

1. a. En ce moment, nous en avons 25.
   b. Il y a des cadres et des ouvriers.
   c. Nous n'avons pas de chef du personnel.
2. a. Le poste est très important.
   b. Vous n'aurez pas d'augmentation les six premiers mois.
   c. Le salaire de départ est de 3,000 par mois.
3. a. Vous pourriez prendre un congé.
   b. Vous pourriez travailler en équipe.
   c. Vous pourriez devenir cadre.
4. a. Oui, j'en ai besoin.
   b. Oui, à tous nos employés.
   c. Oui, c'est une promotion.
5. a. Oui, les formations sont essentielles chez nous.
   b. Oui, vous aurez de l'expérience.
   c. Oui, vous avez fait un stage.
6. a. Nous avons embauché beaucoup de gens.
   b. Nous avons reçu soixante CV.
   c. Nous n'avons pas leurs numéros.

2 **Les métiers** Write a short sentence to describe what each of these people might do on the job. (6 x 2 pts. each = 12 pts.)

Modèle

Un chercheur: *Il travaille dans un laboratoire.*

1. Un chauffeur de taxi: ______________________
2. Un chef d'entreprise: ______________________
3. Une conseillère: ______________________
4. Un psychologue: ______________________
5. Une banquière: ______________________
6. Un agent immobilier: ______________________

3 **Au téléphone** Complete each sentence with an expression appropriate for a phone conversation. (4 x 2 pts. each = 8 pts.)

1. Le téléphone sonne. Je décroche: «______________________!»
2. Je ne sais pas qui parle: «______________________?»
3. C'est un ami de Stéphanie. Elle est dans sa chambre et je dois aller la chercher. Je dis: «______________________» et je pose le combiné sur la table.
4. Zut! J'ai déjà oublié son nom. Je reprends le combiné et je demande: «______________________?»

Unit Tests

4 **Au travail** Complete these questions with a form of **lequel**. (8 x 1 pt. each = 8 pts.)

1. Vous avez le choix entre deux assurances maladie. ______________ préférez-vous?
2. Ce sont tous des métiers intéressants. ______________ offrent les meilleurs emplois?
3. Nous employons ces deux conseillers. ______________ voulez-vous parler?
4. Ces deux candidats viennent de passer un entretien. ______________ voulez-vous me parler?
5. Ces deux professions sont exigeantes. Dans ______________ voulez-vous réussir?
6. Vous avez eu plusieurs mentions. ______________ parlez-vous?
7. Il y a plusieurs syndicats dans l'entreprise. ______________ avez-vous entendu parler?
8. Toutes ces candidates sont excellentes. ______________ avez-vous choisies pour l'entretien?

5 **Si...** Complete each sentence with the correct form of the verb in parentheses. (8 x 1.5 pts each = 12 pts.)

1. Si vous le vouliez, vous ______________ (pouvoir) commencer comme cadre.
2. J'______________ (avoir) moins de temps libre si je prends un emploi à plein temps.
3. Si vous voulez prendre un congé, vous ______________ (devoir) nous le dire un mois à l'avance.
4. Si tu commençais à ce niveau, tu ______________ (avoir) un salaire modeste.
5. Vous ______________ (prendre) un message si je ne suis pas rentrée.
6. Ils auraient le choix s'ils ______________ (postuler) dans plusieurs compagnies à la fois.
7. Si ta lettre de motivation est bonne, tu ______________ (trouver) un travail plus facilement.
8. Je ______________ (déménager) s'il n'y avait plus de postes dans la région.

6 **Dans l'entreprise** Combine two sentences into one by using the correct relative pronoun. (6 x 2 pts. each = 12 pts.)

1. Vous recevrez une promotion. Nous avons parlé de cette promotion à la réunion.

____

____

2. Je suis un cadre. Je dirige ce projet.

____

____

3. Nous avons appelé une comptable. Elle viendra cet après-midi.

____

____

4. Ce sont les spécialistes de ce domaine. Le domaine nous intéresse.

____

____

5. Tu as pris rendez-vous avec la banquière. Nous avons déjà appelé cette banquière.

____

____

6. La carrière est à la mode. J'ai toujours rêvé de cette carrière.

____

____

7 **Quand?** Answer the questions by using the cues, **quand** or **dès que**, and the future tense. (6 x 2 pts. each = 12 pts.)

Modèle

Quand est-ce que nous allons demander des références? (commencer à postuler pour des emplois)
Nous demanderons des références quand nous commencerons à postuler pour des emplois.

1. Quand est-ce qu'on va m'appeler? (toute l'équipe, être sûre)
2. Quand est-ce que vous allez être prête à passer un entretien? (vous, le vouloir)
3. Quand la patronne va-t-elle prendre un congé? (le pouvoir)
4. Quand vas-tu lire les petites annonces? (savoir ce que je veux faire)
5. Quand est-ce que les étudiants vont gagner de l'expérience professionnelle? (faire un stage)
6. Quand est-ce que Raïssa et toi allez avoir des responsabilités? (avoir un meilleur poste)

8 **Si...** Finish the sentences to express your opinion. (5 x 2 pts. each = 10 pts.)

1. Si j'avais le choix, je deviendrais...
2. Si je devais choisir une carrière traditionnelle, je...
3. S'il me fallait une référence, je...
4. Si je devenais homme ou femme au foyer, je...
5. Si j'étais mal payé(e) dans mon emploi, je...

9 **À vous** Write a paragraph to describe what your work would be if you were a member of this team. Mention what your job title would be, with whom you would work, how often you would have meetings in that room, and what your salary and hours would be. Also mention something that would not be part of your job. (8 pts. for vocabulary + 8 pts. for grammar + 4 pts. for style and creativity = 20 pts.)

Nom ______________________ Date ______________________

Unité 6

Leçons A et B

UNIT TEST I

1 **Conversations** Listen to these conversations and select the most logical continuation for each one. (6 x 1 pt. each = 6 pts.)

1. a. Oui, parce que comme ça, je gaspille moins d'essence.
   b. Oui, parce que comme ça, je vais moins souvent au supermarché.
   c. Oui, parce que comme ça, je n'utilise pas de sacs plastiques.
2. a. L'important, c'est que tu ne gaspilles pas d'électricité.
   b. L'important, c'est que tu ne gaspilles pas d'eau.
   c. L'important, c'est que tu ne gaspilles pas de papier.
3. a. Les boas n'existent pas.
   b. C'est parce que l'homme détruit leurs habitats naturels.
   c. Ces serpents sont méchants.
4. a. Parce que je veux sauver la planète.
   b. Parce qu'il faut proposer des solutions.
   c. Parce qu'il fait tout le temps gris et que l'air n'est pas pur.
5. a. À cause de la surpopulation.
   b. À cause de la préservation.
   c. À cause de l'extinction.
6. a. Oui, il peut y avoir des pluies acides.
   b. Oui, il peut y avoir des glissements de terrain.
   c. Oui, il peut y avoir un effet de serre.

2 **En contexte** Complete the sentences with words from the list. (10 x 1 pt. each = 10 pts.)

catastrophe	extinction
champ	glissement de terrain
covoiturage	Lune
déboisement	pique-nique
écotourisme	surpopulation

1. Je vais au travail avec un collègue. Nous faisons du ________________.
2. Vous visitez la nature et les parcs de ce pays. Vous faites de l'________________.
3. Le danger pour les espèces menacées, c'est l'________________.
4. S'il y a trop de gens qui vivent dans un endroit, on parle de ________________.
5. Un repas dans la nature, c'est un ________________.
6. Quand les forêts sont menacées, c'est souvent à cause du ________________.
7. Un espace cultivé par (*by*) un agriculteur s'appelle un ________________.
8. La nuit, on peut souvent voir les étoiles et la ________________ dans le ciel.
9. Quand il y a un incendie dans une centrale nucléaire, ça peut devenir une ________________.
10. Après des orages violents, il peut y avoir un ________________.

Nom ______________________ Date ______________________

3 **Lesquels?** Complete each sentence with the correct demonstrative pronoun followed by **-ci** or **-là**. (8 x 1 pt. each = 8 pts.)

1. Quelle pierre préfères-tu, ______________ ou ______________?
2. Tu regardes quelles étoiles exactement? ______________ à droite, ou ______________?
3. Quel champ veux-tu en photo? ______________ ou ______________, avec les fleurs rouges?
4. Quels produits sont dangereux? ______________ ou ______________?

4 **La nature** Complete each sentence with the correct demonstrative pronoun. (12 x 1 pt. each = 12 pts.)

1. ______________ qui polluent la nature doivent payer.
2. De toutes les plantes, ______________ qui sont menacées doivent être notre priorité.
3. Ce fleuve est ______________ que je préfère.
4. Ces sentiers sont sales. ______________ que nous avons pris étaient plus propres.
5. Les falaises sont souvent dangereuses. ______________ que vous connaissez près d'ici le sont moins.
6. Regarde ces vaches! ______________ qui est venue manger dans ma main est très gentille.
7. Les volcans sont souvent très beaux. ______________ de la Guadeloupe est magnifique.
8. On ne voit rien dans le ciel des villes, mais on voit beaucoup d'étoiles dans ______________ des campagnes.
9. J'aime ce désert, mais ______________ du Sahara est mon préféré.
10. Il y a des jaguars dans les jungles du Mexique et aussi dans ______________ de la Guyane.
11. Les arbres de mon jardin ne sont pas très grands, mais ______________ de mon voisin, si.
12. Les plus belles régions de France sont aussi ______________ où la nature est la mieux préservée.

5 **Le progrès** Complete each sentence with the subjunctive of the verb in parentheses. (10 x 1 pt. each = 10 pts.)

1. Il est essentiel qu'on ______________ (sauver) la planète.
2. Il est important que nous ______________ (recycler) plus.
3. Il est dommage que vous ______________ (polluer) autant.
4. Il est très important que je ______________ (ne pas jeter) trop de choses.
5. Il n'est pas essentiel que tu ______________ (chasser).
6. Il est nécessaire que nous ______________ (proposer) de meilleures solutions.
7. Il vaut mieux que les gens ______________ (améliorer) eux-mêmes leur vie.
8. Il ne faut pas que les pluies acides ______________ (continuer).
9. Il est possible qu'un jour, arrêter le gaspillage ______________ (devenir) une priorité.
10. Il est bon que tu ______________ (choisir) une solution plus écologique.

Nom _______________ Date _______________

6 **Des écologistes** Complete each sentence with the subjunctive of the verb in parentheses. (12 x 1 pt. each = 12 pts.)

1. Cette association exige qu'on ______________ (arrêter) le déboisement.
2. Elle déclare: «Nous voulons que nos forêts ______________ (avoir) une chance.»
3. On souhaite aussi que les arbres et plantes menacés ______________ (être) mieux protégés.
4. La loi veut que nous ne ______________ (développer) pas cette partie de la forêt.
5. Nous proposons que le sauvetage des habitats naturels ______________ (devenir) une priorité.
6. Nous sommes furieux que personne ne ______________ (se sentir) directement responsable.
7. Ces jeunes suggèrent que nous ______________ (s'occuper) du gaspillage.
8. Ils préféreraient que les gens ______________ (recycler) leurs emballages en plastique.
9. Ils ont peur que le problème des ordures ______________ (grossir) trop vite pour la planète.
10. Ils sont contents que leurs parents ______________ (venir) à la réunion d'information.
11. Ils voudraient que l'école ______________ (mettre) des poubelles de recyclage dans les classes.
12. Leurs professeurs sont fiers que ces jeunes ______________ (s'intéresser) autant à ce problème.

7 **Des problèmes** This area has many environmental problems. Describe them by writing complete sentences with a comparative (+, -, =) or a superlative (+ +, - -). (6 x 2 pts. each = 12 pts.)

Modèle

Il y a... (= / emballages en plastique / arbres)
Il y a autant d'emballages en plastique que d'arbres.

1. Je vois... (+ / ordures / écureuils)

____

____

2. Il y a... (– / eau propre / eau sale)

____

____

3. Je vois... (+ / voitures / tables à pique-nique)

____

____

4. Il y a... (= / pollution / danger)

____

____

5. C'est l'endroit qui reçoit... (+ + / pluies acides)

____

____

6. C'est l'endroit qui a... (– – / animaux)

____

____

Nom ______________________ Date ______________________

8 **Les solutions** Say what should be done to stop or solve each problem. (5 x 2 pts. each = 10 pts.)

1.  2.  3.   4.  5. 

1. Il faut qu'on... ______________________
2. Il est important que l'eau... ______________________
3. Il vaut mieux que nous... ______________________
4. Je ne veux pas que les usines... ______________________
5. Il est possible que... ______________________

9 **À vous** Write a paragraph to describe how you feel about nature and your wishes for the protection of animals and the environment. Mention what you hope for rivers, lakes, coasts, moutains, deserts, forests, or anything else that you care about. (8 pts. for vocabulary + 8 pts. for grammar + 4 pts. for style and creativity = 20 pts.)

____

Nom ______________________ Date ______________________

Unité 6

UNIT TEST II

Leçons A et B

1 **Conversations** Listen to each statement and choose the most logical response. (6 x 1 pt. each = 6 pts.)

1. a. Oui, c'est une plante de rivière.
   b. Oui, c'est une plante de volcan.
   c. Oui, c'est une plante de vallée.
2. a. C'est la Lune.
   b. Ce n'est pas une étoile, c'est la planète Vénus.
   c. C'est un nuage.
3. a. Elles vont s'améliorer avec le temps.
   b. On peut peut-être les sauver.
   c. Ne les touche pas, elles sont menacées d'extinction.
4. a. Ah! Vous allez faire du déboisement.
   b. Ah! Vous allez faire de l'écotourisme.
   c. Ah! Vous allez faire de la préservation.
5. a. Oui, mais pas l'écureuil gris qui vient d'Amérique.
   b. Oui, mais pas les animaux.
   c. Oui, mais c'est à cause de l'écotourisme.
6. a. Oui, à cause de la pollution de l'eau.
   b. Oui, à cause du gaspillage.
   c. Oui, à cause du réchauffement climatique.

2 **En contexte** Write an appropriate word or phrase to complete each sentence. (10 x 1 pt. each = 10 pts.)

1. La nuit, j'aime observer la Lune et les ______________.
2. On peut pêcher et nager dans ce ______________.
3. Chez moi, je sors la poubelle le jeudi soir. Le ______________ a lieu le vendredi.
4. Les ______________ vivent dans les arbres.
5. Malheureusement, toutes les centrales nucléaires produisent des ______________ et il faut les mettre quelque part (*somewhere*).
6. Dans les grandes villes, le ______________ peut aider les gens à rouler plus intelligemment.
7. En été, il faut ______________ les incendies de forêt.
8. Quand on va dans la nature, il faut respirer (*breathe*) le bon air ______________.
9. Ce sont les ______________ qui produisent l'énergie nucléaire.
10. Mais c'est le soleil qui nous donne l'______________.

Unit Tests

3 **Lesquels?** Complete each sentence with the correct demonstrative pronoun. (10 x 1 pt. each = 10 pts.)

1. Quel lapin veux-tu acheter? ______________ ou ______________?
2. Quelles lois faut-il passer en premier, ______________ ou ______________?
3. Dans le ciel, cette étoile a l'air toute petite, mais pas ______________.
4. Je connais les gens qui chassent ici, mais pas ______________ qui chassent là-bas.
5. Cette vallée est jolie, mais ______________ du St-Laurent l'est encore plus.
6. L'île de la Guadeloupe est plus grande que ______________ de la Martinique.
7. Ces côtes sont mieux préservées que ______________ de l'Espagne.
8. Heureusement, le bois qui est près de chez nous est plus agréable que ______________ qui est de l'autre côté de la ville.

4 **Le progrès** Complete each sentence with the subjunctive of the verb in parentheses. (10 x 1 pt. each = 10 pts.)

1. Il n'est pas bon que vous ______________ (chasser) les espèces menacées.
2. Il vaut mieux qu'on ______________ (interdire) aux usines de polluer.
3. Il est nécessaire que tu ______________ (ne pas polluer) cet endroit.
4. Il est dommage que les gens ______________ (jeter) des ordures dans la nature.
5. Il est essentiel qu'on ______________ (préserver) les espaces verts.
6. Il faut que nous ______________ (abolir) les lois injustes.
7. Il est possible que l'eau ______________ (devenir) rare.
8. Il est indispensable que nous ______________ (prévenir) les incendies de forêts.
9. Il est essentiel qu'on ______________ (connaître) les dangers.
10. Il ne faut pas que je ______________ (gaspiller) l'électricité.

5 **Pour la planète** Complete each sentence with the subjunctive of the verb in parentheses. (12 x 1 pt. each = 12 pts.)

1. Le public veut que le gouvernement ______________ (protéger) l'environnement.
2. Beaucoup sont contents que l'écologie ______________ (être) plus populaire qu'avant.
3. Ce parti écologique demande que nous ______________ (avoir) tous un rôle.
4. Il veut que les gens ______________ (rouler) moins souvent en voiture.
5. Il aimerait qu'on ______________ (recycler) nos ordures et qu'on ______________ (jeter) moins de choses.
6. Il suggère aussi que les usines ______________ (essayer) de moins polluer.
7. Vous êtes heureux que quelqu'un ______________ (réfléchir) au problème.
8. Vous préféreriez aussi que les gens ______________ (ne pas se sentir) trop seuls face à ce problème.
9. Vous avez peur que le réchauffement climatique et la surpopulation de la planète ______________ (être) inévitables.
10. Vous souhaitez qu'on ______________ (avoir) plus de solutions et que les hommes ______________ (vivre) mieux avec la nature.

Nom ______________________ Date ______________________

6 **Des problèmes** This area is a real paradise. Describe its qualities by writing complete sentences with a comparative (+, -, =) or a superlative (+ +, - -). (6 x 2 pts. each = 12 pts.)

Modèle

Il y a... (= / écureuils / lapins)
Il y a autant d'écureuils que de lapins.

1. Il y a... (+ / sentiers / routes)
____
____
2. Je vois... (= / fleurs / herbe)
____
____
3. Je vois... (– / pollution / nature intacte)
____
____
4. Il y a... (= / lacs / montagnes)
____
____
5. C'est l'endroit qui reçoit... (+ + / soleil)
____
____
6. C'est l'endroit qui a... (– – / emballages en plastique)
____
____

7 **Les solutions** Write a complete sentence using the subjunctive to say what should be done to solve each problem. (5 x 2 pts. each = 10 pts.)

1.  2.  3.  4.  5. 

1. ______________________
2. ______________________
3. ______________________
4. ______________________
5. ______________________

Unit Tests

8 **Opinions personnelles** Express your opinions by completing each sentence. (5 x 2 pts. each = 10 pts.)

1. J'aime que la nature...
2. J'aimerais que les animaux...
3. Je suis content que l'énergie...
4. Je ne veux pas que l'écologie...
5. Il vaut mieux que le gouvernement...

9 **À vous** In one paragraph, describe what you want your friends, school, and family to do for the environment. Mention several things they should do and one thing that they should stop doing. (8 pts. for vocabulary + 8 pts. for grammar + 4 pts. for style and creativity = 20 pts.)

Nom ______________________ Date ______________________

Unité 7

Leçons A et B

UNIT TEST I

1 **Conversations** Listen to each statement or question and select the most logical answer. (6 x 1 pt. each = 6 pts.)

1. a. Oui, le concert est fini.
   b. Oui, les acteurs sont partis.
   c. Oui, le spectacle va commencer.
2. a. Pourquoi? J'aime bien les concerts de rock.
   b. Pourquoi? J'aime les peintures de Rembrandt.
   c. Pourquoi? J'aime les tragédies aussi.
3. a. Ah bon? Moi, j'adore les ballets.
   b. Oh! J'adore les musées.
   c. Ah? Et comment étaient les chanteurs?
4. a. Il lit des poèmes.
   b. Il danse avec ses partenaires.
   c. Il chante dans un chœur.
5. a. Oui, il jouait de la batterie avec son groupe.
   b. Oui, il copiait un tableau.
   c. Oui, il organisait son propre festival de jazz.
6. a. On sort sans faire de bruit.
   b. On achète son ticket où?
   c. On écrit une pièce de théâtre.

2 **Carrières** Complete each statement with an appropriate word or phrase from the list. (10 x 1 pt. each = 10 pts.)

compositeur	peintres
danseuse	poétesse
femme écrivain	troupe
metteur en scène	réalisatrice
orchestre	sculpteur

1. Clémence a écrit plusieurs romans. ________________, c'est sa profession.
2. Jean-Michel écrit de la musique de films. Il est ________________.
3. Beaucoup de gens font de la peinture en amateur, mais peu sont de vrais ________________.
4. Omar est membre d'une ________________ de théâtre. C'est un acteur professionnel.
5. Cette ________________ a fait des comédies et des films de genre.
6. Plusieurs dramaturges veulent travailler avec ce ________________, mais il ne s'occupe que des pièces qu'il écrit lui-même.
7. Cette ________________ écrit surtout des poèmes, mais aussi parfois des chansons.
8. Cette grande ________________ a travaillé avec les chorégraphes les plus prestigieux et dans les plus beaux ballets.
9. Sandrine joue du violon dans un ________________ classique de 25 musiciens.
10. Michelangelo était un peintre et un ________________ de la Renaissance. Il a sculpté *David* en 1501.

Unit Tests

Nom ________________ Date ________________

3 **Nos œuvres** Complete each sentence with the correct possessive pronoun. Make any other changes necessary. (10 x 1.5 pt. each = 15 pts.)

Modèle

J'aime les tableaux que tu fais, mais je n'aime pas *les siens.* (à lui)

1. J'ai lu votre roman, monsieur, mais est-ce que vous avez lu ________________? (à moi)
2. Nous avons applaudi votre pièce, mais pas ________________. (à eux)
3. Vous préférez vos auteurs ou ________________? (à nous)
4. Je vous présente ma réalisatrice, et voici ________________ qui arrive aussi. (à vous)
5. Préfèrent-ils nos places ou ________________? (à eux)
6. Je n'écoute aucune critique excepté ________________. (à elle)
7. Il se souvient plus facilement de ses œuvres à lui que ________________. (à toi)
8. Un jour comme celui-là, nous pensons à ses poèmes et ________________. (à toi)
9. Ils sont plus fiers de cet opéra que ________________. (à nous)
10. Je vais chanter à mon concert et ________________. (à elle)

4 **Les artistes** Artists must be able to handle self-doubt and criticism. Complete each sentence with the subjunctive of the verb in parentheses. (12 x 1 pt. each = 12 pts.)

1. Mathieu a peur que personne ne ________________ (comprendre) sa peinture.
2. Ce dramaturge doute que les spectateurs ________________ (venir) voir ses pièces.
3. Ce chanteur d'opéra ne pense pas qu'il ________________ (être) assez bon acteur.
4. Marlène ne croit pas que les metteurs en scène la ________________ (choisir) pour les meilleurs rôles.
5. Il est douteux que ce critique ________________ (avoir) une bonne opinion de mon livre.
6. Il est possible que tes poèmes ________________ (être) trop difficiles à comprendre.
7. Nous ne pensons pas que vous ________________ (avoir) assez de talent.
8. Il n'est pas évident que la salle ________________ (aimer) cet acteur et qu'elle l'________________ (applaudir) à la fin.
9. Il n'est pas certain que les places ________________ (se vendre) bien.
10. Loïc doute que le musée ________________ (présenter) ses sculptures et que celles-ci ________________ (devenir) célèbres.

5 **La culture** Complete each sentence with the subjunctive of the verb in parentheses. (5 x 1 pt. each = 5 pts.)

1. L'exposition n'aura pas lieu à moins que vous ________________ (avoir) plus de tableaux à présenter.
2. Je vais à cette émission à condition que les critiques ________________ (lire) mon livre.
3. Nous verrons cette exposition avant qu'elle ________________ (partir) pour l'étranger.
4. Les gens achèteront ce roman à condition que les critiques ________________ (être) bonnes.
5. Je voudrais voir ce film avant que vous me ________________ (dire) comment il finit.

Nom ____________________ Date ____________________

6 **Activités culturelles** Complete each sentence with the subjunctive of the verb in parentheses. (10 x 1 pt. each = 10 pts.)

1. Mes parents aiment que j' ____________ (apprendre) des poèmes et que je ____________ (faire) de la musique.
2. J'ai bien peur qu'il ____________ (vouloir) regarder des dessins animés toute la journée.
3. Je ne suis pas sûr que vous ____________ (pouvoir) suivre l'histoire de ce feuilleton sans regarder tous les épisodes.
4. Il faut que tu ____________ (aller) voir ce spectacle! Il est génial.
5. Est-il nécessaire que nous ____________ (savoir) comment ça finit?
6. Samuel doute que vous ____________ (vouloir) vraiment venir à son spectacle.
7. Il faut que nous ____________ (aller) au musée et que nous ____________ (visiter) cette exposition.
8. Il est nécessaire que vous ____________ (apprendre) à danser.

7 **Subjonctif ou pas?** Rewrite each sentence. Use the cues to decide whether you need the subjunctive. (6 x 2 pts. each = 12 pts.)

Modèle

On va voir ce film. (Il faut que...)
Il faut qu'on aille voir ce film.

1. Vous prenez des places pour ce spectacle. (Il est possible que...)

____

2. Nous sommes en retard. (Il est clair que...)

____

3. Ce dramaturge a beaucoup de succès. (Je ne crois pas que...)

____

4. La salle n'applaudit pas entre les morceaux. (Les chanteurs préfèrent que...)

____

5. Les spectateurs veulent voir des tragédies. (Les critiques pensent que...)

____

6. Les enfants de moins de douze ans peuvent voir ce film. (Je sais que...)

____

8 **L'affiche** Finish the sentences to say what you think of this image. Use the words from the list. (5 x 2 pts. each = 10 pts.)

actrice   chef d'œuvre   film d'horreur   image   peinture

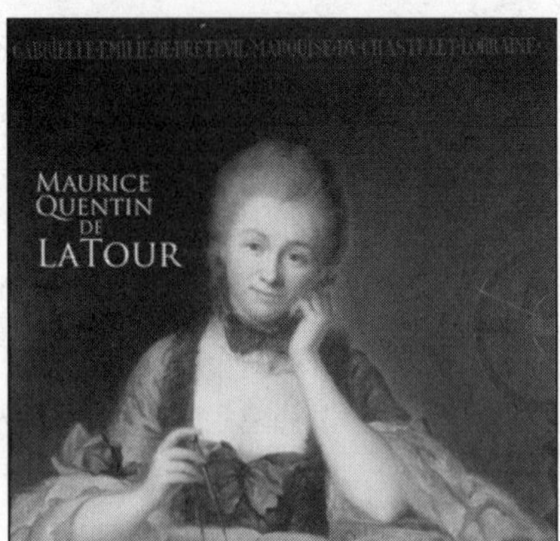

1. Je doute que/qu'... ______________________
2. Je ne pense pas que/qu'... ______________________
3. Il est impossible que/qu'... ______________________
4. Il est évident que/qu'... ______________________
5. Je crois que/qu'... ______________________

9 **À vous** Write a paragraph to describe what kind of artistic or cultural activities you, your family, and/or your friends enjoy. Mention which arts you practice and which ones you enjoy more as spectators. (8 pts. for vocabulary + 8 pts. for grammar + 4 pts. for style and creativity = 20 pts.)

Nom ____________________ Date ____________________

Unité 7

UNIT TEST II

Leçons A et B

1 **Conversations** Listen to each statement or question and select the most logical answer. (6 x 1 pt. each = 6 pts.)

1. a. Est-ce que les spectateurs ont aimé?
   b. Est-ce que les spectateurs ont détesté?
   c. Est-ce que les spectateurs ont applaudi?
2. a. C'est dommage. J'aime ce festival.
   b. C'est dommage. J'ai toujours rêvé de le voir en concert.
   c. C'est dommage. J'ai toujours voulu voir ces peintures.
3. a. Je préfère qu'on reste à la maison. J'ai un bon roman à lire.
   b. Je préfère que le spectacle ne finisse pas trop tard.
   c. Je préfère les films d'aventure aux films d'horreur.
4. a. Dimanche.
   b. Au Splendide.
   c. Celle de 20h00.
5. a. Non, les spectateurs ne sont pas venus.
   b. Non, la salle était pleine.
   c. Non, la salle était vide.
6. a. Il joue souvent dans ce genre de pièces.
   b. C'est une sorte de comédie.
   c. C'est un dramaturge doué.

2 **Les arts** Write an appropriate word to complete each statement. (10 x 1 pt. each = 10 pts.)

1. Une pièce où l'histoire finit mal et où le personnage principal souffre s'appelle une ________________.
2. À la fin du spectacle, les spectateurs ________________.
3. Quand on va à un spectacle de danse, il vaut mieux avoir de bonnes ________________ pour bien voir la scène.
4. Une histoire courte et fantastique qu'on raconte aux enfants est un ________________.
5. Dans les expositions de peinture, on présente des ________________.
6. Des gens qui répètent des chansons ensemble appartiennent à un ________________.
7. Un ________________ est un spectacle de musique. Il y a plusieurs genres, par exemple classique ou rock.
8. Une œuvre vraiment réussie est un ________________.
9. Une pause entre deux parties d'un spectacle s'appelle un ________________.
10. On ne paie pas son entrée dans un spectacle ________________.

Unit Tests

Nom ______________________ Date ______________________

3 **Nos œuvres** Complete each sentence with the correct possessive pronoun. (10 x 1 pt. each = 10 pts.)

Modèle

Ces photos sont belles, mais moins que *les miennes.* (à moi)

1. J'ai fini mon tableau. Tu me montres ______________? (à toi)
2. Mon roman est très long, mais pas autant que ______________. (à elle)
3. Cette sculpture n'est pas aussi intéressante que ______________. (à nous)
4. Regarde! Ma danse est encore plus drôle que ______________. (à eux)
5. Dans cette exposition, nos peintures sont à côté ______________. (à vous)
6. Les critiques s'occupent plus de son roman que ______________. (à vous)
7. Nos danseurs sont doués, mais pas autant que ______________. (à eux)
8. J'ai écrit un poème à ma sœur. Maintenant, je vais en écrire un à ______________. (à toi)
9. Je peux parler de votre roman, mais pas ______________. (à moi)
10. Vous pensez souvent à vos peintures et aussi ______________. (à lui)

4 **La radio et la télé** Conjugate each verb in the subjunctive. (10 x 1 pt. each = 10 pts.)

1. Cette émission de radio n'est pas enregistrée à moins qu'elle ______________ (avoir) lieu en province.
2. La pub passe avant que les infos ______________ (commencer).
3. Je regarderai ce jeu télévisé à moins que vous ______________ (passer) chez moi.
4. On montre ce documentaire pour que les gens ______________ (découvrir) le sujet.
5. L'émission ne finit pas sans que des auditeurs (*listeners*) nous ______________ (appeler).
6. Les Jacquard regardent la télé jusqu'à ce qu'il ______________ (être) l'heure d'aller se coucher.
7. Tu peux finir ce dessin animé à condition que tu ______________ (travailler) après.
8. Le matin, je leur mets la radio pour qu'ils ______________ (se lever).
9. En France, les émissions de variétés sont rarement intéressantes à moins qu'on ______________ (adorer) la chanson française.
10. On gardera ce feuilleton à condition que les téléspectateurs l'______________ (aimer).

5 **Activités culturelles** Conjugate each verb in the subjunctive. (10 x 1 pt. each = 10 pts.)

1. Tu ne veux pas qu'on ______________ (aller) au cinéma ce soir?
2. Il est douteux que cet opéra ______________ (pouvoir) te plaire (*please you*).
3. Nous ne sommes pas sûrs que le metteur en scène ______________ (être) dans la salle ce soir.
4. Je ne pense pas que cet orchestre ______________ (vouloir) jouer en Russie.
5. Il est possible que cette comédie musicale ______________ (faire) un gros succès à Genève.
6. Il faut que les enfants ______________ (aller) à ce festival cet été.
7. Mme Musso souhaite que nous ______________ (faire) un magazine de qualité.
8. Il est possible que vous ______________ (vouloir) étudier les beaux-arts.
9. Il faut que vous ______________ (prendre) des cours de dessin et d'art plastique.
10. Je suis contente que les lycéens ______________ (pouvoir) profiter de notre musée.

Nom _______________ Date _______________

6 **Subjonctif ou pas?** Rewrite each sentence. Use the cues to decide whether you need the subjunctive. (6 x 2 pts. each = 12 pts.)

Modèle

Vous restez jusqu'à la fin. (Il faut que...) *Il faut que vous restiez jusqu'à la fin.*

1. C'est son chanteur préféré. (Il est évident que...)
2. Ils font de la variété. (On ne pense pas que...)
3. Vous voulez passer à la télé. (Je doute que...)
4. On vient voir ton concert jeudi soir. (Il est certain que...)
5. Ce théâtre va fermer. (Ils savent que...)
6. Vous allez jouer à Paris. (Il est possible que...)

7 **L'affiche** Complete each sentence to say what you think of this image. Use the words and phrases from the list. (5 x 2 pts. each = 10 pts.)

acteur chef d'œuvre film d'horreur histoire voir

1. Je crois que/qu'...
2. Je doute que/qu'...
3. Il est possible que/qu'...
4. Il est clair que/qu'...
5. Je ne pense pas que/qu'...

Unit Tests

Nom _______________ Date _______________

8 **Questions personnelles** Answer each question with a complete sentence. (6 x 2 pts. each = 12 pts.)

1. Regardes-tu souvent les informations?

2. Aimes-tu la météo? Pourquoi?

3. Quels genres de programmes télé préfères-tu? Les regardes-tu à la télé ou sur Internet?

4. Vas-tu souvent au spectacle? Quels genres de spectacle?

5. Connais-tu un spectacle gratuit? Lequel?

6. À quel genre de spectacle ne vas-tu jamais, ou pas souvent?

9 **À vous** Write a paragraph to explain why art is important and what kinds of artistic events your community hosts. Mention what kinds of cultural events take place in your school, neighborhood, town, and/or city. (8 pts. for vocabulary + 8 pts. for grammar + 4 pts. for style and creativity = 20 pts.)

Unités préliminaire–3

Leçons PA–3B

EXAM I

1 **À l'écoute** Look at the four photos. You will hear various people make comments or ask questions. Select the scene that most logically goes with each comment or question. (10 × 1 pt. each = 10 pts.)

A.

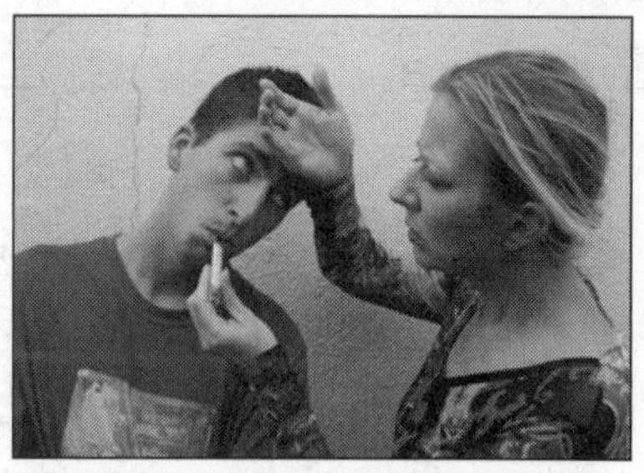

B.

C.

D.

1. A B C D
2. A B C D
3. A B C D
4. A B C D
5. A B C D
6. A B C D
7. A B C D
8. A B C D
9. A B C D
10. A B C D

2 **On fait sa toilette** Write two sentences for each of these photos. First, say what the person is doing, then mention the equipment or product he or she is using in the picture. (4 × 2 pts. each = 8 pts.)

1.  
2.  
3. 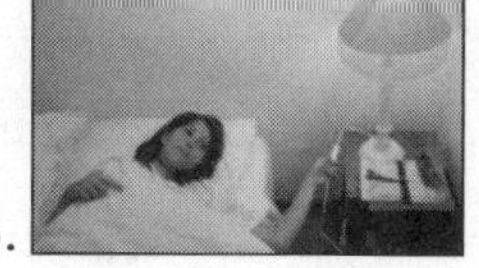 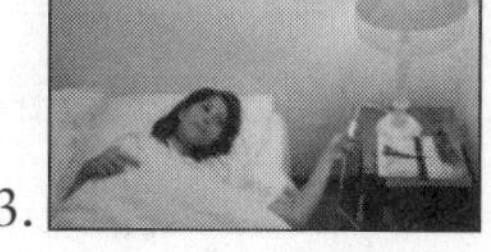
4. 

1. ______________________________
____
____

2. ______________________________
____
____

3. ______________________________
____
____

4. ______________________________
____
____

3 **Le savez-vous?** Abdul and Alicia are visiting the town they lived in when they were very young. Complete their conversation with the correct form of **savoir, connaître,** or **reconnaître.** (6 × 1 pt. each = 6 pts.)

ABDUL Je ne (1) ______________ pas ce quartier.

ALICIA Moi non plus. Mais je (2) ______________ que l'école élémentaire n'est pas très loin. Ah! La voilà!

ABDUL Attends. Je (3) ______________ cette femme.

ALICIA Qui est-ce?

ABDUL C'était la directrice de l'école. Je (4) ______________ même où elle habitait. Allons lui parler!

ALICIA Bonjour, Madame. Nous vous (5) ______________. Nous étions à votre école il y a des années. Ça a beaucoup changé!

LA DIRECTRICE Vous avez raison. Oui je vous (6) ______________, Abdul n'est-ce pas? Eh bien, à bientôt et bonne journée!

4 **L'incident** Jean-Paul is on the phone with his mother relating the story of an incident that happened at the market. Use the **imparfait** or the **passé composé** to complete the story. (8 × 1 pt. each = 8 pts.)

Je/J' (1) ______________ (être) au marché, je (2) ______________ (faire) les courses, quand j' (3) ______________ (commencer) à observer un homme. Il (4) ______________ (être) près d'une femme qui (*who*) (5) ______________ (acheter) du fromage. Il (6) ______________ (avoir) l'air bizarre. Tout à coup, il (7) ______________ (prendre) le sac de la femme et il (8) ______________ (se mettre) à courir très vite.

5 **Quoi faire?** You can't always do what you want. Express this by completing the sentences with the correct form of **vouloir, pouvoir,** or **devoir**. Pay attention to cues for verb tenses. (6 × 1 pt. each = 6 pts.)

1. Je ______________ (vouloir) aller au cinéma avec vous ce soir, mais je ______________ (devoir) préparer mon cours d'histoire.
2. Samedi dernier, tu ______________ (ne pas pouvoir) faire la fête avec nous parce que tu ______________ (devoir) rentrer tôt.
3. Autrefois, je ______________ (vouloir) sortir avec mes copains aussi souvent que je le ______________ (pouvoir).

6 **Tout changer** Everyone has ideas about what they would do to change the world if they had the time or money. Express this by completing the sentences with the **conditionnel** of the verbs in parentheses. (12 x 1 pt. each = 12 pts.)

1. Asia ______________ (apprendre) à bricoler et ______________ (s'occuper) mieux de sa maison.
2. Nous ______________ (contruire) des hôpitaux en Afrique et nous y ______________ (ouvrir) aussi des écoles.
3. Vous ______________ (offrir) plus souvent le restaurant à vos amis.
4. Mes copains ______________ (aller) visiter les musées de la ville.
5. Moi, j' ______________ (essayer) le football américain.
6. Nicole et Fabio ______________ (voir) enfin Rome.
7. Sofien et toi, vous ______________ (courir) ensemble plus souvent.
8. Coco ______________ (écrire) le livre de sa vie.
9. On ______________ (essayer) de moins emprunter.
10. Tu ______________ (s'entendre) mieux avec tes parents.

7 **Qu'est-ce qu'ils font?** These people are doing various things reciprocally. Write sentences using reciprocal reflexive verbs that mean approximately the same thing as the original. (5 × 1 pt. each = 5 pts.)

1. Anna envoie des e-mails à Maxime et Maxime envoie des e-mails à Anna.

   Que font-ils? ______________________________

2. Je te raconte tout ce qui s'est passé pendant ma journée et tu me racontes tout ce qui s'est passé pendant ta journée.

   Que faisons-nous? ______________________________

3. Pauline a rencontré Ousmane à la soirée et Ousmane a rencontré Pauline.

   Que font-ils maintenant? ______________________________

4. Mon anniversaire est le sept août et mon meilleur ami m'offre un cadeau et son anniversaire est le sept août aussi et je lui offre un cadeau.

   Que faisons-nous? ______________________________

5. Laure est forte en maths, mais elle est faible en espagnol et sa meilleure amie est forte en espagnol et faible en maths.

   Que doivent-elles faire? ______________________________

Nom ______________________________ Date ______________________________

8 **Il y a 20 ans** How do things compare with the way they were 20 years ago? Give your opinion as to whether they are better, worse, or the same. Answer the questions using **plus, moins,** or **aussi.** You may want to explain your opinion as well. (3 × 2 pts. each = 6 pts.)

1. Est-il important d'avoir une éducation universitaire?

____

____

____

____

2. Une voiture coûte-t-elle cher?

____

____

____

____

3. Le choix (*choice*) de fruits au marché est-il bon?

____

____

____

____

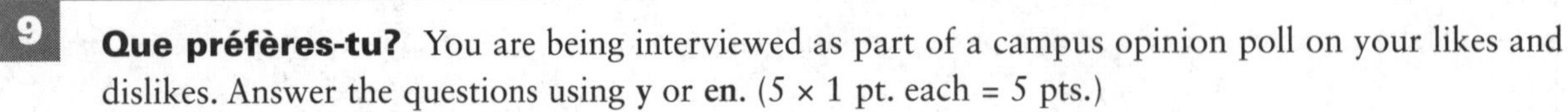

9 **Que préfères-tu?** You are being interviewed as part of a campus opinion poll on your likes and dislikes. Answer the questions using **y** or **en.** (5 × 1 pt. each = 5 pts.)

—Vous faites souvent du sport?

—Oui, j' (1) ______________ fais tous les jours.

—Vous allez aussi au gymnase?

—Oui, avec mon colocataire, nous (2) ______________ allons au moins une fois par semaine.

—Vous faites du jogging?

—Oui, j' (3)______________ fais au stade une ou deux fois par semaine.

—Est-ce que vous préférez nager à la mer ou à la piscine?

—Oh, je préfère aller à la piscine. En fait, j' (4) ______________ vais toutes les semaines.

—Vous aimez vraiment le sport!

—Oui, c'est vrai. J'aime (5) ______________ faire.

10 **Une journée typique** Dominique relates a typical daily routine for himself and his roommate. Complete his story with a logical reflexive verb. (7 × 1 pt. each = 7 pts.)

À 6h00 du matin, nous (1) ________________. Moi, je (2) ________________ tout de suite, mais Philippe reste au lit dix minutes de plus. Ça veut dire qu'il est déjà en retard. Alors, je lui dis (3) «________________»! Ensuite, nous (4) ________________ et je (5) ________________ parce qu'il (6) ________________ trop longtemps. On mange et on part. L'après-midi, je rentre et je (7) ________________ du dîner. Il arrive et on dîne. En général, ça va bien, mais le matin, ce n'est pas facile!

11 **Pas de problème** Today, you are doing everything that needs to be done. Answer these questions using a direct and an indirect object pronoun. Pay attention to verb tenses. (4 x 2 pts. each = 8 pts.)

Modèle

Est-ce que tu vas promettre à ta mère de ranger ta chambre?
Oui, je vais le lui promettre.

1. Est-ce que tu as demandé les clés aux Desmoulins?

   Oui, ________________________________
2. Tu vas montrer ton nouvel ordinateur à Dimitri?

   Oui, ________________________________
3. As-tu envoyé le cadeau à tes amis?

   Oui, ________________________________
4. Est-ce que tu achètes ces livres à ton neveu?

   Oui, ________________________________

12 **À vous!** Write a paragraph describing your last vacation. Mention when you left, how you got there, how long you stayed, what clothes you took, what the hotel was like, what you did, and when you returned. (9 pts. for vocabulary + 8 pts. for grammar + 2 pts. for style and creativity = 19 pts.)

____

____

____

____

____

____

____

____

____

____

Nom ______________________ Date ______________________

Unités préliminare-3

Leçons PA-3B

EXAM II

Exams

1 **À l'écoute** Look at the four photos. You will hear various people make comments or ask questions. Select the scene that most logically goes with each. (10 × 1 pt. each = 10 pts.)

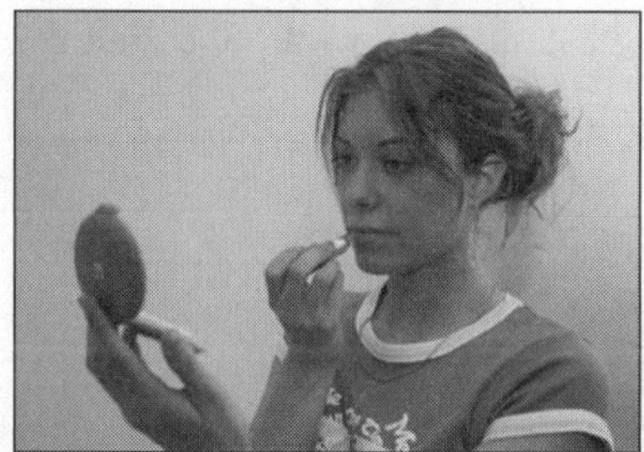

A.

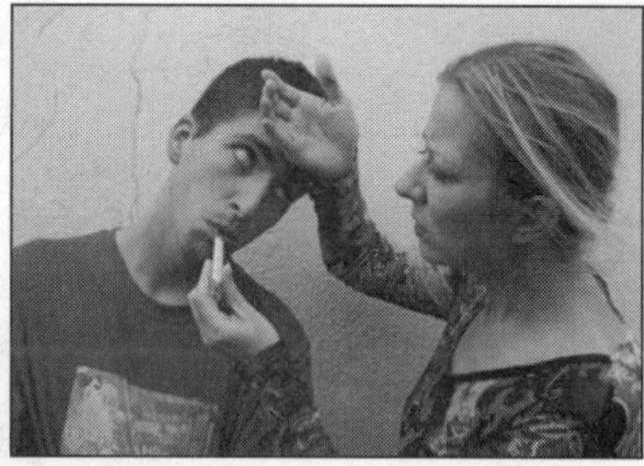

B.

C.

D.

1. A B C D
2. A B C D
3. A B C D
4. A B C D
5. A B C D
6. A B C D
7. A B C D
8. A B C D
9. A B C D
10. A B C D

2 **On fait sa toilette** Write two sentences for each of these illustrations. First, say what the person is doing, then mention the equipment or product he or she is using in the picture. (4 × 2 pts. each = 8 pts.)

1.  2.   3.  4. 

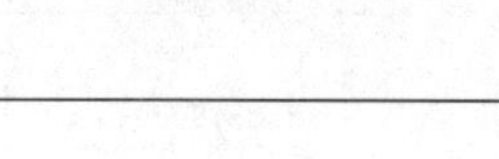

1. ______________________________
____
____

2. ______________________________
____
____

3. ______________________________
____
____

4. ______________________________
____
____

3 **Aux urgences** Marina is telling a friend about an incident that happened when she was downtown. Use either the **imparfait** or the **passé composé** to complete the story. (8 × 1 pt. each = 8 pts.)

Sylvie et moi, nous (1) ______ (être) en ville dans la rue où on (2) ______ (faire) toujours notre shopping. Soudain, une femme (3) ______ (tomber) devant nous. Elle (4) ______ (ne pas avoir) l'air bien du tout. Elle nous (5) ______ (dire) qu'elle (6) ______ (vouloir) aller aux urgences. Très vite, je/j' (7) ______ (sortir) mon portable et je/j' (8) ______ (téléphoner) à l'hôpital.

4 **Quoi faire?** Complete these sentences with the correct form of **vouloir, pouvoir,** or **devoir**. Pay attention to cues for verb tenses. (6 × 1 pt. each = 6 pts.)

1. Quand il était petit, Jérémy (1) ______ (vouloir) rendre visite à ses grands-parents aussi souvent qu'il le (2) ______ (pouvoir).
2. C'est vrai que tu me (3) ______ (devoir) de l'argent, mais je (4) ______ (vouloir) que tu le gardes (*keep*).
3. L'été dernier, vous (5) ______ (vouloir) partir en vacances avec nous, mais vous (6) ______ (ne pas pouvoir).

5 **Le savez-vous?** People know lots of other people and things. Complete each sentence with the correct form of **savoir, connaître,** or **reconnaître**. (6 × 1 pt. each = 6 pts.)

1. Nous sommes perdus. Est-ce que tu ______ utiliser un plan?
2. Je/J' ______ Fabrice à la fac l'année dernière.
3. Les profs de lycée ______ souvent les étudiants qu'ils ont eus en classe il y a des années.
4. Monsieur Courtemanche est chauffeur de taxi. Il ______ très bien la ville.
5. Est-ce que vous ______ mon oncle Charles?
6. Ma copine et moi, nous ______ qu'il faut partir.

6 **Ça change tout!** Everyone has ideas about what they would do to change the world if they had the time or money. Express this by completing the sentences with the **conditionnel** of the verbs in parentheses. (12 x 1 pt. each = 12 pts.)

1. Vous ______________ (faire) des surprises à vos amis.
2. Suzanne ______________ (être) rarement chez elle le week-end.
3. Moi, je ______________ (passer) moins de temps devant l'ordinateur.
4. Monsieur et Madame Lallier ______________ (ne plus avoir) besoin de travailler.
5. Nous ______________ (aller) en Australie et nous ______________ (voir) le désert.
6. Laurent ______________ (ne rien payer) avec sa carte de crédit.
7. Les filles ______________ (marcher) plus et ______________ (prendre) moins souvent le taxi.
8. Tu ______________ (repartir) immédiatement en Chine.
9. Arnaud et toi, vous ______________ (recevoir) toute la famille chez vous.
10. On ______________ (se retrouver) au café tous les jours pour discuter.

7 **Qu'est-ce qu'ils font?** Write a sentence using a reciprocal reflexive that means approximately the same thing as the original. (5 × 1 pt. each = 5 pts.)

1. Malheureusement, Monsieur Charlevoix n'aime plus sa femme. Madame Charlevoix n'aime plus son mari.
   Que font-ils?
   ____
2. Je suis sur mon portable avec Manon et Manon est sur son portable avec moi.
   Que faisons-nous?
   ____
3. Valentine donne un bisou (*kiss*) à Matthieu et Matthieu donne un bisou à Valentine.
   Que faisons-nous?
   ____
4. Florence est tombée amoureuse de Thomas et Thomas est tombé amoureux de Florence.
   Que font-ils?
   ____
5. Anne te regarde et tu regardes Anne.
   Que faites-vous?
   ____

Exams

8 **Il y a 20 ans** How do things compare with the way they were 20 years ago? Give your opinion as to whether they are better, worse, or the same. Answer each question in a complete sentence using **plus, moins,** or **aussi.** (3 × 2 pts. each = 6 pts.)

1. Une maison coûte-t-elle cher?

____

2. Est-ce important de connaître des langues étrangères?

____

3. La qualité des produits est-elle bonne?

____

9 **Il y a...** You are being interviewed about sports and leisure activities in your area. Complete the answers using **y** or **en.** (5 × 1 pt. each = 5 pts.)

1. Vous allez souvent au club de sport de votre ville?

   Oui, j' __________ vais deux ou trois fois par semaine après les cours.

2. Vous faites parfois de l'aérobic?

   Oui, mon meilleur ami et moi, nous __________ faisons le mardi et le jeudi.

3. À votre avis, est-ce qu'il y a des activités intéressantes dans votre ville?

   Oui, il __________ __________ a.

4. Vous allez souvent à la piscine?

   J' __________ vais en été.

10 **Une journée typique** Océane relates a typical daily routine for herself and her roommate. Complete her story with a logical reflexive verb. (7 × 1 pt. each = 7 pts.)

Quand mon réveil sonne à 7h00, je saute du lit et je rentre dans la salle de bains. D'abord, je (1) ______________ les dents et les cheveux. Après ça, je (2) ______________ le visage et les mains et je (3) ______________ un instant dans le miroir. Laure, elle est toujours en retard, elle doit donc (4) ______________ quand elle fait sa toilette. Quand elle a fini, elle (5) ______________ pendant dix minutes pour prendre le petit-déjeuner avec moi. Nous (6) ______________ à table et nous bavardons un peu avant d'aller en cours. Heureusement, on (7) ______________ bien.

11 **D'accord** Today, you are doing everything that needs to be done. Answer these questions using a direct and an indirect object pronoun. Pay attention to verb tenses. (4 x 2 pts. each = 8 pts.)

Modèle

Est-ce que tu vas montrer les photos à tes cousins?
Oui, je vais les leur montrer.

1. Est-ce que tu as acheté le pull à Louise?
   Oui, ______________________________
2. Est-ce que tu envoies cette carte à ta grand-mère?
   Oui, ______________________________
3. Tu vas demander les billets à Sophie?
   Oui, ______________________________
4. As-tu promis à tes voisins de t'occuper du chat?
   Oui, ______________________________

12 **À vous!** Write a paragraph to describe the last party you went to. Mention who and what it was for, where it was, what you wore, what there was to eat, and what you did. Use both the **passé composé** and the **imparfait.** (10 pts. for vocabulary + 6 pts. for grammar + 3 pts. for style and creativity = 19 pts.)

Nom ______________________ Date ______________________

Unités 4–7

EXAM I

Leçons 4A–7B

1 **À l'écoute** Look at the four photos. You will hear various people make comments or ask questions. Select the scene that most logically goes with each. (10 × 1 pt. each = 10 pts.)

A.

B.

C.

D.

1. A	B	C	D		6. A	B	C	D
2. A	B	C	D		7. A	B	C	D
3. A	B	C	D		8. A	B	C	D
4. A	B	C	D		9. A	B	C	D
5. A	B	C	D		10. A	B	C	D

2 **L'environnement** There are lots of problems we face on our planet. For each photo write two sentences. You may want to state the problem, what must be done to solve it, say why or how it happens, etc. (2 × 4 pts. each = 8 pts.)

1.

2.

1. ______________________________________

____

____

2. ______________________________________

____

____

Exams

3 **Le bon mot** Complete each sentence with the correct form of the appropriate verb from the list. (8 × 1 pt. each = 8 pts.)

apercevoir croire recevoir s'apercevoir voir

1. ______________-moi. Cet ensemble te va très bien.
2. Justine ______________ que son rendez-vous allait commencer dans quinze minutes.
3. Mes copains ______________ un nouveau film au ciné tous les week-ends.
4. Est-ce que tu ______________ l'e-mail que je t'ai envoyé hier?
5. Quand mes frères font une randonnée, ils ______________ souvent des chevreuils (*deer*) dans la forêt.
6. Quand j'étais petit, je ______________ que le Père Noël apportait les cadeaux.
7. Autrefois, on ______________ le courrier à 10h30, mais maintenant le facteur arrive à 14h00.
8. Est-ce que tu ______________ que tes voisins viennent de rentrer?

4 **Pauvre planète** You are trying to cheer up Éric, who is depressed because he feels that no one cares enough about the environment. Rephrase his statements with a negative expression, using the underscored word or phrase as a cue. Do *not* use **ne... pas.** (6 × 1 pt. each = 6 pts.)

1. Tout le monde va nous aider. Non, ______________________ va nous aider.
2. Les jeunes peuvent faire beaucoup. Non, ils ______________________ faire.
3. On fait du progrès. Non, on ______________________ progrès.
4. Tes colocataires t'aident toujours. Non, ils ______________________.
5. On peut améliorer le parc et le quartier. Non, on ______________________ le quartier.
6. On peut travailler ici toute la journée. Non, on ______________________ travailler ici.

5 **Une nouvelle maison** Your family recently moved and you want to show your new home to friends. Complete the sentences with the correct form of the verb in parentheses. (6 × 1 pt. each = 6 pts.)

1. Dès que je/j'______________ (voir) cette maison, je l'ai adorée.
2. Mes parents ______________ (lire) l'annonce dans le journal et ils ont tout de suite téléphoné à l'agent immobilier.
3. Je changerai la couleur des murs de ma chambre quand je/j'______________ (avoir) le temps.
4. J'aime bien que la cuisine soit juste là, dès qu'on ______________ (entrer). C'est pratique!
5. Quand il fera beau, nous ______________ (prendre) nos repas dans le jardin.
6. Et dès que je/j'______________ (arriver) chez moi le soir, j'irai me détendre sur le balcon.

8 **Si seulement...** Use these cues below to express your wishes that things could be better, using a **si** clause for each. (6 × 1 pt. each = 6 pts.)

Modèle

mes parents / me rendre visite **Si seulement mes parents me rendaient visite!**

1. ton appartement / être plus grand
   ____
2. pouvoir acheter une nouvelle voiture
   ____
3. une nouvelle boulangerie / ouvrir dans le quartier
   ____
4. avoir un poste bien payé
   ____
5. toujours croire au Père Noël
   ____
6. manger mieux
   ____

9 **Tout dépend** Complete each of the conditions below with the verbs in parentheses. (7 × 1 pt. each = 7 pts.)

1. Si j'étais riche, je/j'_______________ (aller) en Australie.
2. Si tu achetais un nouvel ordinateur, tu m'_______________ (offrir) le tien?
3. Si Gabriel envoyait beaucoup d'e-mails, il _______________ (espérer) en recevoir beaucoup.
4. Si nous trouvions un emploi, nous _______________ (s'acheter) une voiture.
5. Si on nettoyait la forêt, ça _______________ (prévenir) les incendies.
6. Si je dépensais trop d'argent au début du mois, je n'en _______________ (avoir) pas assez à la fin.
7. Si tu jouais bien au tennis, tu _______________ (être) célèbre.

10 **Tout est relatif** You went to an arts festival yesterday and liked it so much that today you are bringing your friend Lise. Complete the paragraph with the correct relative pronoun: **que, qui, dont,** or **où.** (7 × 1 pt. each = 7 pts.)

Viens vite, Lise. Il y a toute sorte de choses (1) _______________ je veux te montrer. D'abord, la femme sculpteur (2) _______________ je t'ai parlé hier a presque fini son chef-d'œuvre. Tu la vois? C'est elle (3) _______________ travaille la pierre. Et il y a une salle d'exposition près de la porte (4) _______________ se trouve la grande plante verte, (5) _______________ on peut voir les tableaux de plusieurs artistes, célèbres et locaux. Par là, il y a une petite salle (6) _______________ on peut voir de nouveaux films, mais il faut des tickets. Zut! Où est-ce que j'ai mis les tickets (7) _______________ on a besoin! Ah, les voilà! On y va?

11 **On n'est jamais sûr** When you live with people for a year as a roommate, you learn that there are things you can be certain they will or will not do. Complete these sentences with the appropriate form of the verb in parentheses. (6 × 1 pt. each = 6 pts.)

1. Je ne pense pas qu'Axel ____________ (faire) la vaisselle quand je ne suis pas là.
2. Je suis certain que Loïc et toi, vous ____________ (choisir) d'aller au ciné au lieu de ranger l'appartement.
3. Il est impossible qu'il ____________ (prendre) le petit-déjeuner tout seul.
4. Il n'est pas vrai qu'Enzo et toi ____________ (détester) les plantes.
5. Il est clair que tu ____________ (sortir) souvent le soir.
6. Je doute qu'ils ____________ (aller) au marché le samedi matin.

12 **Les miens** Your brother Rodolphe can't stop making comparisons between himself and others. Use the cues in parentheses to complete the sentences with the correct possessive pronoun. (5 x 1 pt. each = 5 pts.)

1. Ma voiture freine mieux que ____________ (la voiture de Sylvain).
2. Mes yeux ressemblent ____________ (à tes yeux).
3. Mon prof est plus intéressant que ____________ (le prof de Yacine et de ses amis).
4. Mes pieds ont l'air grand à côté ____________ (des pieds de Perrine).
5. Mes photos de vacances sont aussi intéressantes que ____________ (tes photos et celles de tes amis).

13 **Sinon...** Express whether these activities will take place by completing each sentence with the correct conjunction. (6 × 1 pt. each = 6 pts.)

1. Il faut que je fasse mes devoirs ________________________ (*before*) de sortir.
2. Je te prête ce roman ________________________ (*provided that*) tu le lises avant de voir le film.
3. Il ne peut pas courir dix kilomètres ________________________ (*without*) boire de l'eau.
4. Je ne peux pas aller au Sénégal ________________________ (*unless*) je gagne de l'argent.
5. Il faut étudier ________________________ (*until*) j'apprenne à parler chinois correctement.
6. Je fais souvent de l'exercice ________________________ (*in order to*) maigrir.

Nom ______ Date ______

Exams

14 **À vous!** Think about where you would like your life to be five or ten years from now. *If* things go as you see in your crystal ball, where would you be living and working? What would you be doing? Would you be married with children? Would you do things that make the world around you a better place? Write a paragraph that addresses these issues. (5 pts. for vocabulary + 4 pts. for grammar + 2 pts. for style and creativity = 11 pts.)

Unités 4–7

EXAM II

Leçons 4A–7B

1 **À l'écoute** Look at the four photos. You will hear various people make comments or ask questions. Select the scene that most logically goes with each. (10 × 1 pt. each = 10 pts.)

A.

B.

C.

D.

1. A B C D
2. A B C D
3. A B C D
4. A B C D
5. A B C D
6. A B C D
7. A B C D
8. A B C D
9. A B C D
10. A B C D

2 **L'environnement** There are lots of problems we face on our planet. For each photo write two sentences. You may want to state the problem, what must be done to solve it, say why or how it happens, etc. (2 × 4 pts. each = 8 pts.)

1.

2.

1. _______________________________

____

____

2. _______________________________

____

____

Nom ______________________ Date ______________________

Exams

3 **Le bon mot** Complete each sentence with the correct form of the appropriate verb from the list. (8 × 1 pt. each = 8 pts.)

apercevoir	croire	recevoir	s'apercevoir	voir

1. De leur appartement, Mélanie et Delphine ______________________ le campus.
2. Est-ce que vous ______________________ un film hier soir avec Ahmed?
3. Je te téléphonerai dès que je/j' ______________________ ton paquet.
4. Tu ______________________ qu'il va faire beau demain pour le pique-nique?
5. Monsieur Lafleur ______________________ qu'il fallait faire la queue.
6. Ce week-end, nous ______________________ une comédie musicale.
7. Je/J' ______________________ ta lettre cet après-midi.
8. Est-ce que vous ______________________ aux miracles?

4 **Pauvre planète** You are trying to cheer up Ghislaine, who is depressed because she feels no one cares enough about the environment. Rephrase her statements with a negative expression, using the underscored phrase as a cue. Do *not* use **ne… pas**. (6 × 1 pt. each = 6 pts.)

1. Le gouvernement fait <u>tout ce que nous voulons</u>. Non, il ______________________ ce qu'il veut.
2. On peut faire <u>quelque chose</u> pour aider. Non, on ______________________ faire.
3. On protège <u>la Terre et les animaux</u>. Non, on ______________________ les animaux.
4. Les étudiants écrivent <u>à quelqu'un</u> pour les aider. Non, ils ______________________ pour les aider.
5. Je travaille <u>souvent</u> pour une bonne cause. Non, tu ______________________ pour une bonne cause.
6. On prévient <u>des</u> catastrophes. Non, on ______________________ catastrophe.

5 **Le monde du travail** Friends are talking about entering the work force. Complete each sentence with the correct form of the verb in parentheses. (6 × 1 pt. each = 6 pts.)

1. Olivier postera son CV dès qu'il ________________ (pouvoir).
2. Quand j'aurai le temps, je t'________________ (écrire) une lettre de recommandation.
3. Louna et Annick ________________ (se mettre) à chercher du travail quand elles n'auront plus d'argent.
4. Tu ________________ (ouvrir) ton courrier dès que tu rentreras chez toi.
5. Dès que vous passerez l'entretien, on vous ________________ (indiquer) le salaire.
6. Lis immédiatement les annonces dès que tu ________________ (recevoir) le journal.

6 **Au supermarché** You are at the supermarket with a friend buying ingredients for dinner. Complete the conversation with the correct form of **lequel** or **celui**. (8 × 1 pt. each = 8 pts.)

—Bon. De quoi est-ce qu'on a besoin pour le dîner ce soir? Ah! D'œufs pour la quiche, bien sûr!

—Oui, mais (1) _______________?

—(2) _______________-ci. Les bruns. On devrait prendre aussi des saucisses.

—(3) _______________-ci ont l'air bonnes. Prenons-en. Tu veux un poivron aussi?

—Oui, mais je préfère (4) _______________-là. Il a l'air plus frais (*fresh*) que le rouge.

—D'accord. Quoi d'autre? On devrait acheter une salade pour aller avec, mais (5) _______________?

—(6) _______________-ci. La qualité est meilleure.

—Et pour le dessert? On fait une tarte? Tiens, achetons des pommes.

—(7) _______________? Les vertes?

—(8) Oui, _______________-là.

7 **Trop de mots** You are irritated today because everyone is talking too much and using too many words. Help reduce redundancy by rewriting the two sentences into one using a relative pronoun. (6 × 1 pt. each = 6 pts.)

Modèle

Andrée et Lise vont au café. Le café se trouve près de leur appartement.
Andrée et Lise vont au café qui se trouve près de leur appartement.

1. Vous avez trouvé le disque. Vous cherchiez ce disque.

____

2. Il y a des soldes sur les jeux vidéo. Vous avez envie d'acheter ces jeux vidéo.

____

3. Voici le logiciel. Je voudrais utiliser ce logiciel.

____

4. Guillaume a un nouveau poste de télévision. Le poste de télévision a un écran géant.

____

5. Lola va à la banque. J'ai ouvert un compte de chèques à cette banque.

____

6. J'ai un chien. Mon frère n'aime pas mon chien.

____

8 **Si seulement...** If only certain things were to happen, life would be that much better! Express your wishes based on the following cues, using a **si** clause. (6 × 1 pt. each = 6 pts.)

1. cette entreprise / t'embaucher
   ____
2. tout le monde / ne pas gaspiller
   ____
3. obtenir ce poste
   ____
4. découvrir un nouveau pays chaque année
   ____
5. moins souffrir pour maigrir
   ____
6. savoir faire de la peinture
   ____

9 **Tout dépend** Many things depend on something else happening first. Express this by completing each of the conditions below with the verbs in parentheses. (7 × 1 pt. each = 7 pts.)

1. Si Madeleine écrivait à ses copains, elle ____________ (recevoir) des réponses.
2. Si vous achetiez une nouvelle voiture, vous me ____________ (vendre) la vôtre?
3. Si j'étais célèbre, je/j' ____________ (être) riche.
4. Si j'avais assez d'argent, j' ____________ (acheter) ce logiciel.
5. Si tu ____________ (travailler) pour une entreprise différente, tu gagnerais plus d'argent.
6. Si nous ____________ (faire) le plein d'essence souvent, nous ne tomberions pas en panne.
7. Si le gouvernement proposait de meilleures solutions, ça ____________ (améliorer) la situation.

10 **Tout est relatif** You went to an arts festival yesterday and liked it so much that today you are bringing your friend Yannick. Complete the paragraph with the correct relative pronouns. (7 × 1 pt. each = 7 pts.)

Yannick, je suis sûr que tu vas aimer ce festival. C'est incroyable! Il a lieu dans le même bâtiment (1) ____________ nous avons vu l'exposition d'art africain le mois dernier. Tu t'en souviens? Bon. Et la femme peintre (2) ____________ je t'ai parlé hier? Celle (3) ____________ peint à l'aquarelle (*watercolor*)? Toutes ses œuvres sont là! En plus, il y a aura des poètes (4) ____________ tu vas vraiment aimer. Et je ne devrais pas oublier la poétesse (5) ____________ a gagné le grand concours de poésie féministe l'année dernière; elle sera là aussi! Il y a aussi une petite boutique (6) ____________ on peut acheter toutes sortes de cadeaux. Tu vas sans doute trouver quelque chose (7) ____________ tu pourras offrir à Sonia pour son anniversaire. Allons-y!

Nom ____________________ Date ____________________

Exams

11 **On n'est jamais sûr** People who live with roommates quickly learn that there are things they can be certain their roommates will or will not do. Complete these roommates' comments with the appropriate form of the verb in parentheses. (6 × 1 pt. each = 6 pts.)

1. Je ne crois pas que tu ____________ (savoir) repasser le linge.
2. Il est évident que Christophe ____________ (avoir) assez d'argent pour payer son loyer.
3. Il est douteux que vous ____________ (sortir) la poubelle quand je ne suis pas là.
4. Il n'est pas certain que Léa et Caroline ____________ (être) à l'heure.
5. Je sais que Gisèle et toi, vous ____________ (éteindre) les appareils électroniques avant de sortir.
6. Il est sûr que Liliane ____________ (gaspiller) beaucoup d'eau quand elle prend sa douche.

12 **Comme le sien** Three roommates are discussing their living arrangements. Use the cues in parentheses to complete the sentences with their correct possessive pronoun. (5 x 1 pt. each = 5 pts.)

1. Je préfère mon pull ________________ (à ton pull).
2. Ma chambre est juste en face ________________ (de ta chambre).
3. Notre appartement est moins grand que ________________ (l'appartement des voisins).
4. Je parle aussi souvent à mes parents que vous ________________ (à vos parents).
5. Je me souviens mieux de leur numéro de téléphone que ________________ (de notre numéro).

13 **Sinon...** Express whether the following activities will take place by completing each sentence with the correct conjunction. (6 × 1 pt. each = 6 pts.)

1. Je n'irai pas au restaurant ________________ (*unless*) tu viennes avec moi.
2. Marc court souvent ________________ (*in order to*) devenir plus rapide.
3. Mes parents ne démarrent pas la voiture ________________ (*before*) nous attachions nos ceintures.
4. Je te prête mon portable ________________ (*provided that*) tu me le rendes demain.
5. Estelle ne quitte jamais l'appartement ________________ (*without*) tu le saches.
6. Vous restez ici ________________ (*until*) je revienne.

6 **Au marché** You are at a market with a friend buying ingredients for dinner. Complete the conversation with the correct form of **lequel** or **celui.** (8 × 1 pt. each = 8 pts.)

—Tu sais, j'aime bien ces poivrons verts-ci, mais le marchand m'a recommandé (1) ______________-là.

—(2) ______________?

—Les poivrons rouges. C'est bon?

—Oui, bien sûr. Et pourquoi pas un oignon comme (3) ______________-là aussi?

—D'accord, mais je préfère (4) ______________-ci.

—(5) ______________? Ah oui, il est plus gros.

—Tu as déjà acheté des tomates, comme (6) ______________-ci?

—(7) ______________? Oui, elles sont bonnes. Mais je crois qu'on en a besoin que d'une, (8) ______________-ci par exemple.

—Oui, d'accord.

7 **Trop de mots** You are irritated today because everyone is talking too much and using too many words. Help reduce redundancy by rewriting the two sentences into one using a relative pronoun. (6 × 1 pt. each = 6 pts.)

Modèle

C'est le jeune homme. Ses parents connaissent mes parents.
C'est le jeune homme dont les parents connaissent mes parents.

1. J'ai trouvé le palm. J'avais besoin de ce palm.

____

2. Voilà la fille. Je voulais rencontrer cette fille.

____

3. Voilà la calculatrice. Elle était sur le bureau hier.

____

4. Mon frère a acheté une voiture. Il avait envie de cette voiture.

____

5. Voilà le placard. J'ai trouvé le dictionnaire dans ce placard.

____

6. Patrick sort avec un copain. Je trouve son copain pénible.

____

14 **À vous!** Where do you think your French instructor will be ten years from now? Write a paragraph with your predictions for his or her professional, economic, social, and romantic future. Be creative, and be nice (remember, you are being graded!)! (5 pts. for vocabulary + 4 pts. for grammar + 2 pts. for style and creativity = 11 pts.)

Unités préliminaire–7

EXAM I

Leçon PA–7B

1 **À l'écoute** Look at the four photos. You will hear various people making comments or asking questions. Select the scene that most logically goes with each. (10 × 1 pt. each = 10 pts.)

A.

B.

C.

D.

1. A	B	C	D		6. A	B	C	D
2. A	B	C	D		7. A	B	C	D
3. A	B	C	D		8. A	B	C	D
4. A	B	C	D		9. A	B	C	D
5. A	B	C	D		10. A	B	C	D

2 **Qui est-ce?** Richard and Matthieu are at a party. Richard spots a girl he would like to meet. Complete their conversation with the correct form and appropriate tense of **savoir**, **connaître**, or **reconnaître**. (6 × 1 pt. each = 6 pts.)

RICHARD Tu (1) ______________________ la fille là bas? Celle qui parle à Annick?

MATTHIEU Oui, je l'(2) ______________________ à Lyon. C'était la copine de Mahmoud.

RICHARD Ah bon. Tu (3) ______________________ son numéro de téléphone?

MATTHIEU Non, mais je (4) ______________________ sa maison si je la voyais encore une fois.

RICHARD Comment ça?

MATTHIEU Tu (5) ______________________ l'énorme maison, près de la place d'Italie?

RICHARD Oui, pourquoi?

MATTHIEU Je/J' (6) ______________________ que c'est là où elle habite, parce que je l'ai raccompagnée chez elle une fois!

3 **Au pique-nique** Béatrice and her friends had a picnic last weekend. Complete her story about what happened using the **passé composé** or the **imparfait** of the verbs in parentheses. (8 × 1 pt. each = 8 pts.)

Samedi dernier, je/j'(1)______________ (décider) d'organiser un pique-nique. Il y (2) ______________ (avoir) sept personnes. Il (3) ______________ (faire) très beau. D'abord, nous (4) ______________ (se promener). Puis, nous (5) ______________ (nager) dans le lac. Après ça, Patrick et Bernard (6) ______________ (avoir) faim, alors ils (7) ______________ (préparer) le déjeuner. On (8) ______________ (s'amuser bien).

4 **Souhaits** You can not always do what you want. Express this by completing these statements with the correct forms of **vouloir, pouvoir**, or **devoir**, as indicated. Pay attention to cues for the verb tenses. (8 × 1 pt. each = 8 pts.)

1. Aujourd'hui, Éric et Guillaume ______________ (vouloir) nous rendre visite, mais ils ______________ (ne pas pouvoir).
2. Je ______________ (devoir) travailler aujourd'hui, mais je ______________ (ne pas vouloir) vraiment.
3. Autrefois, tu ______________ (pouvoir) faire tout ce que tu ______________ (vouloir), mais plus maintenant.
4. Hier, il ______________ (devoir) payer l'addition, mais il ______________ (ne pas vouloir).

5 **Quelle vie!** Compare various characteristics of high school students (**lycéens**) with college students (**étudiants**). Write complete sentences and make all necessary agreements. (6 × 1 pt. each = 6 pts.)

1. les lycéens / – intellectuel

____

2. les étudiants / + responsable

____

3. les étudiants / = manger bien

____

4. les étudiants / + bon élève

____

5. les lycéens / + étudier

____

6. les lycéens / = intéressant

____

6 **Choses à faire** Everyone is bothering you to get things done. Answer their requests by saying that each has already been done or that you will do it now. Use object pronouns in your answers and make all necessary agreements. (6 × 1 pt. each = 6 pts.)

1. Tu as envoyé <u>le colis</u> <u>à tes parents</u>?

   Oui, je ______.
2. Tu as posé <u>ces questions</u> <u>au prof</u>?

   Oui, je ______.
3. Tu as acheté <u>cette calculatrice</u> <u>à Paul</u>?

   Oui, je ______.
4. Tu <u>nous</u> as préparé <u>le dîner</u>?

   Oui, je ______.
5. Tu <u>m</u>'achètes <u>cette glace</u>?

   Bien sûr, je ______.
6. Tu as montré <u>les photos de Québec</u> <u>à tes colocataires</u>?

   Oui, je ______.

7 **Quelle partie du corps?** Read the short description and then identify which body part is being described. Include the definite article. (7 × 1 pt. each = 7 pts.)

1. On mange et on parle avec: ______
2. Le pied en a cinq: ______
3. C'est entre le corps et la tête: ______
4. On plie (*bend*) la jambe avec: ______
5. On voit avec: ______
6. C'est sur le visage, entre le nez et l'oreille: ______
7. Ça couvre tout le corps: ______

8 **C'est déjà fait?** Answer these questions in the affirmative using one or more object pronouns and/or the pronouns y and en. Make any necessary agreements. (6 × 1 pt. each = 6 pts.)

1. Est-ce que Hatim a commandé <u>des frites</u>? ______
2. Est-ce que tu réfléchis souvent <u>à ton avenir</u>? ______
3. Est-ce que Nathalie <u>t</u>'a montré <u>ses photos de Paris</u>? ______
4. Est-ce que Fatou a beaucoup <u>de devoirs</u> ce soir? ______
5. Est-ce que Gwénaëlle a donné <u>la clé</u> <u>à Raphaël</u>? ______
6. Est-ce que Marta est allée <u>au cinéma</u>? ______

Exams

9 **Hier, chez les Bousquet** Describe yesterday's routine at the Bousquet household. Use the verbs in parentheses in the **passé composé.** (7 × 1 pt. each = 7 pts.)

1. Jérémy et Michel Bousquet ______________________ (se réveiller) tard. Ils allaient rater le bus!
2. Madame Bousquet ______________________ (se mettre en colère) parce qu'ils n'ont pas mangé avant de partir.
3. Tout à coup, elle ______________________ (se rendre compte) que c'était dimanche et qu'il n'y avait donc pas d'école.
4. Monsieur Bousquet ______________________ (s'apercevoir) de la même chose, au même moment.
5. Il dit à sa femme «Chérie, tu ______________________ (se tromper) de jour!»
6. Quelques minutes plus tard, les deux garçons ______________________ (se regarder).
7. Ils ______________________ (se dire) «Super, on peut aller se recoucher!»

10 **Quel verbe?** Complete these sentences with the correct form of the appropriate verb from the list. Use the adverbs and prepositional phrases as cues for the verb tenses. (6 × 1 pt. each = 6 pts.)

croire	offrir	ouvrir	pouvoir	recevoir	voir

1. Je ne ______________________ pas tes lunettes. Tu es sûr que tu les as laissées chez moi?
2. Pendant que tu étais en vacances, tu ______________________ beaucoup d'e-mails.
3. Quand Mélissa sera plus grande, nous lui ______________________ un beau vélo.
4. Pour cette leçon, ______________________ vos livres à la page 140.
5. Est-ce que vous ______________________ me prêter un stylo, s'il vous plaît?
6. Il est clair que Simon ______________________ tout ce qu'on lui dit!

11 **Ça dépend** What would happen to various people if suddenly they came into a lot of money? Complete these conditions with the correct form of the verb in parentheses. Pay attention to the tenses. (6 × 1 pt. each = 6 pts.)

1. Si je ______________________ (gagner) à la loterie, je ferai le tour du monde.
2. Si Julien trouvait un tableau célèbre dans le grenier (*attic*), il le ______________________ (vendre).
3. Si mes parents ______________________ (être) riches, je serais paresseux, j'en suis sûr.
4. Si nous trouvons un trésor (*treasure*), nous ______________________ (pouvoir) payer les frais d'université.
5. Si tu hérites (*inherit*) d'un million de dollars, est-ce que tu ______________________ (acheter) une voiture?
6. Si j'avais assez d'argent, je ______________________ (nettoyer) les parcs de mon quartier.

Exams

12 **Pauvre planète!** Various people are lamenting the state of affairs of the environment. Complete their observations with the correct form of the verb in parentheses. (6 × 1 pt. each = 6 pts.)

1. Il est dommage que tout le monde ______________ (ne pas prévenir) suffisamment les incendies.
2. Il faut que les gens ______________ (recycler) les emballages dans toutes les villes.
3. Il vaut mieux que nous ______________ (améliorer) notre quartier.
4. Il est indispensable que tu ______________ (réfléchir) avant de jeter des choses par terre.
5. Il est nécessaire que je ______________ (faire) attention.
6. Il est possible que le trou dans la couche d'ozone ______________ (diminuer) à l'avenir.

13 **Ne répétez pas** Complete these sentences with the correct possessive pronoun. (6 x 1 pt. each = 6 pts.)

1. Mes grands-parents sont gentils, mais ______________ lui offrent beaucoup de cadeaux.
2. Quand notre imprimante ne marche pas, nos collègues nous prêtent ______________
3. Si tu ne retrouves pas ta clé, je te laisserai ______________ dans la boîte aux lettres.
4. Nous nous occupons de nos affaires, et nos voisins s'occupent ______________.
5. Leur prof a donné des devoirs pour les vacances, mais ______________ nous a laissés partir plus tôt.
6. Tu veux qu'on rentre avec mes amis ou avec ______________?

14 **À vous!** Describe your routine as you went through your day yesterday. Include as much detail as possible. Mention at least seven activities and the times you did them. (5 pts. for vocabulary + 5 pts. for grammar + 2 pts. for style and creativity = 12 pts.)

____
____
____
____
____
____
____
____
____
____
____
____

Nom ______________________ Date ______________________

Unités préliminaire–7

EXAM II

Leçon PA–7B

1 **À l'écoute** Look at the four photos. You will hear various people make comments or ask questions. Select the scene that most logically goes with each. (10 × 1 pt. each = 10 pts.)

A.

B.

C.

D.

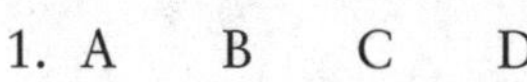

1. A B C D
2. A B C D
3. A B C D
4. A B C D
5. A B C D
6. A B C D
7. A B C D
8. A B C D
9. A B C D
10. A B C D

2 **Qui est-ce?** Stéphanie and Claire are at a party. Stéphanie spots a young man whom she would like to meet. Complete their conversation with the correct form and appropriate tense of **savoir** or **connaître.** (6 × 1 pt. each – 6 pts.)

STÉPHANIE Tu (1) ______________, Claire, il y a beaucoup de gens ici que je ne (2) ______________ pas. Le garçon là-bas, à côté de Marie. Tu le (3) ______________?

CLAIRE Oui. Je (4) ______________ qu'il s'appelle Théo. Je l'(5) ______________ en cours de maths, l'année dernière.

STÉPHANIE Ah bon? Est-ce qu'il (6) ______________ danser?

CLAIRE Demande-lui!

Exams

3 **À la fête** Sylvain and his friends had a party last Saturday. Complete his story about what happened using the **passé composé** or the **imparfait** of the verbs in parentheses. (8 × 1 pt. each = 8 pts.)

Samedi dernier, il y (1) ______________ (avoir) une fête. Nous (2) ______________ (inviter) vingt personnes et seulement quinze invités (3) ______________ (arriver) à l'heure. Ce soir-là il (4) ______________ (pleuvoir) à verse (*pouring down*) et certaines personnes (5) ______________ (avoir) peur de conduire sous la pluie. En tout cas, ceux qui (6) ______________ (venir) (7) ______________ (s'amuser bien). On (8) ______________ (danser) toute la nuit.

4 **Vouloir, c'est pouvoir** Express what people want, can, or have to do by completing these statements with the correct forms of **vouloir, pouvoir,** or **devoir.** Pay attention to cues for verb tenses and mood. (8 × 1 pt. each = 8 pts.)

1. Je ______________ (vouloir) maigrir, alors je ______________ (devoir) manger moins de glace.
2. Hier, Marc ______________ (devoir) travailler toute la journée.
3. Heureusement, Alain et Mathilde ______________ (pouvoir) finir tous leurs devoirs.
4. Vous ______________ (devoir) arriver à 8h00. Il est 9h00 maintenant. Qu'est-ce qui s'est passé?
5. Autrefois, nous ______________ (pouvoir) faire tout ce que nous ______________ (vouloir).
6. Il est important que je ______________ (pouvoir) t'aider demain.

5 **Quelle vie!** Compare various characteristics of high school students (**lycéens**) with college students (**étudiants**). Use complete sentences and make all necessary agreements. (6 × 1 pt. each = 6 pts.)

1. les étudiants / + âgé

   ____
2. les étudiants / – naïf

   ____
3. les étudiants / = sain

   ____
4. les étudiants / + bien payé

   ____
5. les lycéens / – faire la lessive

   ____
6. les lycéens / = optimiste

   ____

Nom ______________________ Date ______________________

Exams

6 **Choses à faire** Everyone is bugging you to get things done. Answer their requests by saying that it has already been done or that you will do it now. Use pronouns in your answers and make all necessary agreements. (6 × 1 pt. each = 6 pts.)

1. Tu m'as apporté ma valise?
   Oui, je ______________________.
2. Tu nous as préparé ton meilleur plat?
   Oui, je ______________________.
3. Tu as acheté cet ordinateur à Lucie?
   Oui, je ______________________.
4. Tu envoies les photos à tes grands-parents?
   Oui, je ______________________.
5. Tu me prêtes ta voiture?
   Bien sûr, je ______________________.
6. Tu as rendu le livre à Sébastien?
   Oui, je ______________________.

7 **Quelle partie du corps?** Read the short description and then complete each sentence with the most logical body part. Include the definite article if necessary. (7 × 1 pt. each = 7 pts.)

1. On marche et on court avec ______________.
2. On met un chapeau sur ______________.
3. On entend avec ______________.
4. On s'arrête pour sentir des roses avec ______________.
5. On met une écharpe autour du ______________.
6. On compose un numéro de téléphone avec ______________.
7. Les yeux, le nez, la bouche et les joues sont sur ______________.

8 **C'est déjà fait?** Answer these questions in the affirmative using one or more object pronouns and/or the pronouns y and **en**. Make any necessary agreements. (5 × 1 pt. each = 5 pts.)

1. Est-ce que Delphine a acheté de la moutarde?
   ____
2. Est-ce que tu es allé chez le médecin?
   ____
3. Est-ce que Marc t'a envoyé des fichiers?
   ____
4. Est-ce que vous avez parlé à votre copain de sa toux?
   ____
5. Est-ce que Dominique a donné les pommes aux enfants?
   ____

Exams

9 **Hier, chez les Olivier** Describe yesterday's routine at the Olivier household. Use the verbs in parentheses in the **passé composé**. (7 × 1 pt. each = 7 pts.)

1. Toute la famille ____________ (se lever) à l'heure.
2. Madame Olivier ____________ (se maquiller) avant d'emmener les enfants à l'école.
3. Monsieur Olivier ____________ (se raser) après le petit-déjeuner.
4. Julien ____________ (se laver) avant de s'habiller.
5. Blandine et Anne ____________ (se regarder) dans le miroir.
6. Monsieur et Madame Olivier ____________ (s'asseoir) pour prendre du café.
7. Tout le monde ____________ (se dire) «Au revoir.»

10 **Quel verbe?** Complete these sentences with the correct form of the most logical verb from the list. Pay attention to verb tense indicators. (6 × 1 pt. each = 6 pts.)

croire	offrir	ouvrir	vouloir	recevoir	voir

1. Mes collègues et moi, nous ________________ souvent le patron au bureau.
2. Mon père m' ________________ cette voiture il y a cinq ans, pour mon bac.
3. Quelle bonne surprise! Je ________________ que vous ne veniez pas.
4. Je suis contente que Franck et Aziz ________________ enfin une bourse pour leurs études.
5. On ________________ les cadeaux quand tout le monde sera là.
6. Est-ce que tu ________________ aller au cinéma ce soir?

11 **Ça dépend** What would happen to various people if suddenly they came into a lot of money? Complete these conditions with the correct form of the verb in parentheses. Pay attention to the verb tenses. (6 × 1 pt. each = 6 pts.)

1. Si nous ____________ (vendre) notre maison, nous achèterons une nouvelle voiture.
2. Si Monique recevait beaucoup d'argent de ses grands-parents, elle ____________ (partir) en vacances.
3. Si vous ____________ (être) riche, vous ne travailleriez pas.
4. Si tu gagnes à la loterie, tu ____________ (pouvoir) acheter une maison à tes parents.
5. Si j'avais un million de dollars, je t' ____________ (acheter) tout ce dont tu aurais envie.
6. Si mes parents ____________ (trouver) de l'argent dans la rue, ils en donneront aux pauvres.

12 **Pauvre planète!** Various people are lamenting the state of affairs of the environment. Complete their observations with the correct forms of the verbs in parentheses. (6 × 1 pt. each = 6 pts.)

1. Il est bon qu'on _______________ (pouvoir) recycler autant de choses.
2. Il est essentiel que le gouvernement _______________ (protéger) l'environnement.
3. Il est important que tout le monde _______________ (prévenir) les incendies quand on fait du camping.
4. Je suis furieux que tu _______________ (gaspiller) tout ça!
5. Je souhaite que vous _______________ (interdire) le gaspillage de l'eau.
6. Je suis désolé que certaines personnes _______________ (jeter) des papiers dans la rue.

13 **Pas de répétition** Complete these sentences with the correct possessive pronoun. (6 x 1 pt. each = 6 pts.)

1. J'ai oublié mon dictionnaire. Peux-tu me prêter _______________?
2. Vous préférez qu'on prenne notre voiture ou _______________?
3. Tes chaussures sont trop petites, mais _______________ lui vont bien.
4. Quand notre aspirateur est tombé en panne, mes parents nous ont donné _______________.
5. Nos enfants nous ont écrit, mais _______________ vous ont appelés.
6. Je ne lis jamais les e-mails de ma colocataire, et elle ne lit jamais _______________.

14 **À vous!** What was your daily routine like ten years ago? How is it different from now? Include as much detail as possible. (5 pts. for vocabulary + 5 pts. for grammar + 3 pts. for style and creativity = 13 pts.)

Nom Date

Exams

Unité préliminaire
Leçon PA

LESSON TEST I

1. Thierry parle à Claire à propos de sa chambre.
   THIERRY Tu aimes ta chambre dans le nouvel appartement?
   CLAIRE Oui, beaucoup. Elle est très grande et il y a un balcon.
   THIERRY Tu as tout acheté pour ta chambre?
2. Salima et Rémy sont au café.
   RÉMY Tu venais souvent ici avec tes parents?
   SALIMA Oui, ils adoraient ce café.
   RÉMY Qu'est-ce que vous preniez d'habitude?
3. Sébastien et Julie parlent de la maison de leurs parents.
   SÉBASTIEN Comment est ta maison?
   JULIE Nous avons une assez grande maison avec trois salles de bains. Et toi?
   SÉBASTIEN Tu as de la chance. Chez moi, c'est tout petit.
   JULIE Ah bon? Comment ça?
4. La mère de Simon lui parle de son école.
   LA MÈRE Tu sais, ton prof m'a téléphoné, aujourd'hui.
   SIMON Pourquoi?
   LA MÈRE Qu'est-ce que tu faisais quand il est entré dans la salle de classe, hier?
5. Lise décrit son week-end à son meilleur ami, Maxime.
   MAXIME Tu n'es pas allée au parc avec Nelly?
   LISE Non, finalement, je suis restée à la maison samedi.
   MAXIME Pourquoi est-ce que tu n'es pas sortie?

LESSON TEST II

1. Aline fait la connaissance de Noah.
   ALINE Tu as emménagé récemment?
   NOAH Oui, je suis nouveau. J'habite à Marseille.
   ALINE Tu as toujours habité dans le sud de la France?
2. Ils parlent de leurs cours.
   ALINE Tu aimes tes cours au lycée?
   NOAH Oui, mais il faut étudier constamment, surtout pour le cours de chimie.
   ALINE Moi, j'adore la chimie. Je t'aide?
3. Ils continuent à parler.
   ALINE Tu ne parles pas allemand?
   NOAH Si. Je le parlais souvent en Suisse.
   ALINE Parfait. Je t'aide en chimie et tu m'aides en allemand alors!
4. Ils parlent maintenant du professeur d'anglais.
   ALINE Au fait, tu as appris la nouvelle?
   NOAH Quelle nouvelle?
   ALINE Monsieur Gray a eu un accident de voiture hier soir!
   NOAH Qu'est-ce qui est arrivé?
5. Enfin ils parlent de leurs appartements.
   ALINE Eh bien, c'est comment ton appartement?
   NOAH Formidable! C'est assez grand à l'intérieur et il y a même un balcon et un beau jardin.
   ALINE Tu parles sérieusement? Tu as vraiment de la chance, toi! Chez moi, c'est tout à fait le contraire.
   NOAH Comment ça?

Leçon PB

LESSON TEST I

1. Où est-ce qu'on met les glaçons?
2. Tu connais les voisins? Ils sont sympas?
3. Qu'est-ce que je fais avec les verres sales?
4. J'ai mes draps, ma couverture et mon oreiller.
5. Il me faut du café le matin.
6. Après le dîner chaque soir, qu'est-ce qu'il faut faire?

LESSON TEST II

1. J'ai un rendez-vous demain, mais ma chemise n'est pas impeccable. Je fais quoi?
2. Il me faut l'aspirateur. Il est où?
3. Qu'est-ce qu'il faut faire juste avant de manger?
4. Tiens, je mets la glace où?
5. Tu as déjà fait ton lit, toi?
6. Tu as besoin de quoi pour faire la lessive?

Unité 1
Leçon 1A

LESSON TEST I

1. Il est midi trente. Vincent rencontre Lili dans le parc. Vincent demande:
   VINCENT Dis, Lili, tu veux déjeuner avec moi?
   LILI Merci, mais je n'ai pas très faim.
   VINCENT Ah bon? Quand est-ce que tu as pris ton petit-déjeuner?
2. Alexie et Solène dînent au restaurant. Alexie demande:
   ALEXIE Qu'est-ce que tu veux—le bœuf ou les fruits de mer?
   SOLÈNE Les fruits de mer, bien sûr!
   ALEXIE Tu n'aimes pas la viande?

3. Madame Dupont vient de rentrer à la maison. Elle demande à son mari:
   MME DUPONT Chéri, à quelle heure est-ce qu'on dîne?
   M. DUPONT À sept heures et demie.
   MME DUPONT Bon. Et qu'est-ce que tu as préparé?
   M. DUPONT Des pâtes avec des saucisses.
   MME DUPONT Mmm… délicieux! Et pour le dessert?
4. Paméla fait les courses au marché. Le marchand de légumes lui demande:
   MARCHAND Vous désirez, Mademoiselle?
   PAMÉLA Deux poivrons, s'il vous plaît.
   MARCHAND Et avec ça?
5. Madame Aubin parle à son mari. Elle demande:
   MME AUBIN Dis, Pierre, est-ce que tu peux faire les courses?
   M. AUBIN Oui, bien sûr. Qu'est-ce que je dois acheter?

Listening Scripts

LESSON TEST II

1. Il est sept heures du matin. Laurent et Matthieu vont prendre le petit-déjeuner.
   LAURENT Dis Matthieu, tu veux quoi pour le petit-déjeuner?
   MATTHIEU Je prends un jus d'orange, s'il te plaît.
   LAURENT Et à manger?
2. Léa et Zoé dînent au restaurant.
   LÉA Qu'est-ce que tu veux, le porc ou les fruits de mer?
   ZOÉ Le porc, bien sûr.
   LÉA Tu n'aimes pas les fruits de mer?
3. Madame Fournier rentre à la maison. Elle parle à son mari.
   MME FOURNIER Claude, à quelle heure est-ce qu'on dîne?
   M. FOURNIER À sept heures.
   MME FOURNIER Qu'est-ce que tu as préparé?
   M. FOURNIER Des pommes de terre et du bœuf.
   MME FOURNIER Délicieux! Et comme dessert?
4. Pénélope et Philippe font les courses.
   PÉNÉLOPE Alors, on a besoin de quoi pour la salade?
   PHILIPPE Je vais chercher les tomates.
   PÉNÉLOPE Bon, et moi, je prends les poivrons.
5. Monsieur Quintal parle à sa femme.
   M. QUINTAL Dis, Claire, est-ce que tu peux aller au marché. J'ai besoin de fruits.
   MME QUINTAL Oui, bien sûr. Qu'est-ce que je dois acheter?

Leçon 1B

LESSON TEST I

1. Nina déjeune chez Guillaume. Nina dit:
   NINA Dis, Guillaume, j'ai besoin d'un couteau.
   GUILLAUME Et voilà un couteau! Mais c'est pour quoi faire?
2. Madame Lebeau est au marché. Le marchand de fruits et légumes demande:
   MARCHAND Vous désirez, Madame?
   MME LEBEAU Il me faut un kilo de tomates, s'il vous plaît.
   MARCHAND Et avec ça?
   MME LEBEAU Donnez-moi aussi un kilo de champignons.
   MARCHAND Voilà, Madame.
   MME LEBEAU Ça fait combien?
3. Céline et Olivier font les courses. Céline demande:
   CÉLINE Combien coûtent les poivrons verts?
   OLIVIER Un euro cinquante le kilo.
   CÉLINE Et les poivrons rouges?
   OLIVIER Ils sont plus chers.
   CÉLINE Combien coûtent-ils?
4. Alain et Mai-Ly parlent du nouvel appartement de Mai-Ly. Elle dit:
   MAI-LY J'adore mon nouvel appartement.
   ALAIN Où est-il?
   MAI-LY Il est au 25 rue des Marronniers.
   ALAIN Il faut me donner l'adresse!
5. Pauline et Antoine dînent au restaurant. Pauline demande:
   PAULINE Alors, qu'est-ce que tu veux?
   ANTOINE Une omelette aux oignons.
   PAULINE C'est tout?

LESSON TEST II

1. Isabelle dîne chez Éric.
   ISABELLE Éric, il me faut une cuillère, s'il te plaît.
   ÉRIC Tiens, prends cette cuillère. C'est pour quoi faire?
2. Monsieur Girard va au supermarché.
   M. GIRARD Je prends de la moutarde au supermarché, chérie?
   MME GIRARD Oui. Prends aussi des boîtes de conserve, s'il te plaît.
   M. GIRARD D'accord. Je vais aussi passer à la pâtisserie. J'achète une tarte?
3. Marion et Maxime sont à la boucherie.
   MARION Combien coûte le bœuf?
   MAXIME Cinq euros quatre-vingt-dix le kilo.
   MARION Et le poulet?
   MAXIME Il est moins cher.
   MARION Combien coûte-il?
4. Amandine et Romain parlent de Sarah, la sœur de Romain.

AMANDINE Alors, ta sœur aime l'université?
ROMAIN Oui, ses cours, ça va et elle a de nouveaux amis.
AMANDINE Ah bon? Tu lui parles souvent?
ROMAIN Non, mais elle m'envoie des e-mails fréquemment.
AMANDINE Combien de fois par semaine?

5. Laura et Geoffroy sont dans le salon. Ils parlent d'une assiette assez spéciale.
LAURA Geoffroy, tu disais que tu as une assiette spéciale.
GEOFFROY Oui, c'est un vieil objet de famille.
LAURA Ah bon?
GEOFFROY Oui, l'assiette était à mon arrière-grand-mère. C'était un de ses cadeaux de mariage.

Unité 2
Leçon 2A

LESSON TEST I

1. Alice parle à François.
—Avec quoi est-ce que tu te laves?
2. Alice parle à Géraldine.
—À quelle heure est-ce que tu te couches?
3. Alice parle à Thierry.
—Pourquoi est-ce que tu te couches?
4. Alice parle à Coralie.
—Pourquoi te reposes-tu?
5. Alice parle à Gilles.
—Où est-ce que je m'assieds?
6. Alice parle à Anne-Marie.
—Tu te promènes souvent dans le parc?
7. Alice parle à Roger.
—Qu'est-ce que tu as dans la bouche?
8. Alice parle à Paul.
—Pourquoi est-ce que tu te dépêches?
9. Alice parle à Claudine.
—Comment est-ce que tu vas t'habiller pour ton rendez-vous?
10. Alice parle à Abdul.
—Qu'est-ce que tu mets aux pieds?

LESSON TEST II

1. Grégoire parle à Mélanie.
—Avec quoi est-ce que tu te brosses les dents?
2. Grégoire parle à Delphine.
—À quelle heure est-ce que tu te réveilles?
3. Grégoire parle à Suzanne.
—Pourquoi tu te maquilles?
4. Grégoire parle à Raphaël.
—Pourquoi est-ce que tu te couches?
5. Grégoire parle à Vincent.
—Tu ne t'entends pas bien avec Laure?
6. Grégoire parle à Michel.
—Où se trouve le réveil?
7. Grégoire parle à Cécile.
—Qu'est-ce que tu portes aux pieds?
8. Grégoire parle à Marc.
—Pourquoi t'assieds-tu?
9. Grégoire parle à Céline.
—Qu'est-ce que tu as sur le visage?
10. Grégoire parle à Ousmane.
—Tu te reposes après les cours?

Leçon 2B

LESSON TEST I

1. Pourquoi tu prends de l'aspirine?
2. Pourquoi le médecin t'a fait une piqûre?
3. Est-ce que Nathalie s'est bien amusée à la fête?
4. Pardon, Monsieur. Est-ce que le bus est déjà passé?
5. Tu fais souvent du jogging, n'est-ce pas?
6. Tu vas chez Pascal ce soir?
7. Oh là là. Qu'est-ce qui t'est arrivé?
8. C'est quand, l'examen de maths?
9. Pourquoi tu vas à la pharmacie?
10. Pourquoi tu ne prends pas de médicaments?

LESSON TEST II

1. Pourquoi est-ce que tu es déprimé?
2. Pourquoi le médecin t'a donné une ordonnance?
3. Est-ce que Daniel va bien après l'accident?
4. Tu t'es blessé?
5. Tu vas souvent à ce marché, n'est-ce pas?
6. Tu vas chez le médecin demain?
7. Tu as l'air triste. Qu'est-ce qu'il y a?
8. Tu connais l'adresse de Zoé?
9. Pourquoi tu vas chez le dentiste?
10. Tu travailles aux urgences?

Unité 3
Leçon 3A

LESSON TEST I

1. Gaëlle aime Robert et Robert aime Gaëlle. Ils vont se marier.
2. J'ai fait la connaissance de Rose, à la fête chez Amélie, la semaine dernière.
3. Jean-Paul était connecté avec Lise pendant deux heures.

4. Malika et Bertrand se sont disputés. Maintenant ils ne s'aiment plus du tout.
5. Je dis «bonjour» à mon voisin tous les matins et lui, il me répond «bonjour».

LESSON TEST II

1. Monsieur et Madame Le Petit sont divorcés depuis l'année dernière.
2. Jeanne et Éric adorent bavarder.
3. J'envoie des e-mails à ma cousine et elle me répond.
4. Monique Richard? Non, je ne me souviens pas de ce nom.
5. Jacques a fait la connaissance de Delphine au lycée.

Leçon 3B

LESSON TEST I

1. Où est-ce que tu as appris à conduire?
2. Est-ce que tu vas faire le plein d'essence?
3. Est-ce que je peux conduire un peu?
4. Qu'est-ce qu'il y a dans le coffre?
5. Qu'est-ce que tu regardes dans le rétroviseur?
6. Tu sais réparer une voiture?
7. Qu'est-ce que tu utilises pour arrêter la voiture?
8. Où est-ce que tu vas te garer?

LESSON TEST II

1. Quand est-ce que tu as obtenu ton permis de conduire?
2. Tu as déjà eu une amende?
3. Est-ce que tu es déjà tombée en panne?
4. Y a-t-il toujours beaucoup de voitures sur l'autoroute à cette heure-ci?
5. Qu'est-ce que tu fais si tu rentres dans une autre voiture?
6. Est-ce qu'il faut mettre les essuie-glaces?
7. Où se trouve le moteur?
8. Comment est-ce que tu sais s'il y a des voitures derrière toi?

Unité 4
Leçon 4A

LESSON TEST I

1. Yannick téléphone à Anne-Laure.
   YANNICK Qu'est-ce que tu fais samedi matin?
   ANNE-LAURE Je ne fais rien de spécial.
   YANNICK Tu veux m'accompagner à la poste?
2. Ketty et Nathalie sont au café.
   KETTY Qu'est-ce que tu as fait hier soir?
   NATHALIE Je suis allée à la bijouterie à côté.
   KETTY Qu'est-ce que tu as acheté?
3. Lise parle à sa camarade de chambre, Sophie.
   LISE Tu sors?
   SOPHIE Oui, je vais au cybercafé.
   LISE Ah bon? Pourquoi?
4. Nicole parle à son copain, Gilles.
   NICOLE Où vas-tu?
   GILLES Je vais à la bijouterie.
   NICOLE Ah bon? Qu'est-ce que tu vas y faire?
5. Patricia parle à Jacques.
   PATRICIA Tu reviens du café, n'est-ce pas?
   JACQUES Oui. Pourquoi?
   PATRICIA Est-ce que tu as rencontré Nathalie?

LESSON TEST II

1. Étienne parle à Geneviève.
   ÉTIENNE Tu as fait quoi ce week-end?
   GENEVIÈVE J'ai ouvert un compte-chèques et j'ai retiré de l'argent.
   ÉTIENNE Tu as aussi un compte d'épargne?
2. Lucille et Sahel sont au café.
   LUCILLE Qu'est-ce que tu as fait hier soir?
   SAHEL Je suis allé au commissariat de police.
   LUCILLE Pour quoi faire?
3. Daniel parle à son camarade de chambre, Robert.
   DANIEL Je vais à la poste.
   ROBERT Tu peux me rendre un petit service?
   DANIEL Bien sûr, de quoi est-ce que tu as besoin?
4. Catherine parle à son copain, Marc.
   CATHERINE Tu as l'air content, toi.
   MARC Oui, je viens d'apercevoir le facteur.
   CATHERINE Ah bon? Tu attends quelque chose?
5. Marcel parle à Juliette.
   MARCEL Est-ce que tu reviens du centre-ville?
   JULIETTE Oui. Pourquoi?
   MARCEL Tu es allée au cybercafé?

Leçon 4B

LESSON TEST I

1. Sarah et André visitent Montréal.
   SARAH Tu sais où se trouve la mairie?
   ANDRÉ Oui, on continue tout droit. C'est tout près d'ici.
2. Richard et Laure font les courses.
   LAURE Dis, Richard, je dois aller à la poste.
   RICHARD D'accord. Mais où est la poste dans ce quartier?
3. Gabriel et Caroline visitent une ville pour la première fois.
   GABRIEL On doit être à un carrefour ici.
   CAROLINE Mais il n'y a qu'un pont.
   GABRIEL Alors, où sommes-nous?
4. Robert et Claire parlent du week-end prochain.
   ROBERT Qu'est-ce que tu vas faire samedi?
   CLAIRE J'ai envie de faire un pique-nique à la campagne.

Listening Scripts

ROBERT Et s'il fait mauvais?

5. Jean-Philippe et Mélanie rêvent de la fin des cours.
   JEAN-PHILIPPE Qu'est-ce que tu feras cet été?
   MÉLANIE Je suppose que j'irai en vacances à l'étranger. Et toi?
   JEAN-PHILIPPE J'attends une réponse pour aller étudier à Boston.
   MÉLANIE Ah bon? Quand est-ce que tu sauras?

LESSON TEST II

1. Alain et Marguerite visitent Québec.
   ALAIN Tu sais où se trouve la poste?
   MARGUERITE Oui, on descend cette rue. Ce n'est pas loin.
2. Janine et Albert font les courses.
   JANINE Dis Albert, je dois aller à la banque.
   ALBERT D'accord. Mais où est la banque dans ce quartier?
3. Max et Anna visitent Nice pour la première fois.
   MAX Où est le pont dont Sylvie nous a parlé?
   ANNA Je ne sais pas.
   MAX Alors, qu'est-ce qu'on fait?
4. Angélique et Bastien parlent de l'été prochain.
   ANGÉLIQUE Qu'est-ce que tu vas faire cet été? Tu restes ici en France?
   BASTIEN Non, j'ai envie de voyager à l'étranger.
   ANGÉLIQUE Et si tu n'as pas assez d'argent?
5. Solange et Pierre-Antoine parlent du pique-nique de demain.
   SOLANGE Tu penses qu'il pleuvra demain?
   PIERRE-ANTOINE Oui, j'ai écouté la météo. Il faudra apporter les parapluies.
   SOLANGE Les parapluies? Mais, et le pique-nique alors!

Unité 5
Leçon 5A

LESSON TEST I

1. Jérôme téléphone à une entreprise.
   RÉCEPTIONNISTE Allô? Compagnie Michel et fils, bonjour!
   JÉRÔME Je voudrais parler à Madame Desjardins, s'il vous plaît.
   RÉCEPTIONNISTE C'est de la part de qui?
   JÉRÔME De la part de Jérôme Lafontaine.
2. Jean-Paul téléphone à ses copains.
   BRUNO Allô?
   JEAN-PAUL Ah, c'est toi, Bruno. Dis, est-ce que Nicole est là?
   BRUNO Non, je regrette, elle est partie.
   JEAN-PAUL Je peux lui laisser un message?
3. Youssef parle à Serge.
   YOUSSEF Tu as aimé l'entreprise où tu as passé l'entretien hier?
   SERGE Oui, mais je préfère l'entreprise où je suis allé la semaine dernière.
4. Bruno lit le journal. Il parle à Gisèle.
   BRUNO Alors, il y a deux postes intéressants dans le journal.
   GISÈLE Auquel vas-tu postuler?
5. Grégoire et Chantal parlent de l'avenir.
   CHANTAL Qu'est-ce que tu recherches dans une entreprise?
   GRÉGOIRE Surtout de pouvoir obtenir une expérience professionnelle.
   CHANTAL Et un bon salaire, j'imagine?

LESSON TEST II

1. Ariel téléphone à une entreprise.
   RÉCEPTIONNISTE Allô? Compagnie Chouinard, bonjour!
   ARIEL Je voudrais parler à Monsieur Leblanc, s'il vous plaît.
   RÉCEPTIONNISTE Désolée, mais il n'est pas là.
2. Gaston essaie de téléphoner à son copain, Marcel.
   M. DUCHARME Allô?
   GASTON Oui, Monsieur Ducharme? Est-ce que Marcel est là?
   M. DUCHARME Non, je regrette, il vient de partir.
   GASTON Je peux lui laisser un message, s'il vous plaît?
3. Virginie parle à Carole.
   VIRGINIE Tu cherches toujours un travail?
   CAROLE Oui. En fait, j'ai passé un entretien il y a trois jours avec une des chefs du personnel de ta société.
4. Anne-Laure surfe sur Internet pour trouver du travail. Elle parle à Karim.
   ANNE-LAURE Alors, j'ai trouvé un poste intéressant ce matin sur Internet.
   KARIM Ah bon? Pour quel type de compagnie?
   ANNE-LAURE Une entreprise de technologie. Malheureusement, je ne connais personne dans ce domaine.
   KARIM Ce n'est pas vrai! Tu as oublié que Nicole travaille pour ce type de compagnie!
5. Élisabeth et Fabrice parlent de l'été.
   ÉLISABETH Tu as fait des projets pour l'été?
   FABRICE Oui, j'ai envie de trouver un stage.
   ÉLISABETH Ça, c'est une excellente idée.

Leçon 5B

LESSON TEST I

1. Que fait ta sœur, Mélanie?
2. Pourquoi Monsieur Delmas a-t-il embauché un conseiller?
3. Eh, Pauline, pourquoi tu te dépêches?

4. Salut, Patrick. Est-ce qu'il y a un problème avec l'eau dans ton appartement?
5. Dis, Thérèse, pourquoi tu étudies tellement la biologie et la physique?

LESSON TEST II

1. Que fait ton frère, Olivier?
2. Pourquoi Madame Sylvain a-t-elle embauché un agent immobilier?
3. Eh, Pauline, pourquoi tu te dépêches?
4. Salut, Élodie. Est-ce que ton chien est malade?
5. Dis, Alain, tu as eu une augmentation de salaire?

Unité 6

Leçon 6A

LESSON TEST I

1. Philippe dit:
   —Il faut que le gouvernement interdise les déchets toxiques.
   —Pourquoi?
2. Fatima dit:
   —Il est essentiel qu'on partage la voiture avec d'autres personnes.
   —Pourquoi?
3. Sami dit:
   —Il est nécessaire qu'on contrôle la surpopulation.
   —Pourquoi?
4. Bruno dit:
   —Alors, il faut qu'on protège l'environnement.
   —Pourquoi?
5. Chantal dit:
   —Il vaut mieux que tout le monde recycle.
   —Pourquoi?

LESSON TEST II

1. François dit:
   —Il faut qu'on utilise plus d'énergie solaire.
   —Pourquoi?
2. Michèle dit:
   —Il est nécessaire que le gouvernement propose des lois pour ne pas gaspiller l'eau.
   —Pourquoi?
3. Yvonne dit:
   —Il est indispensable qu'on achète des produits recyclables.
   —Pourquoi?
4. Guillaume dit:
   —Il est essentiel qu'on fasse attention quand on cuisine en plein air.
   —Pourquoi?
5. Christelle dit:
   —Il est dommage que beaucoup d'usines polluent l'environnement.
   —Pourquoi?

Leçon 6B

LESSON TEST I

1. Renée et Vincent font un pique-nique.
   RENÉE Si on s'arrêtait ici?
   VINCENT Bon, j'ai soif. Qu'est-ce que tu as apporté comme boisson?
2. Maintenant ils font une promenade.
   RENÉE Regarde cet animal dans l'arbre. Qu'est-ce que c'est?
3. Ils continuent leur promenade.
   RENÉE Oh! Fais attention où tu marches!
   VINCENT Pourquoi?
4. Un peu plus tard.
   VINCENT J'ai chaud. Et toi?
   RENÉE Moi aussi. Si on continuait près du lac?
   VINCENT D'accord.
5. Ils parlent de l'environnement.
   VINCENT Tu vois cette plante là-bas?
   RENÉE Oui, il faut y faire attention.
   VINCENT Pourquoi?
   RENÉE C'est une espèce menacée.

LESSON TEST II

1. Serge et Jennifer se promènent dans la forêt.
   SERGE Je propose qu'on prenne ce sentier.
   JENNIFER Celui-ci? Mais c'est quoi, cet animal sous cette pierre?
2. Ils regardent une partie de la forêt qui n'a plus d'arbres.
   JENNIFER Je suis triste qu'on détruise les arbres pour leur bois.
3. Ils continuent leur promenade.
   SERGE Tu souhaites faire un pique-nique?
   JENNIFER Oui, allons près de l'eau.
4. Un peu plus tard.
   JENNIFER Regarde, là—dans l'arbre!
   SERGE Qu'est-ce qu'il y a?
5. Ils sont presque prêts à partir.
   JENNIFER Il commence à faire nuit.
   SERGE Oui, le ciel est beau à cette heure-ci.
   JENNIFER Tu veux qu'on reste un peu?

Unité 7
Leçon 7A

LESSON TEST I

1. Renaud téléphone à Anne-Marie.
   RENAUD Tu veux aller au théâtre avec moi samedi prochain?
   ANNE-MARIE Oui, je veux bien. Qu'est-ce qu'on joue?
   RENAUD Une pièce de Molière.
   ANNE-MARIE D'accord. Elle commence à quelle heure?
2. Alice parle à Richard.
   ALICE J'ai deux billets pour le concert ce week-end. Tu en veux un?
   RICHARD Non, merci. J'ai déjà le mien. Mais alors, on va se voir au concert!
3. Jean-François parle à Lise.
   JEAN-FRANÇOIS Qu'est-ce que tu vas faire ce week-end?
   LISE Je vais profiter du beau temps.
   JEAN-FRANÇOIS Ah oui? Et faire quoi?
4. Brigitte parle à Louis-André.
   BRIGITTE Tu aimes aller aux spectacles?
   LOUIS-ANDRÉ Oui, bien sûr.
   BRIGITTE Tu préfères voir quel genre?
   LOUIS-ANDRÉ J'adore les comédies musicales.
   BRIGITTE Ah bon? Pourquoi?
5. Thérèse parle à Vincent.
   THÉRÈSE Qu'est-ce que tu as pensé du concert d'hier soir?
   VINCENT Ils ont bien joué, surtout celui qui a joué de la batterie.
   THÉRÈSE Mais tu as l'air déçu. Qu'est-ce qu'il y a?

LESSON TEST II

1. Abdel téléphone à Ingrid.
   ABDEL Est-ce que tu as envie d'aller voir une comédie musicale avec moi?
   INGRID Oui, avec plaisir. Laquelle?
   ABDEL *Les Misérables.*
   INGRID C'est celle que j'aime le plus! Qui joue le rôle de Cosette?
2. Octave parle à Jeanne-Marie.
   OCTAVE Dis, tu n'aimes pas le concert?
   JEANNE-MARIE Pourquoi est-ce que tu dis ça?
   OCTAVE Parce que tu n'applaudis pas.
3. Anne-Sophie parle à Xavier.
   ANNE-SOPHIE Tu fais de la musique, n'est-ce pas?
   XAVIER Oui, je suis membre d'un orchestre.
   ANNE-SOPHIE Ah oui? Tu fais quoi?
4. Madeleine parle à Fernand.
   MADELEINE Qu'est-ce que tu as pensé du concert de Tristan?
   FERNAND Franchement, il est certain qu'il n'est pas très doué. Le sien est le moins bon de tous ceux auxquels j'ai assisté.
   MADELEINE Tu crois que ce soit mieux qu'il le sache?
5. Blandine parle à Annique.
   BLANDINE Ce dramaturge est vraiment doué, n'est-ce pas?
   ANNIQUE Oui, la pièce de théâtre était magnifique.
   BLANDINE En plus, il est évident que la troupe l'admire.

Leçon 7B

LESSON TEST I

1. C'est lundi matin. Louise et Michel parlent du week-end.
   MICHEL Qu'est-ce que tu as fait samedi après-midi?
   LOUISE Je suis allée au ciné. Et toi?
   MICHEL Moi, j'ai vu une exposition.
   LOUISE Ah bon? Où?
2. Caroline et Didier parlent de *Harry Potter*.
   CAROLINE Tu as lu tous les livres de *Harry Potter*?
   DIDIER Bien sûr. Plusieurs fois.
   CAROLINE Que penses-tu de l'auteur?
3. Cédric parle à Anne.
   CÉDRIC Pourquoi tu sors maintenant?
   ANNE J'ai envie de faire des achats.
   CÉDRIC Mais tu n'as pas entendu la météo?
   ANNE Non. Pourquoi?
4. Suzanne et Gaston parlent d'expositions.
   SUZANNE Tu sais, il y a plusieurs expositions en ce moment.
   GASTON Oui, je sais, mais je n'aime pas tellement faire les musées.
   SUZANNE Pourquoi?
   GASTON Je les trouve ennuyeux.
5. Anne parle à Charles.
   ANNE Qu'est-ce que tu fais cet après-midi?
   CHARLES Rien de spécial. Pourquoi?
   ANNE Tu veux aller à un événement littéraire avec moi?
   CHARLES Tu sais, je n'aime pas tellement écouter des poèmes.

LESSON TEST II

1. C'est lundi matin. Yolande et Nassim parlent du week-end.
   YOLANDE Tu as fait quoi ce week-end?
   NASSIM J'ai fait les musées avec Delphine. Et toi?

Listening Scripts

YOLANDE Moi, je suis allée au cinéma avec Pierre.
NASSIM Ah bon? Qu'est-ce que vous avez vu?

2. Annabelle et Jean-Benoît parlent de télé.
JEAN-BENOÎT Normalement, qu'est-ce que tu regardes le mardi soir?
ANNABELLE Les infos et puis un jeu télévisé. Et toi?
3. Cyril parle à Catherine.
CYRIL Que penses-tu de ce tableau?
CATHERINE Il est extraordinaire.
4. Paul-Édouard et Aimée font des projets pour demain.
PAUL-ÉDOUARD Tu veux aller au musée des beaux-arts avec moi?
AIMÉE Tu sais bien que je préfère aller au cinéma.
PAUL-ÉDOUARD Mais il y a une exposition d'art nouveau qui m'intéresse.
5. Corinne parle à Daniel.
CORINNE Tu aimes la sculpture, n'est-ce pas?
DANIEL Oui, j'adore. Pourquoi?
CORINNE Il y a une nouvelle exposition au musée Rodin. Si on y allait?

LISTENING SCRIPTS TO UNIT TESTS

Listening Scripts

Unité préliminaire

UNIT TEST I

1. Quand j'étais jeune, je n'aimais pas passer l'aspirateur.
2. Valentine faisait la vaisselle le mardi et le jeudi.
3. Ils ont acheté un nouvel aspirateur hier.
4. Quand Pierre est parti, il a pris la cafetière.
5. Lundi, on a mis des étagères dans ta chambre.
6. Après le repas, on débarrassait la table tout de suite.
7. Nous avons loué un studio en face de chez vous.
8. Le loyer de cette résidence universitaire n'était pas trop cher.

UNIT TEST II

1. J'ai reconnu mon voisin dans l'escalier.
2. Quand nous étions plus jeunes, nous vivions dans un deux-pièces.
3. Ce samedi-là, Omar a apporté des fleurs à Maryse.
4. Vous avez pris une douche vers sept heures.
5. Leur propriétaire n'habitait pas dans le même immeuble.
6. Tu changeais souvent les affiches dans ta chambre.
7. L'immeuble était vieux, mais intéressant.
8. On a décidé de ne pas louer ce logement.

Unité 1

UNIT TEST I

1. Est-ce que cette boulangerie est bien?
2. Tu as déjà essayé cette boucherie?
3. Tu veux un peu de confiture de fraises?
4. Que prenez-vous en entrée?
5. Est-ce qu'il faut arrêter de manger du thon?
6. Qu'est-ce qu'il te faut du supermarché?
7. Vous avez sorti les belles assiettes?
8. Tu préfères des haricots ou des petits pois avec ton steak?

UNIT TEST II

1. Est-ce qu'on mange bientôt?
2. Vous voulez un peu plus de carottes que ça?
3. Comment est le pâté?
4. Quel est votre meilleur pain?
5. Qui mange le plus de fruits ici?
6. Cette sauce est délicieuse. Comment tu la fais?
7. Vous allez changer la nappe, n'est-ce pas?
8. Tu veux essayer mon plat?

Unité 2

UNIT TEST I

1. —Je suis allée chez mon docteur et il m'a fait une piqûre.
—Où ça?
2. —Est-ce que je suis bien coiffé?
—Oui, ça va.
—Est-ce que je me rase?
3. —Tu t'es déjà foulé la cheville?
—Non, mais je me suis foulé autre chose.
—Quoi?
4. —J'ai un peu mal au cœur.
—Tu as trop mangé peut-être. Tu veux un thé chaud?
5. —Ça vous fait mal ici?
—Non, pas vraiment.
—Et là?
6. —Vous avez une ordonnance pour ce médicament?
—Non. Il en faut une?
—Oui, vous devez en avoir une.

7. —Bonjour M. Ferrand. Vous allez mieux?
   —En pleine forme!
   —Et votre grippe?
8. —D'après vos symptômes, vous avez une allergie.
   —Ah. Qu'est-ce que je peux faire pour aller mieux?

UNIT TEST II

1. —Les enfants se sont couchés?
   —Oui, ils étaient fatigués.
   —Ils vont lire un peu?
2. —Tu t'es brossé les dents?
   —Oui, maman.
   —Tu t'es lavé le visage?
3. —Qu'est-ce qu'il y a, mon chéri?
   —Je me suis fait mal.
   —Tu as mal où?
4. —Tu es bientôt prête à partir?
   —Je dois juste me coiffer.
   —J'ai le temps de me raser, alors?
5. —Où sont les brosses à dents?
   —À côté du dentifrice.
   —Et où est le dentifrice?
6. —Demain, je dois me lever à 5h00.
   —C'est plus tôt que d'habitude.
   —Je te réveille ou pas?
7. —Je me maquille toujours les yeux en premier.
   —Ah bon. Moi, c'est les joues.
   —C'est drôle. Je finis avec les joues.
8. —Vous prenez votre douche le soir ou le matin?
   —Je me douche souvent avant de me coucher.
   —Et le matin?

Unité 3

UNIT TEST I

1. Tarek, tu sais conduire?
2. Est-ce que tu utilises ton e-mail souvent?
3. Vous regardez bien dans le rétroviseur avant de démarrer?
4. Tu as enregistré le match avec ton enregistreur DVR?
5. Où est la télécommande?
6. Et vous, vous téléchargez quoi le plus souvent?
7. On se gare dans ce parking pour aller chez Sandrine?
8. Pourquoi est-ce que vous êtes en retard?

UNIT TEST II

1. Est-ce que tu peux me conduire en ville?
2. M. Lucas, qu'est-ce qui s'est passé?
3. Qu'est-ce qu'il faut faire immédiatement quand on rentre dans sa voiture?
4. Tu vas imprimer ou sauvegarder ce document?
5. Il pleut. Tu as allumé tes phares?
6. Le téléphone sonne. On répond?
7. Que faire quand mon ordinateur marche mal?
8. Bonjour monsieur, vous avez votre permis?

Unité 4

UNIT TEST I

1. —Pardon madame, où est la banque la plus proche?
   —C'est facile. Vous continuez tout droit jusqu'à l'avenue Jean Jaurès, puis vous tournez à droite, et la banque sera sur votre gauche.
2. —Bonjour monsieur, je cherche le pont Mirabeau.
   —Le pont Mirabeau? Vous êtes vraiment perdu. Ce n'est pas du tout ici.
3. —S'il vous plaît, quelle est la direction pour Vincennes?
   —D'ici, il vous faut aller direction nord-ouest. Continuez sur cette route. Au carrefour, vous prendrez à droite, puis vous verrez un pont. La route de Vincennes est sur la gauche après ce pont.
4. —Est-ce que tu aperçois un distributeur? J'ai besoin de liquide.
   —J'en vois un là-bas, près de la papeterie.
5. —Pardon monsieur, je cherche la mairie. Est-ce qu'elle est près d'ici?
   —Oui, tout près, à environ 200 mètres, sur votre droite.
6. —Ah! Je suis perdu. Tu peux m'aider à trouver cette bijouterie?
   —D'accord, mais avance, le feu est vert. Continue tout droit, continue, continue... et puis là, tu tournes à gauche, au feu. Voilà. On est dans la bonne rue. La bijouterie est dans le coin.

UNIT TEST II

1. —Bonjour, je voudrais trouver la boutique Cachou s'il vous plaît. Vous savez où elle est?
   —Ah tiens! J'y vais aussi, donc je peux vous y accompagner.
2. —Excusez-moi, je suis nouveau en ville, et je n'arrive pas très bien à m'orienter. Est-ce que je suis près du boulevard Carnot?
   —Non, le boulevard Carnot est plus loin, au sud. Ici, vous êtes tout près de l'avenue Jean Moulins.
3. —Excusez-moi, pourriez-vous me dire comment on va à la poste d'ici?
   —Ce n'est pas difficile. Vous suivez la grande rue St-Michel jusqu'au bout et la poste est sur la droite, au coin du carrefour de l'Odéon.

4. —Est-ce que le commissariat est loin d'ici?
   —Non, je ne pense pas. Je crois qu'il faut continuer tout droit encore pendant trois ou quatre feux, et puis vous le verrez.
5. —Tu sais où est la basilique?
   —Oui, on va monter dans cette rue, et puis on tournera vers la gauche et on y sera presque.
6. —J'ai demandé de l'aide au marchand de journaux, mais il ne connaît pas cette adresse.
   —Viens. Asseyons-nous deux minutes sur ce banc pour réfléchir.

Unité 5

UNIT TEST I

1. Pourquoi voulez-vous travailler pour notre compagnie?
2. Quelle expérience avez-vous dans ce domaine?
3. Aimez-vous travailler en équipe?
4. Pourriez-vous parfois venir au bureau le samedi?
5. Combien gagniez-vous dans votre emploi précédent?
6. Si vous ne recevez aucun congé payé la première année, c'est un problème?

UNIT TEST II

1. Combien d'employés avez-vous?
2. Est-ce que le salaire est intéressant?
3. Est-ce que je pourrais faire carrière chez vous?
4. Vous offrez l'assurance maladie?
5. Est-ce que je pourrai suivre une formation si nécessaire?
6. Est-ce que beaucoup de candidats ont postulé pour cet emploi?

Unité 6

UNIT TEST I

1. —Je prends toujours mes propres sacs quand je vais faire les courses.
   —C'est bien.
2. —Éteins ta lampe quand tu as finis.
   —D'accord, mais pas tout de suite.
3. —Certaines espèces de serpent sont menacées.
   —Oui, par exemple, les boas.
4. —Il y a un gros nuage de pollution sur la ville.
   —Comment tu le sais?
5. —La population croissante de pays comme l'Inde et la Chine m'inquiète.
   —Pourquoi?
6. —Il ne faut pas construire sa maison trop près d'une falaise.
   —Tu as raison, ça peut être dangereux.

UNIT TEST II

1. Regarde cette plante, elle vit dans l'eau.
2. Tu vois l'étoile très brillante, là? C'est quoi?
3. Ces fleurs sur la falaise là-bas sont magnifiques. Je vais faire un bouquet.
4. On va aller visiter les parcs nationaux et la jungle.
5. En France, l'écureuil roux est une espèce menacée d'extinction.
6. Le traité de Kyoto voulait réduire l'effet de serre.

Unité 7

UNIT TEST I

1. Est-ce que vous croyez qu'on peut prendre nos places maintenant?
2. Je doute que cet opéra soit vraiment ton genre.
3. On est allé voir un spectacle de danse magnifique, hier soir.
4. C'est une pièce avec un seul acteur, vraiment? Que fait-il en scène?
5. Au musée hier, on a vu un artiste qui travaillait dans la salle des peintures classiques.
6. Je ne crois pas que cette exposition soit gratuite.

UNIT TEST II

1. La salle a beaucoup aimé le film. Le réalisateur était content.
2. Je ne pense pas que ce groupe vienne dans notre ville.
3. On peut faire les musées ou aller au cinéma. Qu'est-ce que tu préfères?
4. Vous êtes allés à quelle séance?
5. Il restait des places, alors?
6. Cet acteur est parfait pour le rôle.

Unités préliminaire–3 Leçons PA–3B

EXAM I

1. Le pauvre! Il a la grippe.
2. J'espère que ça va aller avec ta veste.
3. Mélina se maquille le matin.
4. Je vais chercher des médicaments à la pharmacie.
5. Joyeux anniversaire!
6. Il me faut une cuillère.
7. Il faut regarder la bouche quand on fait ça.
8. Comme viande, j'aime le poulet.
9. Est-ce qu'elle a déjà fait sa toilette?
10. Il n'est pas en pleine forme aujourd'hui.

EXAM II

1. Je me maquille avant d'aller au travail.
2. Le porc est meilleur que le thon.
3. Il est tombé malade.
4. Je lui offre ce cadeau à l'occasion de son départ en retraite.
5. Qu'est-ce que vous prenez comme plat principal?
6. Tiens! Je t'ai fait une surprise.
7. Malheureusement, Jean-Marc a de la fièvre.
8. Je mets ça sur le visage.
9. Je vais téléphoner au médecin.
10. Il me faut du nouveau maquillage.

Unités 4–7 Leçons 4A–7B

EXAM I

1. Tu préfères la sculpture ou le dessin?
2. Si on faisait notre pique-nique ici?
3. Tu crois que c'est un chef-d'œuvre?
4. Il faut toujours faire la queue et attendre.
5. Est-ce qu'il marche, ce distributeur automatique de billets?
6. Tournez à gauche et allez jusqu'au bout de la rue.
7. J'adore passer du temps à la montagne.
8. On doit voir une fontaine près du pont.
9. Vous suivez ce boulevard jusqu'au carrefour.
10. Il faut que je retire de l'argent.

EXAM II

1. Cette falaise est magnifique!
2. Est-ce que tu connais ce peintre?
3. Traversez la rue et vous verrez l'office du tourisme.
4. Je déteste faire la queue.
5. Je suis perdu–est-ce qu'il y a une banque près d'ici?
6. Le tableau dont tu as parlé est superbe! Je vais le mettre dans le salon.
7. Je dois parler à quelqu'un à propos d'ouvrir un compte bancaire.
8. Il est important qu'on protège cette région et ses animaux.
9. Allez tout droit et continuez jusqu'au feu de signalisation.
10. Cette femme sculpteur est douée, n'est-ce pas?

Unités préliminaire–7 Leçons PA–7B

EXAM I

1. Je n'envoie pas de colis aujourd'hui.
2. La pluie acide pose des problèmes.
3. Aïe! Ça fait mal au bras.
4. Je préfère utiliser les légumes frais de la région.
5. On doit interdire les emballages en plastique.
6. L'infirmier m'a fait une piqûre. Ça va mieux maintenant.
7. Si on veut recevoir du courrier, il faut en envoyer.
8. Il y a vraiment trop de gaspillage.
9. Faire la cuisine à la française n'est pas toujours facile.
10. Ça aide à guérir.

EXAM II

1. Vous allez mieux vous porter maintenant.
2. On doit utiliser combien de poivrons?
3. Il me faut trois timbres, s'il vous plaît.
4. Personne ne poste de lettres le dimanche.
5. N'oubliez pas de sortir la poubelle demain.
6. J'ai envie de devenir chef de cuisine.
7. Est-ce que vous allez me faire une piqûre?
8. Moi, je préfère la cuisine espagnole.
9. Il faut recycler pour aider à sauver la planète.
10. Où se trouve le bureau de poste?

Nom ______________________ Date ______________________

OPTIONAL TEST SECTIONS

Unité préliminaire

ROMAN-PHOTO

Leçon PA

1 **L'appartement de Sandrine** What rooms in Sandrine's apartment are pictured below?

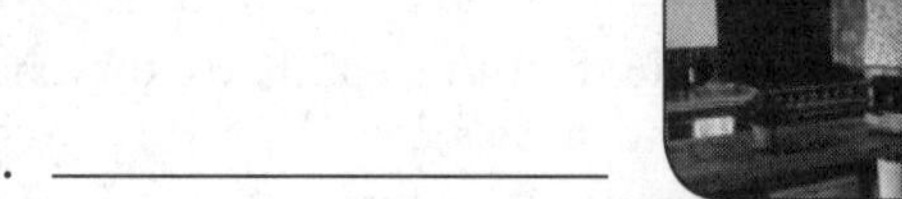

1. ______________

2. ______________

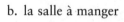

3. ______________

4. ______________

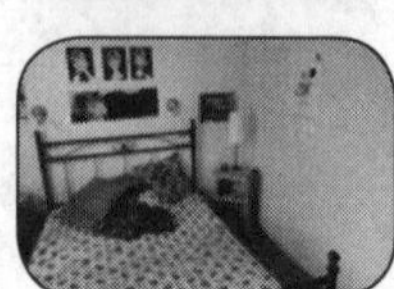

5. ______________

a. le salon

b. la salle à manger

c. la chambre

d. la cuisine

e. la salle de bains

ROMAN-PHOTO

Leçon PB

1 **Choisissez** Select the responses that best answer these questions according to what happened in Roman-photo.

1. ______________ Qui fait son lit?
   a. Stéphane b. Valérie c. Michèle
2. ______________ Qui sort les poubelles?
   a. Stéphane b. Valérie c. Michèle
3. ______________ Qui fait la lessive?
   a. Stéphane b. Valérie c. Michèle
4. ______________ Qui range sa chambre?
   a. Stéphane b. Valérie c. Michèle
5. ______________ Qui débarrasse la table?
   a. Stéphane b. Valérie c. Michèle

Nom ______________________ Date ______________________

Unité 1

ROMAN-PHOTO

Leçon 1A

1 **Choisissez** Select the response that best completes each sentence or answers each question.

1. David et Amina attendent Sandrine…
   a. à la fac. b. au supermarché. c. au marché.
2. Sandrine arrive…
   a. en avance. b. à l'heure. c. en retard.
3. Sandrine va préparer…
   a. des crêpes. b. un poulet à la crème. c. un bœuf bourguignon.
4. Qu'est-ce que Valérie va apporter chez Sandrine?
   a. une salade b. un dessert c. rien
5. Qui paie au supermarché?
   a. Sandrine b. Amina et David c. Sandrine, Amina et David

ROMAN-PHOTO

Leçon 1B

1 **Vrai ou faux?** Indicate whether these statements are **vrai** or **faux**. Correct the false statements.

	Vrai	Faux
1. Amina aide Sandrine dans la cuisine. ______________________	❍	❍
2. Stéphane donne des chocolats à Sandrine. ______________________	❍	❍
3. David donne des fleurs à Sandrine. ______________________	❍	❍
4. Stéphane et Amina mettent la table. ______________________	❍	❍
5. Sandrine est au régime. ______________________	❍	❍

Optional Test Sections

Nom ____________________ Date ____________________

Unité 2

ROMAN-PHOTO

Leçon 2A

1 **Choisissez** With what object do you most associate these activities?

_______ 1. se sécher
a. des vêtements b. une serviette de bain c. du savon

_______ 2. se brosser les dents
a. du savon b. du maquillage c. du dentifrice

_______ 3. se laver
a. un rasoir b. du savon c. un réveil

_______ 4. se raser
a. du maquillage b. un réveil c. un rasoir

_______ 5. se lever
a. un miroir b. du dentifrice c. un réveil

_______ 6. se regarder
a. une brosse b. un miroir c. du maquillage

ROMAN-PHOTO

Leçon 2B

1 **Identifiez** Match these photos with their captions.

a. un médicament d. la piqûre
b. le genou e. la cheville
c. la jambe f. le pied

1. ____________________ 

4. ____________________ 

2. ____________________ 

5. ____________________ 

3. ____________________ 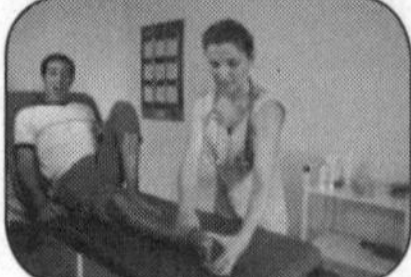

6. ____________________ 

Nom ____________________ Date ____________________

Unité 3

ROMAN-PHOTO

Leçon 3A

1 **Vrai ou faux?** Indicate whether these statements are **vrai** or **faux**. Correct the false statements.

	Vrai	Faux
1. David ne peut pas se concentrer à cause de la musique.	❍	❍
______________________________		
2. Technofemme et Cyberhomme ont beaucoup de choses en commun.	❍	❍
______________________________		
3. Amina a l'intention de rencontrer Cyberhomme.	❍	❍
______________________________		
4. Rachid retrouve la dissertation de David.	❍	❍
______________________________		
5. Cyberhomme, c'est Stéphane.	❍	❍
______________________________		

ROMAN-PHOTO

Leçon 3B

1 **Choisissez** Select the response that best completes these sentences.

1. Rachid offre ____________ à Amina.	a. de l'essence
2. Il y a ____________ allumé dans la voiture de Rachid.	b. un voyant
3. Rachid a ____________ crevé.	c. l'huile
4. À la station-service, Rachid achète ____________.	d. un pneu
5. Le mécanicien vérifie ____________.	e. des fleurs

Optional Test Sections

Nom ______________________ Date ______________________

Unité 4

ROMAN-PHOTO

Leçon 4A

1 **Vrai ou faux?** Indicate whether these statements are **vrai** or **faux**. Correct the false statements.

	Vrai	Faux
1. La charcuterie accepte les cartes de crédit.	❍	❍
2. Amina emprunte de l'argent à Rachid.	❍	❍
3. La banque est fermée parce que c'est dimanche.	❍	❍
4. Rachid et Amina vont faire des courses ensemble dans l'après-midi.	❍	❍
5. Amina vend ses bijoux et ses vêtements dans des boutiques.	❍	❍
6. Les quatre amis vont aller dans une brasserie.	❍	❍

ROMAN-PHOTO

Leçon 4B

1 **Identifiez** Identify the person described in each statement according to what happened in Roman-photo.

______ 1. Il/Elle cherche le bureau de poste.

a. Sandrine b. Amina c. Rachid d. David e. Stéphane f. le touriste

______ 2. Il/Elle chante très mal.

a. Sandrine b. Amina c. Rachid d. David e. Stéphane f. le touriste

______ 3. Il/Elle n'aime pas Pauline Ester.

a. Sandrine b. Amina c. Rachid d. David e. Stéphane f. le touriste

______ 4. Il/Elle pense que le bureau de poste est à côté de l'office du tourisme.

a. Sandrine b. Amina c. Rachid d. David e. Stéphane f. le touriste

______ 5. Il/Elle pense que le bureau de poste est à côté de la gare.

a. Sandrine b. Amina c. Rachid d. David e. Stéphane f. le touriste

______ 6. Il/Elle sait où se trouve le bureau de poste.

a. Sandrine b. Amina c. Rachid d. David e. Stéphane f. le touriste

Nom ______________________ Date ______________________

Unité 5

ROMAN-PHOTO

Leçon 5A

1 **Vrai ou faux?** Indicate whether these statements are **vrai** or **faux**. Correct the false statements.

	Vrai	Faux
1. Stéphane va étudier la médecine.	❍	❍
2. Michèle va étudier l'architecture.	❍	❍
3. Caroline cherche un travail au P'tit Bistrot.	❍	❍
4. Michèle cherche un travail de réceptionniste.	❍	❍
5. Astrid va aller à l'Université de Marseille.	❍	❍
6. Stéphane va aller à l'Université de Bordeaux.	❍	❍
7. Caroline parle anglais.	❍	❍

ROMAN-PHOTO

Leçon 5B

1 **Expliquez** Explain why each of these characters is upset or worried according to what happened in Roman-photo.

1. ______________________

2. ______________________

3. ______________________

1.

2.

3.

Optional Test Sections

Nom _______________ Date _______________

Unité 6

ROMAN-PHOTO

Leçon 6A

1 **Choisissez** Select the response that best completes each sentence.

_______ 1. David rentre aux États-Unis dans…
a. une semaine. b. deux semaines. c. trois semaines.

_______ 2. Le concert de Sandrine est dans…
a. une semaine. b. deux semaines. c. trois semaines.

_______ 3. Michèle n'est pas au P'tit Bistrot parce qu'elle…
a. est malade. b. est en vacances. c. a démissionné.

_______ 4. Rachid propose d'aller…
a. au centre-ville. b. à la montagne Sainte-Victoire. c. au parc pour jouer au foot.

_______ 5. David adore dessiner…
a. en plein air. b. les portraits. c. les fleurs.

ROMAN-PHOTO

Leçon 6B

1 **Qui?** Indicate which character these statements describe. Write **R** for Rachid, **D** for David, **S** for Sandrine, **A** for Amina, **St** for Stéphane and **V** for Valérie.

Amina

David

Rachid

Sandrine

Stéphane

Valérie

_______ 1. Il/Elle propose de visiter la Maison Sainte-Victoire.

_______ 2.Il/Elle va assez souvent à la montagne Sainte-Victoire.

_______ 3. Il/Elle a peur des serpents.

_______ 4. Il/Elle aime bien le fromage.

_______ 5. Il/Elle jette quelque chose par terre.

_______ 6. Ils s'embrassent. (deux personnes)

Unité 7

ROMAN-PHOTO

Leçon 7A

1 **Expliquez** Explain what is happening in each of these photos according to what happened in Roman-photo.

1.

2.

3.

1. ____

____

____

2. ____

____

____

3. ____

____

____

ROMAN-PHOTO

Leçon 7B

1 **Qui?** Indicate which character these statements describe. Write **R** for Rachid, **D** for David, **S** for Sandrine, **A** for Amina, and **St** for Stéphane.

_______ 1. Il/Elle rentre aux États-Unis demain.

_______ 2. Il/Elle étudie beaucoup.

_______ 3. Sa vraie passion, c'est faire la cuisine.

_______ 4. Il/Elle va participer à un défilé de mode à Paris.

_______ 5. Il/Elle a reçu son diplôme avec mention très bien.

OPTIONAL TEST SECTIONS

Unité préliminaire

CULTURE

Leçon PA

1 **Choisissez** Select the answer that best completes the statement, according to the text.

1. La majorité de la population française habite…
   a. en ville. b. à la campagne. c. en banlieue.
2. Dans l'est de la France, on trouve des maisons...
   a. avec des toits en tuiles rouges. b. avec des toits en chaume. c. à colombages.
3. On trouve les maisons en briques qui ont des toits en ardoise (*slate roofs*)…
   a. dans le nord. b. dans le sud. c. dans la région parisienne.
4. Pour voir (*see*) des maisons construites sur pilotis (*stilts*), on va en Afrique centrale et de l'Ouest et…
   a. au Viêt-nam. b. aux Antilles. c. au Canada.
5. Le château Frontenac est…
   a. dans la vallée de la Loire. b. en Provence. c. à Québec.

CULTURE

Leçon PB

1 **Vrai ou faux?** Indicate whether these statements are **vrai** or **faux**. Correct the false statements.

	Vrai	Faux
1. Les logements français sont en général plus grands que les logements américains.	❍	❍
2. On trouve plusieurs appartements dans un immeuble.	❍	❍
3. Les appartements ont toujours un lave-vaisselle.	❍	❍
4. Les kasbahs sont des tentes berbères.	❍	❍
5. Le Corbusier est l'inventeur de l'unité d'habitation, un concept sur les logements collectifs.	❍	❍

Nom ______________________ Date ______________________

Unité 1

CULTURE

Leçon 1A

1 **Complétez** Complete each statement with the correct information, according to the text.

1. Les meilleurs restaurants français reçoivent ______________________ du Guide Michelin.
2. Depuis 2010, la gastronomie française fait partie ______________________.
3. Le Roquefort est un fromage au lait ______________________.
4. Le Camembert est une sorte de ______________________.
5. ______________________ est une soupe à l'okra et aux fruits de mer.
6. La France produit presque ______________________ types de fromages différents.

CULTURE

Leçon 1B

1 **Choisissez** Select the answer that best completes each statement, according to the text.

1. En France, on sert la salade...

   a. avant l'entrée. b. après le fromage. c. après le plat principal.

2. On mange de la soupe...

   a. en entrée. b. en plat principal. c. au dessert.

3. On prend le goûter...

   a. le matin. b. l'après-midi. c. le soir.

4. Si (*If*) on n'aime pas son steak rouge ou rose, on le commande...

   a. bien cuit. b. saignant. c. bleu.

5. On dit «Santé!»...

   a. avant de manger. b. avant de boire. c. après les repas.

6. Les Français adorent manger un plat maghrébin qui s'appelle...

   a. la bouillabaisse. b. le couscous. c. la choucroute.

Optional Test Sections

Nom ____________________ Date ____________________

Unité 2

CULTURE

Leçon 2A

1 **Choisissez** Select the answer that best completes each statement or answers each question, according to the text.

1. La température normale du corps est 98.6°F aux États-Unis. Elle est de... en France.
   a. 35°C b. 37°C c. 39°C
2. Le symbole de la pharmacie est une croix...
   a. rouge. b. verte. c. blanche.
3. En général, quand un Français se sent mal, il consulte...
   a. un vétérinaire. b. SOS Médecins. c. un pharmacien.
4. L'Occitane vend...
   a. des produits de beauté. b. des médicaments. c. de la cuisine provençale.
5. L'inspiration pour la création de L'Occitane vient de...
   a. la Provence. b. L'Alsace. c. la Bretagne.

CULTURE

Leçon 2B

1 **Choisissez** Select the answer that best completes each statement, according to the text.

1. La Sécurité sociale est financée principalement...
   a. par le gouvernement. b. par les Nations Unies. c. par les travailleurs.
2. Une mutuelle est une sorte d'...
   a. assurance supplémentaire. b. assurance dentaire. c. assurance pour personnes âgées.
3. Quand on est enceinte, on consulte la branche... de la Sécurité sociale.
   a. vieillesse b. maladie c. famille
4. Le fondateur/La fondatrice de la Croix-Rouge est...
   a. un Suisse. b. un Français. c. une Belge.
5. Le fondateur/La fondatrice du premier hôpital en Amérique du Nord s'appelle...
   a. Jeanne Mance. b. Jules Bordet. c. Bernard Kouchner.

Optional Test Sections

Nom ____________________ Date ____________________

Unité 3

CULTURE

Leçon 3A

1 **Choisissez** Select the answer that best completes the statement or answers the question, according to the text.

1. Combien de Français possèdent un téléphone portable?
   a. Moins de 50 pour cent. b. À peu près 85 pour cent. c. Un peu plus de 70 pour cent.
2. On considère que… est le prédécesseur d'Internet.
   a. l'imprimante b. l'enregistreur DVR c. le Minitel
3. Les gens qui n'ont pas d'ordinateur chez eux envoient souvent des e-mails…
   a. par Minitel. b. au cybercafé. c. à la bibliothèque.
4. L'appareil technologique qui a le plus grand succès est…
   a. la console de jeux vidéo. b. le téléphone portable. c. le scanner.
5. Si on écoute la radio Fréquence Banane, on est probablement…
   a. en Afrique. b. en Suisse. c. en Belgique.

CULTURE

Leçon 3B

1 **Vrai ou faux?** Indicate whether these statements are **vrai** or **faux**. Correct the false statements.

	Vrai	Faux
1. En général, les Français utilisent moins leurs voitures que les Américains.	❍	❍
____________________		
2. Pour les longs voyages, les Français préfèrent prendre le métro.	❍	❍
____________________		
3. La Smart est un ordinateur.	❍	❍
____________________		
4. En général, les Français préfèrent les petites voitures parce que l'essence coûte cher.	❍	❍
____________________		
5. En France, il n'y a pas de carrefours avec quatre panneaux de stop.	❍	❍
____________________		
6. On conduit à gauche à l'île Maurice.	❍	❍
____________________		
7. La 2CV était très populaire parmi (*among*) les jeunes.	❍	❍
____________________		

Optional Test Sections

Nom _______________ Date _______________

Unité 4

CULTURE

Leçon 4A

1 **Choisissez** Select the answer that best completes the statement, according to the text.

1. Les Français aiment faire leurs courses dans les petits commerces parce que les produits y sont…
   a. moins chers. b. plus variés. c. plus authentiques.
2. On trouve des produits alimentaires de luxe dans les…
   a. épiceries fines. b. crémeries. c. épiceries de quartier.
3. Le petit commerce français le plus fréquenté est…
   a. la boulangerie. b. la boucherie. c. la poissonnerie.
4. On peut faire ses courses dans une ville souterraine…
   a. en Côte d'Ivoire. b. à Montréal. c. à Paris.
5. Alain Robert, le «Spiderman» français, aime…
   a. aider les personnes en danger. b. consulter la police de Paris. c. escalader les gratte-ciel.

CULTURE

Leçon 4B

1 **Choisissez** Select the answer that best completes the statement, according to the text.

1. Au milieu d'une ville ou d'un village français, on trouve souvent…
   a. une bibliothèque. b. une église. c. un stade.
2. La grande place d'une ville ou d'un village est souvent…
   a. le quartier commercial. b. le quartier résidentiel. c. le quartier universitaire.
3. Les rues françaises portent assez souvent le nom…
   a. d'un arbre. b. d'une couleur. c. d'un personnage historique.
4. La place Djem'a el-Fna se trouve…
   a. au Maroc. b. au Québec. c. au Sénégal.
5. En 1853, le baron Haussmann a commencé à…
   a. moderniser la ville de Paris. b. dessiner l'arc de Triomphe. c. changer la route de la Seine.

Nom ______________________ Date ______________________

Unité 5

CULTURE

Leçon 5A

1 **Répondez** Answer the questions as completely as possible, according to the text.

1. Combien y a-t-il d'abonnements aux services mobiles en France aujourd'hui?
____
2. Que doit-on avoir pour pouvoir choisir un forfait mobile mensuel?
____
3. Comment est le langage des SMS?
____
4. Pourquoi les Français utilisent-ils beaucoup les SMS?
____
5. Votre copain vous envoie ce SMS: kestufé? Comment répondez-vous?
____
6. Quel métier est bien payé au Sénégal?
____
7. Comment les artisans apprennent-ils leurs métiers?
____
8. Pouvez-vous donner deux exemples d'artisans?
____

CULTURE

Leçon 5B

1 **Choisissez** Select the answer that best completes the statement or answers the question, according to the text.

1. La plupart des grèves en France ont lieu…
   a. au printemps. b. en été. c. en automne.
2. Les ouvriers en France…
   a. ont le droit de faire la grève. b. n'ont pas le droit de faire la grève. c. n'ont le droit de faire grève que si ça ne pose pas de problèmes sociaux.
3. La plupart des grèves sont organisées par…
   a. le gouvernement. b. les ouvriers. c. les syndicats.
4. Quel est le pourcentage d'ouvriers syndiqués en France?
   a. 8 pour cent b. 13 pour cent c. 91 pour cent
5. Une personne qui a beaucoup de fric est…
   a. intelligente. b. riche. c. courageuse.
6. Quel pays francophone offre les congés payés les plus longs?
   a. le Québec b. le Luxembourg c. la Tunisie
7. Une personne sur cinq en France travaille comme…
   a. avocat. b. fonctionnaire. c. agriculteur.

Nom ______________________ Date ______________________

Unité 6

CULTURE

Leçon 6A

1 **Choisissez** Select the answer that best completes the statement or answers the question, according to the text.

1. Le mouvement écologique s'est beaucoup développé dans...
   a. les années 1960. b. les années 1980. c. les années 2000.
2. Le terme les «Verts» correspond...
   a. aux artistes impressionnistes. b. au parti politique écologique. c. aux habitants irlandais.
3. Selon (*According to*) l'opinion publique des Français, le problème environnemental le plus important à régler est...
   a. l'effet de serre. b. la pollution de l'eau. c. le réchauffement climatique.
4. On peut utiliser le vent pour produire...
   a. de l'énergie éolienne. b. de l'énergie solaire. c. de l'énergie nucléaire.
5. Pour voir le tunnel ferroviaire du Gothard, on va...
   a. en Suisse. b. dans l'Océan indien. c. dans le sud de la France.
6. En France, l'énergie nucléaire produit quel pourcentage de l'électricité nationale?
   a. 20 à 25 pour cent. b. 45 à 50 pour cent. c. 75 à 80 pour cent.

CULTURE

Leçon 6B

1 **Choisissez** Select the answer that best completes the statement or answers the question, according to the text.

1. Combien de parcs nationaux français le gouvernement protège-t-il?
   a. 9 b. 23 c. 41
2. Dans les parcs montagneux, on peut voir...
   a. des milliers de fleurs. b. des espèces menacées. c. des volcans.
3. Où est-ce qu'on va pour voir la plus grande cascade d'Europe?
   a. dans les Alpes b. dans les Pyrénées c. dans le Massif Central
4. La dune du Pilat en Aquitaine est faite de...
   a. granit. b. verre. c. sable.
5. Quand on essaie de replanter des arbres et de recréer une forêt, ça s'appelle...
   a. la protection du littoral. b. le reboisement. c. l'effet de serre.
6. Pour observer des tortues géantes, on va...
   a. à l'atoll Aldabra. b. au parc national Niokolo Koba. c. dans la savane.
7. Madagascar se trouve dans...
   a. l'océan Atlantique. b. l'océan Indien. c. l'océan Pacifique.
8. Il y a 1.000 espèces de/d'... à Madagascar.
   a. roses b. oiseaux c. orchidées

Optional Test Sections

Nom ______________________ Date ______________________

Unité 7

CULTURE

Leçon 7A

1 **Choisissez** Select the answer that best completes the statement or answers the question, according to the text.

1. Quel pourcentage de la population française assiste à un spectacle de théâtre au moins une fois par an?
   a. 20 pour cent b. 33 pour cent c. 50 pour cent
2. «Les Molières» sont...
   a. des récompenses. b. des acteurs. c. des pièces.
3. Qui a créé la Comédie-Française?
   a. Napoléon b. Pierre Corneille c. Louis XIV
4. On sait que la représentation va commencer quand...
   a. on remarque que les lumières vacillent (*flicker*). b. un présentateur en fait l'annonce. c. on entend trois (ou six) coups.
5. Un «jour de relâche» veut dire...
   a. qu'il y a une matinée. b. qu'il n'y a pas de représentation. c. que les billets coûtent la moitié (*half*) du prix normal.
6. Pour écouter le groupe Kassav, célèbre groupe de musique zouk, on va...
   a. au Sénégal. b. au Cameroun. c. aux Antilles.
7. Molière est né...
   a. Pierre Corneille. b. Jean Racine. c. Jean-Baptiste Poquelin.

CULTURE

Leçon 7B

1 **Choisissez** Select the answer that best completes the statement, according to the text.

1. Le début officiel de l'art haïtien date de...
   a. 1704. b. 1804. c. 1904.
2. La peinture haïtienne est de style...
   a. toujours traditionnel. b. religieux. c. très varié.
3. On voit souvent des scènes de... dans l'art haïtien.
   a. guerre b. mer c. la vie quotidienne
4. Si on aime lire pour se détendre, on choisira...
   a. une nouvelle. b. un dico. c. un manuel.
5. On va au Burkina-Faso pour voir...
   a. les poteries en terre cuite. b. les poupées. c. les tapisseries.
6. Le Cirque du Soleil est né...
   a. au Maroc. b. au Québec. c. aux Antilles.
7. Si on assiste à une représentation du Cirque du Soleil, on ne va pas voir...
   a. de clowns. b. d'animaux. c. de trapézistes.

Nom ______________________ Date ______________________

OPTIONAL TEST SECTIONS

Unité préliminaire

Flash culture

1 **Choisissez** Using what you remember from **Flash culture,** select the answer that best completes each sentence.

1. La vieille ville d'Aix-en-Provence est un ______________ très pittoresque.
   a. escalier b. quartier c. loyer
2. Au centre-ville, les gens habitent normalement des ______________.
   a. logements b. oreillers c. appartements
3. Pour les étudiants de l'Université d'Aix, il y a des ______________.
   a. résidences b. couloirs c. murs
4. On trouve des ______________ avec jardin près du centre-ville.
   a. lavabos b. maisons c. immeubles
5. En France, les appartements ont très souvent des ______________.
   a. garages b. terrasses c. balcons

Panorama

1 **Choisissez** Select the answer that best completes the statement, according to the text.

1. L'Alsace et la Lorraine ont une frontière avec…
   a. l'Angleterre. b. l'Espagne. c. l'Allemagne.
2. On peut faire du ski dans… en Alsace.
   a. les Vosges. b. les Alpes. c. les Pyrénées.
3. Pour visiter la place Stanislas, on va à…
   a. Strasbourg. b. Nancy. c. Bar-le-Duc.
4. Beaucoup de gens en Alsace parlent français et…
   a. allemand. b. anglais. c. espagnol.
5. Un plat typiquement alsacien est…
   a. la choucroute. b. le cassoulet. c. la raclette.
6. Strasbourg est le siège…
   a. de la Coupe du monde. b. des Jeux Olympiques. c. du Conseil de l'Europe.
7. C'est une personne célèbre née en Lorraine…
   a. Napoléon. b. Joséphine. c. Jeanne d'Arc.
8. Le mélange de cultures en Alsace…
   a. pose des problèmes aux habitants. b. est bien visible, surtout à Noël. c. divise les habitants de la région.

Unité 1

Flash culture

1 **Composez** Based on what you saw in **Flash culture,** write three sentences mentioning at least two types of vegetables, two types of fruits, and two other items that can be found at the Place Richelme market.

Panorama

1 **Choisissez** Select the answer that best completes each statement, according to the text.

1. La Bourgogne est bien connue pour ses vins et sa recette traditionnelle de/d'...
   a. poisson. b. fromage. c. escargots.
2. Louis et Auguste Lumière sont les inventeurs...
   a. de l'horloge. b. du cinématographe. c. de la pasteurisation.
3. La Franche-Comté partage une frontière avec...
   a. l'Italie. b. la Suisse. c. le Luxembourg.
4. La Transjurassienne est une course...
   a. de ski de fond. b. à pied en hiver. c. de chevaux.
5. En Bourgogne, on trouve des toits...
   a. en ardoise (*slate*). b. en chaume (*thatch*). c. en tuiles multicolores.
6. Pour aller au centre de l'horlogerie, on va à...
   a. Dijon. b. Besançon. c. Mâcon.
7. Louis Pasteur est célèbre parce qu'il...
   a. a montré la relation entre le microbe et la maladie. b. a inventé une meilleure horloge. c. a gagné la Transjurassienne.

Nom ____________________ Date ____________________

Unité 2

Flash culture

1 **Répondez** Answer these questions based on what you saw in **Flash culture**.

1. What are four items you might buy in a French pharmacy?

2. How is the role of French pharmacists similar to that of American pharmacists?

3. How is the role of French pharmacists different from that of American pharmacists?

Panorama

1 **La Suisse** Select the answer that best completes the statement, according to the text.

1. La capitale de la Suisse est…
   a. Berne. b. Genève. c. Zurich.
2. Il y a quatre langues officielles en Suisse: le français, l'italien, l'allemand et…
   a. le suisse. b. l'anglais. c. le romanche.
3. Depuis le seizième siècle, la Suisse est connue pour…
   a. ses montres. b. sa neutralité. c. son chocolat.
4. Comme monnaie, la Suisse utilise…
   a. l'euro. b. le franc suisse. c. le dollar.
5. Carl Elsener a développé…
   a. la gastronomie suisse. b. le couteau suisse. c. le système bancaire suisse.
6. C'est l'auteur de l'œuvre «Du contrat social»…
   a. Jean-Jacques Rousseau. b. Johanna Spyri. c. Le Corbusier.
7. On trouve plusieurs agences internationales et gouvernementales…
   a. à Genève. b. à Lausanne. c. à Bâle.

Nom ______________________ Date ______________________

Unité 3

Flash Culture

1 **Identifiez** Identify these types of vehicles you saw in **Flash culture.**

1. 

   a. une décapotable b. un camion c. un monospace

2. ______________

   a. un péage b. une mobylette c. une voiture de luxe

3. ______________

   a. un monospace b. un camion c. une autoroute

4. ______________

   a. une mobylette b. une moto c. un camion

Panorama

1 **La Belgique** Select the answer that best completes the statement or answers the question, according to the text.

1. La Belgique se trouve…
   a. au nord de la France. b. au sud de la France. c. à l'ouest de la France.
2. La capitale de la Belgique est…
   a. Bruges. b. Bruxelles. c. Liège.
3. Quel produit belge très renommé est exporté dans le monde entier?
   a. le fromage b. le chocolat c. le pain
4. C'est une célèbre joueuse de tennis belge…
   a. Marguerite Yourcenar. b. Justine Henin. c. Venus Williams.
5. Bruxelles est le siège…
   a. de l'Union européenne. b. de la Croix Rouge. c. des Jeux Olympiques.
6. À l'origine, les frites sont une invention…
   a. française. b. belge. c. suisse.
7. En Belgique, on trouve de nombreux musées et des peintures murales consacrés…
   a. aux frites. b. au chocolat. c. à la BD.
8. René Magritte était un peintre…
   a. impressionniste. b. surréaliste. c. classique.

Unité 4

Flash culture

1 **Choisissez** Using what you remember from **Flash culture**, select the answer that best completes each sentence.

1. On veut acheter des livres, on va dans ______________.
   a. un bureau de poste   b. une bibliothèque   c. une librairie-papeterie
2. On y trouve toute sorte d'aliments, des produits et même des appareils ménagers, c'est ______________.
   a. une boutique   b. un hypermarché   c. une brasserie
3. Pour acheter des diamants et des perles, on va dans ______________.
   a. une bijouterie   b. une mairie   c. un salon de beauté
4. C'est un petit commerce où on vend du jambon et des saucisses, c'est ______________.
   a. un hypermarché   b. une charcuterie   c. une boulangerie
5. Les gens, surtout les femmes, aiment y aller pour avoir de beaux cheveux, c'est ______________.
   a. une laverie   b. un centre commercial   c. un salon de coiffure
6. On y achète des magazines et le journal quotidien, c'est ______________.
   a. une banque   b. une boutique   c. un marchand de journaux

Panorama

1 **Le Québec** Select the answer that best completes the statement, according to the text.

1. Le français parlé au Québec…
   a. est exactement le même que celui parlé à Paris.   b. est différent à cause de leur isolement par rapport à l'Hexagone.   c. a intégré beaucoup de mots anglais.
2. Comme monnaie, le Québec utilise…
   a. l'euro.   b. le dollar américain.   c. le dollar canadien.
3. La capitale du Canada est…
   a. Québec.   b. Montréal.   c. Ottawa.
4. Les Jeux Olympiques ont eu lieu (*took place*)…
   a. à Toronto.   b. à Trois-Rivières.   c. à Montréal.
5. Le palais de glace est construit pour…
   a. le premier ministre.   b. les touristes.   c. le carnaval.
6. Il y a un grand festival à Montréal chaque année consacré…
   a. à la mode.   b. à la cuisine québécoise.   c. au jazz.
7. Le fleuve à Montréal s'appelle…
   a. la Seine.   b. le Saint-Laurent.   c. le Rhône.
8. C'est le fondateur de la ville de Québec…
   a. Napoléon Bonaparte.   b. Samuel de Champlain.   c. le baron Haussmann.

Nom ____________________ Date ____________________

Unité 5

Flash culture

1 **Identifiez** Identify these professions you saw in **Flash culture**.

1. ____________________

2. ____________________

3. ____________________

4. ____________________

a. agent de police
b. pompier
c. serveuse
d. chauffeur de taxi

Panorama

1 **Le Maghreb** Select the answer that best completes the statement or answers the question, according to the text.

1. Des trois pays du Maghreb, lequel est le plus grand?
   a. l'Algérie b. le Maroc c. la Tunisie
2. Quels fruits peut-on trouver au Sahara?
   a. des pommes b. des oranges c. des fraises
3. Les langues officielles du Maghreb sont le français et…
   a. l'arabe. b. l'anglais. c. le portugais.
4. Pour visiter la ville de Casablanca, on va…
   a. en Algérie. b. au Maroc. c. en Tunisie.
5. Les premiers habitants d'Afrique du Nord étaient…
   a. les Européens. b. les Arabes. c. les Berbères.
6. C'est un symbole du Maroc médiéval…
   a. la ville de Marrakech. b. la mosquée de Kutubiyya. c. la place Djem'a el-Fna.
7. Assia Djebar est une… connue.
   a. politicienne et premier ministre b. femme écrivain et cinéaste c. femme d'affaires et cadre supérieur
8. On va au hammam pour…
   a. manger. b. travailler. c. se laver.

Optional Test Sections

Nom ______________________ Date ______________________

Unité 6

Flash culture

1 **Identifiez** Identify these places you saw in **Flash culture**.

1. ______________

2. ______________

3. ______________

4. ______________

5. ______________

6. ______________

Panorama

1 **L'Afrique de l'Ouest** Select the answer that best completes the statement, according to the text.

1. L'Afrique de l'Ouest et l'Afrique centrale comprennent… pays francophones.
   a. 9 b. 17 c. 23
2. Le... est une espèce menacée qui habite la forêt tropicale.
   a. perroquet vert b. tigre blanc c. gorille de montagne
3. Françoise Mbango-Etone, une athlète olympique, est…
   a. camerounaise. b. sénégalaise. c. ivoirienne.
4. Léopold Sédar Senghor, l'ancien président du Sénégal, était aussi…
   a. poète. b. peintre. c. agriculteur.
5. Pour voir des empreintes (*footprints*) de dinosaures, on va…
   a. dans la forêt tropicale. b. au Cameroun. c. au Sahara.
6. C'est le genre de musique joué en Côte d'Ivoire…
   a. Le reggae. b. Le rock. c. Le rap.
7. Le FESPACO est un festival pour célébrer…
   a. les arts traditionnels. b. la musique africaine. c. le cinéma africain.

Unité 7

Flash culture

1 **Choisissez** Using what you remember from **Flash culture,** select the answer that best completes each sentence.

1. Au cinéma Renoir, il y a *La Cloche a sonné*; c'est ______________.
   a. une comédie dramatique b. un film policier c. un drame psychologique
2. Le film américain est en anglais, c'est ______________.
   a. un feuilleton b. une version originale c. des chewing-gums
3. On achète ses tickets ______________.
   a. à la fin b. à l'entracte c. au guichet
4. Le cinéma Renoir offre des prix ______________ aux étudiants.
   a. réduits b. gratuits c. doués

Panorama

1 **Les Antilles** Select the answer that best completes the statement or answers the question, according to the text.

1. Les Antilles se trouvent…
   a. dans la mer des Caraïbes. b. dans l'océan Indien. c. dans l'océan Pacifique.
2. La Polynésie française est près…
   a. de la Belgique. b. de Madagascar. c. de l'Australie.
3. On trouve Haïti et la Guadeloupe…
   a. aux Antilles. b. aux Seychelles. c. aux îles Marquises.
4. Le volcan, la montagne Pelée, a tué beaucoup d'habitants…
   a. à Tahiti. b. à la Martinique c. aux îles Tuamotu.
5. Quel peintre impressionniste a déménagé à Tahiti?
   a. Gauguin b. Cézanne c. Toulouse-Lautrec
6. La Polynésie française fait des bijoux composés de…
   a. diamants. b. rubis. c. perles noires.
7. En 1791, Toussaint Louverture a mené une rébellion contre l'esclavage…
   a. en Haïti. b. à la Martinique. c. en Guadeloupe.
8. L'auteur du texte *Moi, Tituba Sorcière*, Maryse Condé, parle de…
   a. la culture antillaise. b. la situation politique. c. la pollution des forêts tropicales.

Nom ______________________ Date ______________________

OPTIONAL TEST SECTIONS

Unité préliminaire

LECTURE SUPPLÉMENTAIRE

Leçon PA

1 **Annonces immobilières** Read this list of available houses and apartments at a real estate agency. Then answer the questions as completely as possible.

Agence Immobilière de la Comédie

12 Place de la Comédie 34000 MONTPELLIER 04.67.89.57.23

À LOUER

Studio meublé 24 m^2, centre-ville
Boulevard des Arceaux
Cuisine américaine équipée
Salle de bains (douche) rénovée, W.-C. séparés
Meublé (canapé, armoire, table/chaises, étagères)
Tout confort
Proche arrêt de bus universités
Libre 01/12
490 €

Grand appartement dans résidence de charme
Quartier hôpitaux / universités
Grande salle de séjour, cuisine équipée,
2 chambres avec grands placards,
salle de bains (douche), W.-C.
3ème étage dans immeuble 4 étages avec ascenseur
2 balcons, cave, garage
Libre 01/01
1.200 €

À VENDRE

Maison de banlieue, quartier calme
20 minutes du centre-ville
Rez-de-chaussée: salon, salle à manger, cuisine (nombreux placards)
1er étage: 3 chambres, salle de bains (baignoire et douche) et toilettes
Jardin, piscine et garage
Près centre commercial et parc
390.000 €

Appartement 2 pièces
Centre-ville
Près cinéma et musée
Salon, cuisine, chambre,
salle de bains (douche), W.-C.
2ème étage
Quartier jeune et agréable
80.000 €

1. Combien d'appartements y a-t-il à louer? ______________________
2. Où est le grand appartement? ______________________
3. Quelles sont trois caractéristiques uniques du grand appartement? ______________________
4. Quel logement n'est pas dans un immeuble? Donnez deux caractéristiques uniques de ce logement. ______________________
5. Comment est le quartier de l'appartement 2 pièces? Qu'est-ce qu'il y a dans ce quartier? ______________________
6. Quels logements n'ont pas de baignoire? ______________________
7. Quels meubles y a-t-il dans l'appartement meublé? ______________________
8. Quel est le logement idéal pour un jeune étudiant qui n'a pas beaucoup d'argent. Pourquoi? ______________________

Optional Test Sections

Unité préliminaire
LECTURE SUPPLÉMENTAIRE

Leçon PB

1 **Au pair** Nadine, a student from Martinique, is now attending **la Sorbonne** in Paris and working as an **au pair**. Read her letter, then answer the questions using complete sentences.

Cher papa, chère maman,

Me voilà à Paris! Ma première semaine à la Sorbonne a été bonne. J'adore mes cours et j'ai déjà rencontré des étudiants très sympas. La famille Arceneaux est super et je suis vraiment contente. Les enfants ont sept et cinq ans. Ils sont très gentils et ils aident pas mal à la maison, alors moi, je n'ai pas beaucoup de travail. Le matin, les enfants mettent leur chocolat chaud dans le four à micro-ondes et leurs toasts dans le grille-pain, alors c'est facile! Quand j'arrive dans la cuisine, le café est souvent tout chaud dans la cafetière, parce que Madame Arceneaux aime le préparer tôt le matin. Après, les enfants font la vaisselle dans l'évier et moi, je range un peu la cuisine. Ensuite, nous faisons les lits, puis nous partons. J'emmène les enfants à l'école à 8h30 et après, je vais à la fac. Le soir, c'est Monsieur Arceneaux qui fait la cuisine. Madame Arceneaux déteste ça! Elle préfère faire la vaisselle après le repas (les Arceneaux n'ont pas de lave-vaisselle parce que leur cuisine est trop petite). Les enfants mettent et débarrassent la table. Moi, deux ou trois fois par semaine, je fais la lessive. Nous avons un lave-linge et un sèche-linge dans l'appartement. C'est pratique. Le samedi matin, nous faisons le ménage ensemble. Les enfants rangent leur chambre, Madame Arceneaux passe l'aspirateur et moi, j'enlève la poussière. Voilà notre routine!

Grosses bises,
Nadine

1. Le matin, en général, que font d'abord les enfants Arceneaux? _______________
2. Nadine prépare-t-elle souvent le café, le matin? Comment le savez-vous? _______________
3. Que font Nadine et les enfants avant de partir à l'école? _______________
4. Qui prépare les repas dans la famille Arceneaux? Pourquoi? _______________
5. Où fait-on la vaisselle chez les Arceneaux? Pourquoi? _______________
6. Que fait Nadine plusieurs fois par semaine? Est-ce qu'elle quitte l'appartement pour ça? Pourquoi ou pourquoi pas? _______________
7. Le week-end, que fait chaque personne pour aider à la maison? _______________
8. Est-ce que Nadine aime habiter avec la famille Arceneaux? Comment le savez-vous? _______________

Optional Test Sections

Nom ______________________ Date ______________________

Unité 1

LECTURE SUPPLÉMENTAIRE

Leçon 1A

1 **Un menu** Read this menu from a French restaurant. Then answer the questions using complete sentences.

RESTAURANT LA CIBOULETTE

Menu déjeuner à 15 euros: une entrée, un plat principal, un dessert

De 12h00 à 14h00

Entrée[1]

La salade de tomates à l'ail
La pâté de campagne
La douzaine d'escargots
La soupe à l'oignon
La quiche au jambon

Plat principal[2]

Le bœuf aux carottes et aux champignons accompagné de pommes de terre
Le poulet grillé accompagné de haricots verts
Les saucisses accompagnées de petits pois
Le thon grillé accompagné de riz
La sélection de fruits de mer du jour

Dessert

La tarte aux pommes
La glace à la banane
L'éclair au chocolat
Le gâteau aux fraises
La sélection de fruits frais (pêches, bananes, poires, pommes)

[1] *Appetizer* [2] *Main Dish*

1. C'est un menu pour quel repas? ______________________
2. En entrée, que choisit-on si on a envie de manger de la viande? ______________________
3. Y a-t-il des entrées chaudes au menu? Quelles sont ces entrées? ______________________
4. Quels légumes ce restaurant sert-il avec le bœuf? ______________________
5. Comme plat principal, que peut-on prendre si on n'aime pas la viande? ______________________
6. Que propose-t-on au menu comme pâtisseries? ______________________
7. Qu'est-ce qu'il y a comme fruits frais? ______________________
8. Vous déjeunez dans ce restaurant. Qu'est-ce que vous allez prendre? Pourquoi? ______________________

Optional Test Sections

Nom ______________________ Date ______________________

Unité 1

LECTURE SUPPLÉMENTAIRE

Leçon 1B

1 **Une recette** Read this recipe for a Moroccan specialty called **tajine**. Then, answer the questions using complete sentences.

Tajine marocain

1 plat spécial pour faire le tajine
4 pommes de terre
3 carottes
de l'ail
des olives vertes
½ carafe d'eau
du sel et du poivre
1 poulet (ou 1 kilo de bœuf)
2 tomates
1 gros oignon
½ kilo de haricots verts
2 cuillères à soupe d'huile d'olive
des épices[1] (cumin, muscade[2], coriandre, cannelle[3]…)

Laver et couper[4] les légumes et le poulet (ou le bœuf) en morceaux. Mettre les 2 cuillères à soupe d'huile d'olive dans le plat à tajine. Quand l'huile est très chaude, faire revenir la viande (environ 10 minutes) avec l'oignon et l'ail. Mettre les pommes de terre et les carottes dans le plat sur la viande. Ajouter[5] les épices, le sel et le poivre et mettre un peu d'eau. Couvrir[6] et laisser cuire doucement[7] pendant 30 minutes. Mettre les tomates, les haricots verts et les olives dans le plat avec le reste de l'eau. Couvrir et laisser cuire encore 15 minutes. Servir dans de grands bols, avec des tranches de pain et du thé chaud.

[1] *spices* [2] *nutmeg* [3] *cinnamon* [4] *cut* [5] *add* [6] *Cover* [7] *simmer*

1. Quels légumes met-on dans ce tajine? ______________________
2. Quelles viandes peut-on utiliser pour préparer ce tajine? ______________________
3. A-t-on besoin de plus de tomates que de carottes pour faire ce tajine? ______________________
4. Combien de kilos de haricots verts met-on dans ce tajine? ______________________
5. De quelle quantité d'huile a-t-on besoin? A-t-on besoin de plus d'huile que d'eau? ______________________
6. Sert-on le tajine dans des assiettes? ______________________
7. Avec quoi sert-on le tajine? ______________________
8. Avez-vous envie de goûter ce tajine? Pourquoi ou pourquoi pas? ______________________

Nom ____________________ Date ____________________

Unité 2

LECTURE SUPPLÉMENTAIRE

Leçon 2A

1 **La santé et la forme** Read this article from a French health and fitness magazine. Then answer the questions using complete sentences.

Pour bien commencer l'année

Voici 5 recommandations pour la nouvelle année

Protégez votre visage, votre corps et vos cheveux
Sous la douche, utilisez un savon et un shampooing doux. Pour les femmes, démaquillez-vous bien le visage tous les soirs. Pour les hommes, utilisez une bonne crème à raser.

Permettez à votre corps de se détendre
Adoptez le massage une ou deux fois par mois pour permettre à tous les muscles de votre corps de se détendre et pour calmer le stress.

Reposez-vous

Pour être en forme, il est important de bien dormir. Couchez-vous tôt et réveillez-vous à la même heure tous les jours. Si vous n'avez pas envie de dormir, prenez une douche ou un bain bien chaud avant de vous coucher.

Faites du sport pour rester en forme
Pratiquez une activité sportive deux ou trois fois par semaine. C'est excellent pour le cœur. Si vous n'aimez pas le sport, promenez-vous un peu à l'heure du déjeuner.

Amusez-vous
Levez-vous de bonne humeur et ne vous dépêchez pas tout le temps. Souvenez-vous qu'il ne faut pas oublier le petit-déjeuner. Essayez de passer de bons moments avec les gens avec qui vous vous entendez bien. Amusez-vous et riez! Ne vous énervez pas toujours sans raison et essayez de ne pas vous mettre en colère contre votre famille. Si vous vous disputez avec quelqu'un, excusez-vous! Ce n'est pas si difficile!

1. Que recommande-t-on aux femmes de faire avant de se coucher? ____________________
2. Quels produits recommande-t-on pour le visage, le corps et les cheveux? ____________________
3. Pourquoi l'article recommande-t-il les massages? ____________________
4. Que peut-on faire si on n'a pas sommeil le soir? ____________________
5. Que doit-on faire plusieurs fois par semaine? Pourquoi? ____________________
6. Que ne doit-on pas faire le matin? ____________________
7. Que peut-on faire pour s'amuser pendant la journée? ____________________
8. Quelles sont deux choses que l'on ne doit pas faire? ____________________

Unité 2

LECTURE SUPPLÉMENTAIRE

Leçon 2B

1 **Chez le Docteur Michaux** Read this conversation between a patient and her doctor. Then answer the questions using complete sentences.

PATIENTE Bonjour, Docteur.
DOCTEUR Tiens, bonjour, Madame Duchemin. Alors, qu'est-ce qui ne va pas?
PATIENTE Eh bien, je ne sais pas trop, Docteur, mais je ne me sens pas bien depuis quelques jours. Je suis toujours fatiguée et je me sens très faible.
DOCTEUR Voyons… Vous n'avez pas de fièvre… Est-ce que vous toussez?
PATIENTE Non, non, je ne tousse pas.
DOCTEUR Et vous avez d'autres symptômes?
PATIENTE Eh bien, j'ai aussi mal au ventre et j'ai des vertiges (*dizzy spells*).
DOCTEUR Dites-moi où vous avez mal… La douleur est là?
PATIENTE Non, pas là… Aïe! Aïe! Là! C'est là, dans cette partie du ventre.
DOCTEUR Est-ce que vous avez mal au cœur?
PATIENTE Oui, surtout le matin.
DOCTEUR Eh bien, Madame, je pense que vous êtes tout simplement enceinte!
PATIENTE Enceinte! C'est formidable! Mon mari va être tellement content!
DOCTEUR Toutes mes félicitations[1]! Mais il faut faire attention maintenant! Si je me souviens bien, vous ne prenez pas de médicaments en ce moment?
PATIENTE Non, non, rien.
DOCTEUR Très bien. Ne prenez pas de médicaments sans m'en parler d'abord.
PATIENTE D'accord, Docteur.
DOCTEUR Vous devez aussi manger sainement et continuer à faire de l'exercice, mais pas trop. Reposez-vous bien aussi. Et vous ne fumez pas, j'espère?
PATIENTE Non, non, je ne fume pas.
DOCTEUR Très bien. Alors, revenez me voir le mois prochain.
PATIENTE D'accord. Au revoir, Docteur.
DOCTEUR Au revoir, Madame Duchemin. À bientôt.

[1] *congratulations*

1. Comment Madame Duchemin se sent-elle en ce moment? ______________________
2. Quels sont les symptômes de Madame Duchemin? ______________________
3. Quels sont deux symptômes mentionnés par le docteur que Madame Duchemin n'a pas? ______________________
4. Le docteur Michaux dit-il que Madame Duchemin a la grippe? Expliquez votre réponse. ______________________
5. Qu'est-ce que Madame Duchemin va devoir faire avant de prendre des médicaments? ______________________
6. Quels sont les trois conseils (*advice*) que le docteur Michaux donne à Madame Duchemin? ______________________

Unité 3

LECTURE SUPPLÉMENTAIRE

Leçon 3A

1 **Questions et réponses** Read this excerpt from the Q&A section of a francophone web site for new computer users. Then answer the questions using complete sentences.

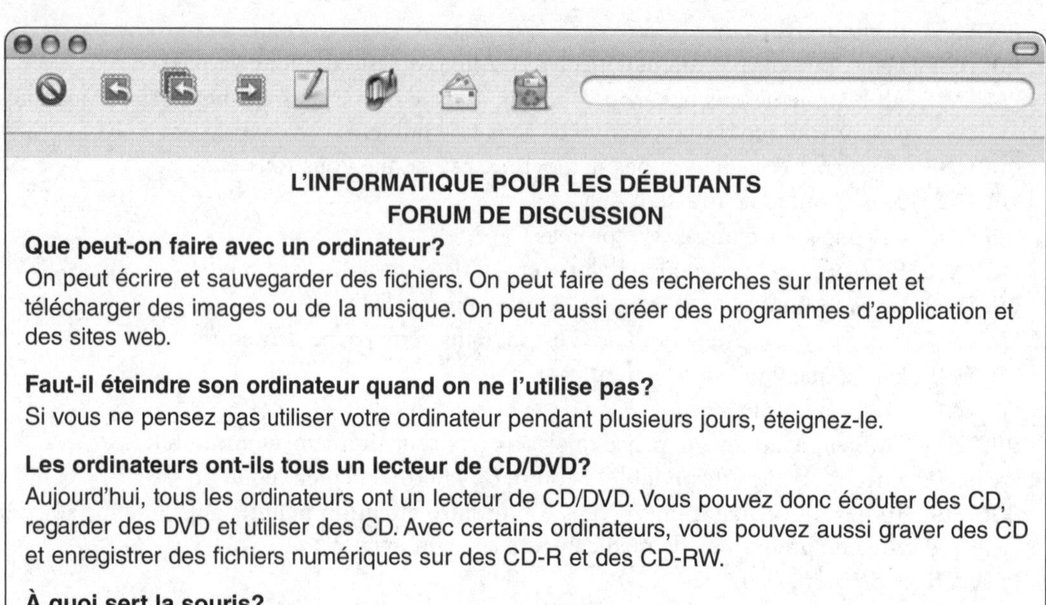

L'INFORMATIQUE POUR LES DÉBUTANTS
FORUM DE DISCUSSION

Que peut-on faire avec un ordinateur?
On peut écrire et sauvegarder des fichiers. On peut faire des recherches sur Internet et télécharger des images ou de la musique. On peut aussi créer des programmes d'application et des sites web.

Faut-il éteindre son ordinateur quand on ne l'utilise pas?
Si vous ne pensez pas utiliser votre ordinateur pendant plusieurs jours, éteignez-le.

Les ordinateurs ont-ils tous un lecteur de CD/DVD?
Aujourd'hui, tous les ordinateurs ont un lecteur de CD/DVD. Vous pouvez donc écouter des CD, regarder des DVD et utiliser des CD. Avec certains ordinateurs, vous pouvez aussi graver des CD et enregistrer des fichiers numériques sur des CD-R et des CD-RW.

À quoi sert la souris?
La souris est un petit appareil qui est connecté à l'ordinateur. Elle permet de choisir les fichiers, les applications ou les logiciels qu'on veut utiliser.

1. Que peut-on faire sur Internet? ____________________
2. Quelles sont trois choses supplémentaires qu'on peut faire avec un ordinateur? ____________________
3. Que doit-on faire si on n'utilise pas son ordinateur pendant plusieurs jours? ____________________
4. Que peut-on faire avec un lecteur de CD/DVD? ____________________
5. Que peut-on graver avec certains ordinateurs? ____________________
6. Qu'est-ce qu'on choisit avec la souris? ____________________

Optional Test Sections

Nom ______________________ Date ______________________

Unité 3

LECTURE SUPPLÉMENTAIRE

Leçon 3B

1 **Bien conduire** Read the "ten commandments" a good driver should follow. Then answer the questions using complete sentences.

LES DIX COMMANDEMENTS DU BON CONDUCTEUR[1]

1. **Soyez prudent** Attachez toujours votre ceinture de sécurité et regardez dans le rétroviseur avant de démarrer.
2. **Respectez le code de la route** Respectez le code de la route et soyez poli, surtout quand il y a beaucoup de circulation.
3. **Ne dépassez pas quand ce n'est pas permis**[2] Il ne faut jamais dépasser quand ce n'est pas permis. C'est dangereux et vous risquez de recevoir une amende!
4. **Ne vous garez pas où ce n'est pas permis** Les parkings, c'est pour se garer! Garez toujours votre voiture dans un parking ou à un endroit où il est permis de se garer.
5. **Ne roulez pas trop vite** La vitesse augmente le temps nécessaire pour freiner. Les limitations de vitesse sont là pour vous aider et pour éviter les accidents.
6. **Respectez les règles**[3] **sur l'autoroute** Sur l'autoroute, ne restez pas à gauche (c'est pour dépasser). Évitez aussi de changer constamment de voie[4].
7. **Entretenez**[5] **bien votre véhicule** Vérifiez souvent les freins, l'huile, les pneus et le moteur. Nettoyez aussi le pare-brise, les phares et les rétroviseurs et changez les essuie-glaces quand ils sont trop vieux.
8. **«Écoutez» votre véhicule** Si un voyant s'allume (huile, moteur, etc.), arrêtez-vous à la prochaine station-service pour faire vérifier votre voiture.
9. **Aidez les autres** Si vous voyez une voiture en panne, arrêtez-vous pour aider ou si vous avez un portable, proposez d'appeler un mécanicien. Si vous voyez un accident, appelez la police.
10. **Ayez le sens des responsabilités** Ne prenez jamais le volant quand vous êtes trop fatigué ou si vous avez bu de l'alcool!

[1] *driver* [2] *allowed* [3] *rules* [4] *lane* [5] *Keep up*

1. Qu'est-ce qu'un bon conducteur doit toujours faire avant de démarrer? ______________________

____

2. Pourquoi est-ce qu'il ne faut jamais rouler trop vite? ______________________

____

3. Quelles sont deux choses qu'un bon conducteur fait toujours sur l'autoroute? ______________________

____

4. Quelles sont trois choses qu'il faut faire pour s'assurer que sa voiture fonctionne bien? ______________________

____

5. Qu'est-ce qu'un bon conducteur doit faire si le voyant d'huile s'allume? ______________________

____

6. Qu'est-ce qu'un bon conducteur doit faire s'il voit une voiture en panne ou s'il y a un accident?

____

7. Quand ne faut-il jamais conduire? ______________________

____

8. Citez trois choses supplémentaires qu'un bon conducteur doit faire ou ne pas faire, d'après le texte.

____

Unité 4

LECTURE SUPPLÉMENTAIRE

Leçon 4A

1 **Conversation** Read this conversation between Mr. and Mrs. Lemoîne. Then answer the questions using complete sentences.

M. LEMOÎNE Chérie, est-ce que tu vas aller en ville ce matin?

MME LEMOÎNE Oui, je dois faire des courses. Et j'ai besoin de retirer de l'argent. Je n'ai plus de liquide.

M. LEMOÎNE Notre nouvelle carte de crédit est arrivée, tu sais. Il faut aller la chercher.

MME LEMOÎNE Pas de problème. Je peux le faire en même temps.

M. LEMOÎNE Merci. Et tu pourrais aller à la poste pour envoyer ce colis?

MME LEMOÎNE Oui, je pensais y aller de toute façon. J'ai besoin de timbres pour l'Amérique.

M. LEMOÎNE Pour l'Amérique? Pourquoi?

MME LEMOÎNE La fille de Nadine y passe quelques mois. Elle nous a envoyé une carte, alors je vais lui écrire une petite lettre.

M. LEMOÎNE Et qu'est-ce que tu vas faire d'autre en ville?

MME LEMOÎNE Eh bien, j'ai rendez-vous au salon de beauté à 10 heures pour me faire coiffer. Et ensuite, je vais aller à la boutique de vêtements de la rue Victor Hugo pour acheter quelque chose pour l'anniversaire de mon amie Nathalie. Ah! Il faut aussi que je passe à la pharmacie. Nous n'avons plus d'aspirine.

M. LEMOÎNE Tu veux manger avec moi en ville?

MME LEMOÎNE Oui, bonne idée. Où veux-tu aller?

M. LEMOÎNE Il y a une nouvelle brasserie en ville. On m'a dit qu'on y mange très bien. Ça te dit?

MME LEMOÎNE Oui, pourquoi pas? Elle est où?

M. LEMOÎNE Avenue de la République, près de la bijouterie.

MME LEMOÎNE Bon. On se retrouve à midi et demie?

M. LEMOÎNE D'accord. Ah! Et si tu as le temps, prends-moi le journal chez le marchand de journaux.

MME LEMOÎNE D'accord. À tout à l'heure.

1. Pourquoi Madame Lemoîne va-t-elle aller en ville aujourd'hui? ____________________
2. Qu'est-ce que son mari lui demande d'aller chercher? Où va-t-elle aller et que va-t-elle faire d'autre à cet endroit? ____________________
3. Qu'est-ce que Madame Lemoîne va faire à la poste? ____________________
4. Où Madame Lemoîne va-t-elle aller à 10 heures? Pourquoi? ____________________
5. Que va-t-elle acheter dans la boutique de vêtements? ____________________
6. Que propose Monsieur Lemoîne à Madame Lemoîne pour le déjeuner? ____________________
7. Où et quand les Lemoîne vont-ils se retrouver? ____________________
8. Madame Lemoîne va dans quels autres magasins? Que va-t-elle y acheter? ____________________

Nom ______________________ Date ______________________

Unité 4

LECTURE SUPPLÉMENTAIRE

Leçon 4B

1 **Les bateaux-mouches** Many people visiting Paris enjoy taking a sightseeing cruise along the Seine aboard the famous bateaux-mouches. Read this brochure about the sights one can see while on the tour, and answer the questions using complete sentences.

Croisière[1] en bateau-mouche

Adultes 8 € Enfants (moins de 12 ans) 4 €

L'embarquement pour la croisière se fait tout près de la tour Eiffel, sur la rive[2] droite de la Seine. Pour y arriver, traversez le pont et descendez par l'escalier qui est près des bancs. Allez tout au bout du quai et vous verrez notre bateau. Embarquement à 16h00.

Les sites dans l'ordre où ils seront vus

Vous verrez d'abord les Invalides, le musée d'Orsay et l'Institut de France qui sera un peu plus loin, sur votre droite. Nous continuerons ensuite jusqu'à Notre-Dame et l'île Saint-Louis. Ensuite, le bateau tournera après l'île Saint-Louis et il partira dans l'autre direction. Notre-Dame sera à nouveau devant vous. Nous continuerons tout droit et en face de Notre-Dame, vous verrez l'Hôtel de Ville, sur votre droite. Nous passerons ensuite près de la Conciergerie, puis le grand bâtiment que vous verrez sur votre droite sera le musée du Louvre. Après le Louvre, nous verrons la place de la Concorde avec son grand carrefour et son célèbre obélisque. Toujours à droite, vous verrez ensuite le Grand Palais, sur l'avenue Eisenhower. Vous aurez alors une vue magnifique sur la tour Eiffel, sur votre gauche, en face du Trocadéro. Pendant la croisière, le bateau passera sous de nombreux ponts, dont le célèbre Pont Neuf. Vous pourrez alors admirer les magnifiques statues qu'on trouve sur ces ponts. La croisière se terminera vers 17 heures, près de la tour Eiffel, au même endroit qu'à l'embarquement.

[1] *Cruise* [2] *bank*

1. Comment va-t-on jusqu'au bateau? ______________________
2. Que fera le bateau après avoir dépassé l'île Saint-Louis? ______________________
3. L'Hôtel de Ville est-il loin de Notre-Dame? ______________________
4. Quel bâtiment se trouve à côté de la Conciergerie? ______________________
5. Qu'est-ce qu'il y a sur la place de la Concorde? ______________________
6. Où se trouve le Grand Palais? ______________________
7. Quel endroit célèbre se trouve en face du musée du Louvre? ______________________
8. Où se trouve la tour Eiffel? ______________________
9. À quelle heure est-ce que la croisière commence? Quand est-ce qu'elle finit? ______________________

Optional Test Sections

Nom ______________________ Date ______________________

Unité 5

LECTURE SUPPLÉMENTAIRE

Leçon 5A

1 **Un CV réussi** Read this magazine article about how to write a good résumé. Then answer the questions using complete sentences.

Conseils pour un bon curriculum vitæ

Le curriculum vitæ, ou CV, est un document dont on a besoin quand on cherche du travail. Il raconte la vie de quelqu'un en trois grandes sections: Études; Expériences professionnelles; Autres renseignements. En général, le CV ne doit pas dépasser une page tapée à l'ordinateur.

Voici quelques conseils pour préparer un bon CV:

- En titre, indiquez le type de travail que vous recherchez. Exemple: Chef du personnel.
- En haut[1] du CV, indiquez: votre nom et vos prénoms, votre adresse, votre numéro de téléphone et votre adresse e-mail.
- Dans la première section, présentez vos études et formations, des plus récentes aux plus anciennes (*old*).
- Dans la deuxième section, décrivez vos expériences professionnelles. Indiquez: le domaine d'activité (par exemple, marketing) et le poste occupé (par exemple, directeur), la période d'activité, le nom de l'entreprise et la ville où elle se trouve. Décrivez aussi vos responsabilités, par exemple: accueil des clients, commandes, prise de rendez-vous. N'oubliez pas de mentionner vos stages.
- Dans la troisième section, indiquez les langues étrangères que vous parlez, vos compétences en informatique et vos activités culturelles ou associatives (par exemple: Bénévole dans un hôpital) et vos loisirs. Ajoutez aussi les distinctions éventuelles que vous avez reçues (par exemple: Employé de l'année) et les références que vous désirez utiliser.

[1] *At the top*

1. Quelles sont les trois grandes sections du CV? ______________________
2. Quels sont deux conseils généraux qu'on donne pour un bon CV? ______________________
3. Que doit-on indiquer dans le titre du CV? ______________________
4. Dans quel ordre décrit-on ses études et autres formations? ______________________
5. Que doit-on indiquer pour chaque expérience qu'on a eue? ______________________
6. Où mentionne-t-on les langues étrangères que l'on connaît? ______________________
7. Quelles sortes d'activités décrit-on dans la section *Autres renseignements*? ______________________
8. Si on veut utiliser des références, où les indique-t-on? ______________________

Nom ______________________ Date ______________________

Unité 5

LECTURE SUPPLÉMENTAIRE

Leçon 5B

1 **Petites annonces** Read these ads from a Francophone website that posts job openings. Then answer the questions using complete sentences.

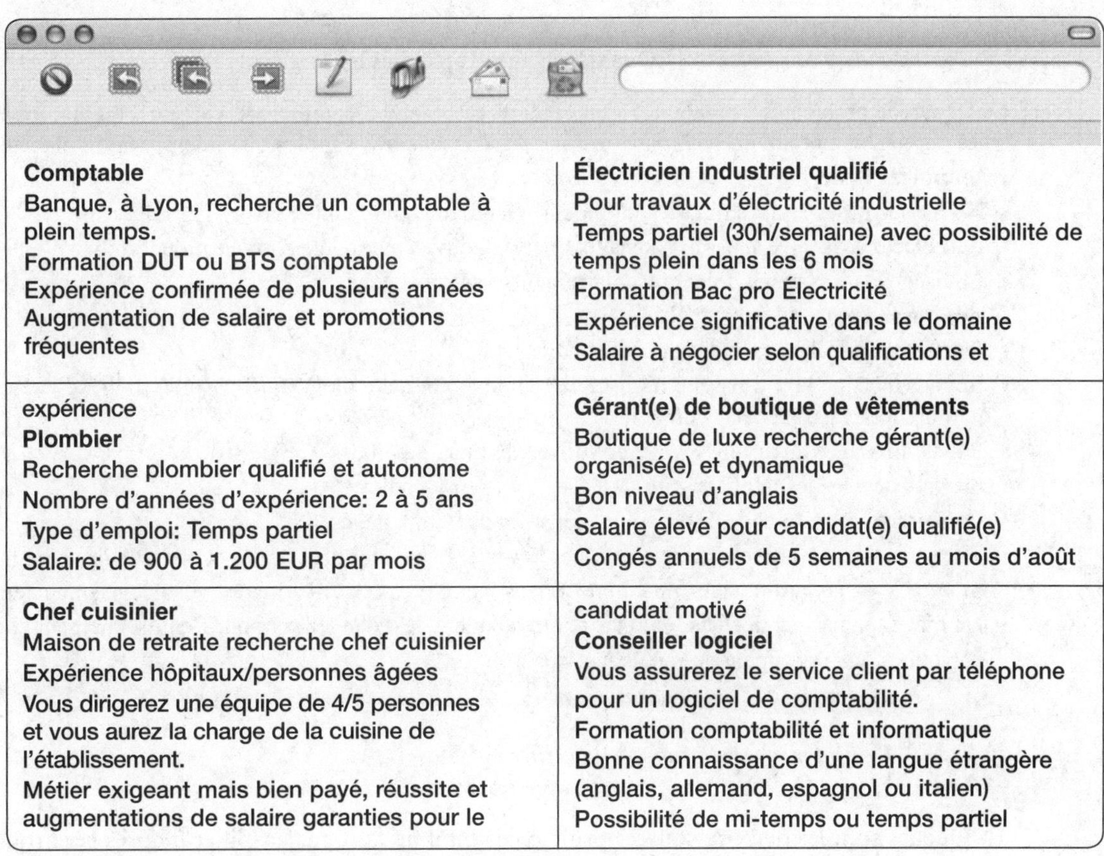

Comptable Banque, à Lyon, recherche un comptable à plein temps. Formation DUT ou BTS comptable Expérience confirmée de plusieurs années Augmentation de salaire et promotions fréquentes	**Électricien industriel qualifié** Pour travaux d'électricité industrielle Temps partiel (30h/semaine) avec possibilité de temps plein dans les 6 mois Formation Bac pro Électricité Expérience significative dans le domaine Salaire à négocier selon qualifications et
expérience **Plombier** Recherche plombier qualifié et autonome Nombre d'années d'expérience: 2 à 5 ans Type d'emploi: Temps partiel Salaire: de 900 à 1.200 EUR par mois	**Gérant(e) de boutique de vêtements** Boutique de luxe recherche gérant(e) organisé(e) et dynamique Bon niveau d'anglais Salaire élevé pour candidat(e) qualifié(e) Congés annuels de 5 semaines au mois d'août
Chef cuisinier Maison de retraite recherche chef cuisinier Expérience hôpitaux/personnes âgées Vous dirigerez une équipe de 4/5 personnes et vous aurez la charge de la cuisine de l'établissement. Métier exigeant mais bien payé, réussite et augmentations de salaire garanties pour le	candidat motivé **Conseiller logiciel** Vous assurerez le service client par téléphone pour un logiciel de comptabilité. Formation comptabilité et informatique Bonne connaissance d'une langue étrangère (anglais, allemand, espagnol ou italien) Possibilité de mi-temps ou temps partiel

1. Comment cette annonce décrit-elle l'emploi de chef cuisinier? ______________________

2. Pour quel(s) métier(s) demande-t-on un bon niveau en langue étrangère? ______________________

3. Quels sont les deux avantages mentionnés pour l'emploi de comptable? ______________________

4. Quels sont les métiers qui ne sont pas à plein temps? ______________________

5. Quelle formation est-ce qu'on demande pour l'emploi de comptable? Et pour l'emploi d'électricien? ______________________

6. Quelles seront les responsabilités du chef cuisinier? ______________________

7. Quand est-ce que la personne qui acceptera le travail de gérant(e) pourra prendre ses congés? ______________________

8. Résumez en une phrase les responsabilités du conseiller logiciel téléphonique. ______________________

Nom ____________________ Date ____________________

Unité 6

LECTURE SUPPLÉMENTAIRE

Leçon 6A

1 **La Terre** Read this magazine article about conservation. Then answer the questions using complete sentences.

Quelques conseils pour aider la Terre

Beaucoup de problèmes écologiques sont liés[1] au gaspillage d'énergie et d'eau ainsi qu'aux problèmes créés par nos nombreux déchets. Suivez donc ces conseils très simples qui aideront notre planète.

Économisez l'énergie

- Ne laissez ni les lampes ni la télé allumées quand vous quittez une pièce.
- Remplacez les vieux appareils ménagers par de nouveaux modèles qui gaspillent moins d'énergie.
- Envisagez[2] un système d'énergie solaire pour votre résidence.

Économisez l'eau

- Prenez des douches courtes et non des bains.
- Si vous avez un lave-vaisselle, utilisez-le! Un lave-vaisselle plein (*full*) gaspille moins d'eau que de nombreuses vaisselles dans un évier.
- Pour l'arrosage[3] du jardin, gardez et utilisez de l'eau de pluie.

Triez[4] et recyclez les déchets

- Choisissez de préférence des produits dans des éco-emballages.
- Triez vos déchets et recyclez le plastique, le verre, le papier et les boîtes et emballages en aluminium.
- Si vous avez un jardin, créez un compost dans lequel vous pourrez mettre vos déchets ménagers.
- Ne mettez jamais de déchets toxiques à la poubelle. C'est dangereux pour l'environnement et pour les personnes qui s'occupent du ramassage des ordures.

[1] *linked* [2] *Consider* [3] *watering* [4] *Pick through*

1. Quelles sont les deux ressources principales qu'il ne faut pas gaspiller d'après cet article? ____________________
2. Mentionnez deux choses qu'on doit faire pour conserver l'énergie. ____________________
3. Quel type d'énergie recommande-t-on pour la maison? ____________________
4. Où vaut-il mieux laver la vaisselle, dans l'évier ou dans le lave-vaisselle? Pourquoi? ____________________
5. Que peut-on faire d'autre pour éviter de gaspiller l'eau? ____________________
6. Quand on fait des courses, que faut-il choisir de préférence? ____________________
7. Quelles sont deux autres choses qu'on peut faire pour améliorer le problème des déchets? ____________________
8. Pourquoi ne faut-il pas mettre les déchets toxiques à la poubelle? ____________________

Optional Test Sections

Nom ______________________ Date ______________________

Unité 6

LECTURE SUPPLÉMENTAIRE

Leçon 6B

1 **L'écotourisme** Read this letter a French student wrote to his parents while on an eco-tour in Canada. Then answer the questions using complete sentences.

Le 12 juin

Cher papa, chère maman,

Me voici donc au Québec avec un groupe de jeunes francophones qui participent à un circuit d'écotourisme. Nous visitons les magnifiques parcs de la région et nous apprenons beaucoup de choses sur l'environnement, les différentes espèces d'animaux et leurs habitats et sur la préservation en général. Ici, la nature est vraiment splendide et, en cette saison, il y a toute sorte de plantes et de fleurs intéressantes. Hier, nous avons fait une grande randonnée dans une forêt qui a été menacée par le déboisement, il y a quelques années. Heureusement, beaucoup d'efforts ont été faits et tous les grands arbres ont été sauvés[1], ce qui est vraiment formidable car[2] cela a aussi permis d'éviter l'extinction d'une espèce particulière d'écureuils qui vit[3] ici. Malheureusement, il y a un autre danger qui menace la région en ce moment. Le cours d'eau principal est pollué, parce qu'il y a une fuite[4] dans une usine qui n'est pas très loin d'ici. On recommande de ne plus pêcher dans la rivière et de ne plus nager dans le lac. Quel dommage! Tout le monde ici souhaite qu'on trouve une solution rapidement, car il est important de continuer à protéger la région pour les nombreux animaux qui ont leur habitat ici, et pour nous aussi, bien sûr. Ah! J'entends qu'on m'appelle pour le pique-nique du déjeuner. Je vous embrasse.

À bientôt,
Yannick

[1] *saved* [2] *since* [3] *lives* [4] *leak*

1. Dans quel genre d'endroit est-ce que le groupe de Yannick fait son circuit d'écotourisme?
____
2. Quels sont les sujets de discussion pendant ce circuit? ______________________
____
3. Que pense Yannick de la région en cette saison? ______________________
____
4. Il y a quelques années, quel était le danger pour la forêt mentionnée par Yannick? ______________________
____
5. Décrivez la situation de cette forêt aujourd'hui. ______________________
____
6. Pour quels animaux est-ce que cette forêt est aussi très importante? ______________________
____
7. Quel problème écologique y a-t-il dans la région en ce moment? ______________________
____
8. Que recommande-t-on de ne plus faire à cause de ce problème? ______________________
____

Optional Test Sections

Unité 7

LECTURE SUPPLÉMENTAIRE

Leçon 7A

1 **Des événements culturels** Read this excerpt from a weekly Paris events guide. Then answer the questions using complete sentences.

Cette semaine à Paris

Vive l'amour! Spectacle / Comédie musicale. Plus de trente artistes, acteurs, chanteurs, danseurs, comédiens et musiciens.

La Légende du bateau bleu Genre: Danse contemporaine. Le personnage principal, Noël, cherche un bateau qui a disparu[1] il y a cent ans, en Afrique… Le spectacle présente une troupe de dix jeunes danseurs venus du Sénégal. Billets en vente à la FNAC.

Mylène Farmer au Palais Omnisports de Paris Bercy les 15 et 16 janvier.
Prix des places: de 60 à 165 €. La célèbre chanteuse revient sur scène avec plus de 20 nouvelles chansons et un spectacle qui sera couvert d'applaudissements!

Ma femme est partie Au Théâtre des Rosiers. Metteur en scène: Fabrice Laparte. Avec Cécile Hugo et Martial Petit. Un début classique pour une tragédie: Nina, la femme de Fred, le quitte pour son meilleur ami…

***Les 4 saisons* de Vivaldi** Concert, le 18 janvier à 20h30. La Maison des Arts présente *Les 4 saisons* par un orchestre de musique classique fondé par le célèbre violoniste Maurice Durand. Avec Gérard Lerain au piano.

[1] *disappeared*

1. Où peut-on sortir cette semaine si on aime le violon et la musique classique en général?

   ____

2. Dans quels spectacles va-t-il y avoir de la danse? ____________________

   ____

3. Quel genre de spectacle est *Ma femme est partie*? ____________________

   ____

4. Comment est décrit le spectacle de Mylène Farmer? ____________________

   ____

5. Que fait le personnage principal dans le spectacle de danse contemporaine? ____________________

   ____

6. Dans quel spectacle est-ce qu'il y a le plus d'artistes différents? ____________________

   ____

7. Dans quels spectacles va-t-on pouvoir écouter de la musique? ____________________

   ____

8. Quel spectacle avez-vous envie de voir? Pourquoi? ____________________

   ____

Optional Test Sections

Nom ______________________ Date ______________________

Unité 7

LECTURE SUPPLÉMENTAIRE

Leçon 7B

1 **Les programmes télévisés** Read this excerpt from a French TV program. Then answer the questions that follow using complete sentences.

Vendredi 19 décembre **Votre après-midi et soirée télé**	
13.00	Journal télévisé : Toutes les actualités nationales et internationales
13.30	La météo de Mohammed Mezza
13.35	Du côté de chez soi : Le magazine de la maison et du jardin
14.35	Les critiques littéraires : Toute l'actualité littéraire du moment. Cette semaine : Kalif Addiba ou la tradition des contes africains
14.55	Vive Monet! Documentaire sur le peintre, avec découverte de ses chefs-d'œuvre au musée d'Orsay.
15.30	Inspecteur Mariel : Film policier de Luc Bernard, avec Noah Crochette. Une histoire passionnante!
17.30	Qui veut faire un voyage de rêve? Jeu télévisé animé par Sylvie Goncourt
18.00	Gros chiens-chiens (Dessin animé)
18.30	Rue des Lilas : Feuilleton français avec Martine Yvesse. Christine abandonne ses études à l'université pour devenir poétesse…
19.00	Des stars, encore des stars : Émission de variétés présentée par Yasmine Amani. Avec le chanteur Paul Richard, le danseur Marc Genêt et l'actrice Annie Germain.
20.30	Journal télévisé
21.00	Montréal 3010 : Film de science-fiction de Paul Marin, avec Nina Vanderbilt.

1. Qui est Kalif Addiba? Quel genre de livres écrit-il? ______________________

2. Dans quelle émission pourrait-on voir de beaux tableaux? Quel musée pourrait-on visiter? ______________________

3. Si on veut savoir le temps qu'il va faire en France, quel programme devrait-on regarder? À quelle heure? ______________________

4. Quel programme devrait-on regarder pour connaître les nouvelles d'aujourd'hui? À quelle heure? ______________________

5. Dans le feuilleton *Rue des Lilas*, on raconte (*tells*) l'histoire de qui? Que veut faire cette personne? ______________________

6. Combien de films y a-t-il aujourd'hui à la télé? Quels sont les genres de ces films? ______________________

7. Y a-t-il un programme pour les enfants aujourd'hui? Si oui, lequel? ______________________

8. Quel genre de personnes participent à l'émission de variétés de Yasmine Amani? ______________________

ANSWERS TO QUIZZES

Leçon PA

VOCABULARY QUIZ I

1 1. e 2. f 3. a 4. c 5. b

2 1. un studio 2. un lavabo 3. des rideaux 4. un fauteuil 5. une affiche

3 1. quartier 2. loyer 3. armoire 4. déménager 5. tapis 6. résidence 7. emménager 8. tiroirs 9. escaliers

VOCABULARY QUIZ II

1 Answers will vary.

2 Answers will vary.

3 Answers will vary.

GRAMMAR PA.1 QUIZ I

1 1. avons déménagé 2. étaient 3. faisait 4. ai eu 5. ne sont pas nées 6. Achetais-tu

2 1. a mis 2. aviez 3. prenait 4. sont montés 5. sont rentrées 6. avons choisi 7. fallait

3 1. Mes parents et moi allions au restaurant deux fois par semaine. 2. D'habitude, étiez-vous fatigués après un match de football? 3. Tes grands-parents jouaient régulièrement au tennis. 4. Le concert a commencé à huit heures. 5. Elle est morte dans un accident.

GRAMMAR PA.1 QUIZ II

1 Answers will vary.

2 Answers will vary.

3 Answers will vary.

GRAMMAR PA.2 QUIZ I

1 1. b 2. a 3. c 4. a

2 1. est partie/partait 2. a appelé 3. sommes arrivés 4. n'a pas trouvé/ne trouvait pas 5. n'était pas 6. a commencé 7. avons attendu 8. a réussi 9. avons pris 10. avons monté 11. sommes entrés 12. avait

3 1. Tout à coup, Mme Dialo a eu peur. 2. Mes cousines buvaient parfois du thé. 3. Nous avons vécu en Chine pendant deux ans. 4. Vous étiez médecin quand vous avez rencontré Clarisse?

GRAMMAR PA.2 QUIZ II

1 Answers will vary.

2 Answers will vary.

3 Answers will vary.

Leçon PB

VOCABULARY QUIZ I

1 1. la salle à manger 2. un aspirateur 3. la poussière 4. un tapis 5. un balai

2 1. sales 2. congélateur, frigo 3. couverture 4. grille-pain 5. débarrasses 6. (four à) micro-ondes 7. four 8. cafetière 9. cuisinière

3 1. la salle à manger 2. la cuisine 3. la salle de bains 4. la chambre 5. la salle de séjour

VOCABULARY QUIZ II

1 Answers will vary.

2 Answers will vary.

3 Answers will vary.

GRAMMAR PB.1 QUIZ I

1 1. Tout à coup, la vieille femme est descendue au sous-sol. 2. Christophe et Danielle montaient souvent ces escaliers. 3. Saliou et toi avez perdu vos calculatrices hier soir. 4. Un jour, Marianne est partie pour Dakar. 5. Simon et moi mangions parfois au restaurant japonais.

2 1. étions 2. allions 3. nagions 4. a trouvé 5. avait

3 1. Nadine faisait la lessive quand ses copines sont arrivées. 2. Mes parents dormaient quand l'horloge est tombée du mur. 3. Nous balayions la cuisine quand Hubert a sorti la poubelle. 4. Vous jouiez ensemble quand nous avons quitté la maison. 5. Il rangeait sa chambre quand son ami a appelé.

GRAMMAR PB.1 QUIZ II

1 Answers will vary.

2 Answers will vary.

3 Answers will vary.

GRAMMAR PB.2 QUIZ I

1 1. connaissait 2. savez 3. ont su 4. Sait 5. savait

2 1. connais, ai connu 2. sais, connais 3. Savent, connaissent 4. savait, a su 5. connaît, sait

3 1. Il les a connus hier. 2. Nous ne savons / Je ne sais pas conduire. 3. Je ne l'ai pas reconnue. 4. Ils connaissent un bon restaurant québécois. 5. Non, nous ne savons pas faire la cuisine.

GRAMMAR PB.2 QUIZ II

1 Answers will vary.

2 Answers will vary.

3 Answers will vary.

Leçon 1A

VOCABULARY QUIZ I

1 1. g 2. e 3. f 4. b 5. a

2 1. fraises 2. viande 3. de la confiture 4. les poivrons rouges 5. d'ail

3 1. pommes de terre 2. pâtes 3. goûter 4. yaourt 5. cuisiner 6. légumes 7. œufs 8. tarte 9. riz 10. oignons

VOCABULARY QUIZ II

1 Answers will vary.

2 Answers will vary.

3 Answers will vary.

GRAMMAR 1A.1 QUIZ I

1 1. il y a/pendant 2. devenu 3. venues 4. depuis 5. vient 6. pendant

2 1. venons 2. est revenue 3. n'a pas retenu 4. venaient 5. sont devenues 6. maintient

3 1. Oui, je viens de finir mes devoirs! 2. Oui, elle vient de mourir! 3. Oui, nous venons de déjeuner! / Oui, on vient de déjeuner. 4. Oui, elles viennent de mettre le poulet dans le four!

GRAMMAR 1A.1 QUIZ II

1 Answers will vary.

2 Answers will vary.

3 Answers will vary.

GRAMMAR 1A.2 QUIZ I

1 1. dois 2. veulent 3. a dû 4. veut 5. peux 6. devions 7. avez pu 8. Voulez 9. doivent 10. n'a pas voulu

2 1. Benoît et toi, vous devez choisir la musique. 2. Samir et Farida peuvent acheter les boissons. 3. Alisha et moi, nous voulons préparer deux gâteaux. 4. Je dois laver le tapis. 5. Tu veux aller au supermarché.

3 1. veux 2. veux 3. peux 4. devons 5. doit

GRAMMAR 1A.2 QUIZ II

1 Answers will vary.

2 Answers will vary.

3 Answers will vary.

Leçon 1B

VOCABULARY QUIZ I

1 a. 6 b. 3 c. 4 d. 1 e. 5 f. 7 g. 2

2 1. une cuillère à soupe 2. une nappe 3. un bol 4. de la crème 5. à la charcuterie 6. une entrée/un hors-d'œuvre 7. à la pâtisserie 8. la carte/le menu

3 1. On utilise un couteau et une fourchette. 2. On peut acheter des fruits de mer à la poissonnerie. 3. On ajoute du sel et du poivre. 4. On vend du bœuf à la boucherie. 5. On fait attention à ce qu'on mange quand on est au régime.

VOCABULARY QUIZ II

1 Answers will vary.

2 Answers will vary.

3 Answers will vary.

GRAMMAR 1B.1 QUIZ I

1 1. C'est l'examen le plus difficile du monde. 2. C'est la meilleure chanteuse du monde. 3. Ce sont les livres les moins intéressants du monde. 4. Ce sont les plus belles filles du monde. / Ce sont les filles les plus belles du monde.

2 1. Les poires sont meilleures que les pommes. 2. Béatrice est aussi intelligente que Romain. 3. Nous nageons mieux que vous. 4. La soupe est pire/plus mauvaise que la salade. 5. Éva explique aussi patiemment que Laurence.

3 1. Non, les étudiants parlent moins bien que le professeur. 2. Il joue mieux que moi. 3. Il est aussi facile que le/mon cours de chimie.

GRAMMAR 1B.1 QUIZ II

1 Answers will vary.

2 Answers will vary.

3 Answers will vary.

GRAMMAR 1B.2 QUIZ I

1 1. b 2. c 3. a 4. c 5. b

2 1. Natalie les lui a données. 2. Pose-les-moi. 3. Mes cousins me l'ont prêtée. 4. Nous allons les lui montrer. 5. Je veux les leur lire.

3 1. Dis-la-lui! 2. Ne les leur donnez pas! 3. Rendez-les-moi! 4. Vendons-les-lui! 5. Ne nous l'explique pas!

GRAMMAR 1B.2 QUIZ II

1 Answers will vary.

2 Answers will vary.

3 Answers will vary.

Leçon 2A

VOCABULARY QUIZ I

1 1. c 2. b 3. b 4. a 5. c 6. a

2 1. le cou 2. les pieds 3. les yeux 4. les cheveux 5. le visage 6. les dents 7. la taille 8. la tête

3 1. brosser les dents 2. serviette de bain 3. toilette 4. savon 5. s'habiller 6. réveil

VOCABULARY QUIZ II

1 Answers will vary.

2 Answers will vary.

3 Answers will vary.

GRAMMAR 2A.1 QUIZ I

1 1. Nous nous brossons les cheveux. 2. Je me sèche. 3. Patrick s'habille/se déshabille. 4. Vous vous lavez les cheveux.
5. Marina et Géraldine se brossent les dents.

2 1. Vous vous séchez les cheveux avec une serviette de bain. 2. Ma mère ne se maquille pas tous les matins. 3. Nous nous habillons après le petit-déjeuner. 4. Tu te réveilles tard le dimanche matin. 5. Tout le monde s'endort dans le salon.

3 1. À quelle heure (tes parents et toi) vous réveillez-vous? 2. Te laves-tu les cheveux tous les jours? 3. Pendant combien de temps tes sœurs s'habillent-elles? 4. Ton père s'endort-il vite? 5. Le week-end, à quelle heure ton frère se lève-t-il?

GRAMMAR 2A.1 QUIZ II

1 Answers will vary.

2 Answers will vary.

3 Answers will vary.

GRAMMAR 2A.2 QUIZ I

1 1. vous souvenez 2. s'énervent 3. s'assied 4. se préparer 5. nous mettons 6. se promène 7. m'ennuie 8. t'amuser 9. se souviennent 10. s'inquiètent

2 1. m'entends 2. s'appellent 3. nous intéressons 4. se trouve 5. t'ennuies 6. m'arrête

3 1. Asseyez-vous 2. Ne t'inquiète pas! 3. Repose-toi! 4. Arrêtons-nous!

GRAMMAR 2A.2 QUIZ II

1 Answers will vary.

2 Answers will vary.

3 Answers will vary.

Leçon 2B

VOCABULARY QUIZ I

1 1. c 2. g 3. b 4. a 5. e

2 1. Il a mal au cœur/au ventre. 2. Elle a mal au(x) bras. 3. J'ai mal aux dents. 4. Nous avons mal aux jambes/aux pieds. 5. Tu as mal à la gorge.

3 1. guérit 2. urgences 3. la ligne 4. éternuer 5. enceinte 6. forme/bonne santé 7. pilules 8. l'ordonnance 9. piqûre 10. symptômes

VOCABULARY QUIZ II

1 Answers will vary.

2 Answers will vary.

3 Answers will vary.

GRAMMAR 2B.1 QUIZ I

1 1. c 2. c 3. a 4. b 5. c

2 1. me suis couchée 2. me sentais 3. éternuais 4. toussais 5. me suis endormie 6. me suis réveillée 7. s'est cassé 8. s'est foulé 9. s'est énervée

3 1. Elle s'est blessée. 2. je me suis foulé la cheville. 3. ils se sont cassé la jambe. 4. ils se sont disputés. 5. Il s'est mis en colère. 6. Elles se sont bien amusées.

GRAMMAR 2B.1 QUIZ II

1 Answers will vary.

2 Answers will vary.

3 Answers will vary.

GRAMMAR 2B.2 QUIZ I

1 1. Oui, elle en a acheté beaucoup. 2. Non, nous n'y allions pas souvent./Non, je n'y allais pas souvent. 3. Oui, il m'en a fait une. 4. Non, je ne m'en suis pas occupé. 5. Non, elles ne s'y intéressent pas.

2 1. Nous allons les y amener. 2. Leur en envoyez-vous? 3. Tu lui en parles? 4. Mon grand-père les y range. 5. Je les y ai trouvées. 6. Vous m'en donnez. 7. Il préfère leur en lire. 8. Je les y ai mis. 9. Tu lui y as téléphoné? 10. Nous ne leur en prêtons pas.

3 1. Parles-en! 2. Pensez-y! 3. Vas-y! 4. Cherchons-en! 5. Manges-en!

GRAMMAR 2B.2 QUIZ II

1 Answers will vary.

2 Answers will vary.

Leçon 3A

VOCABULARY QUIZ I

1 1. c 2. a 3. b 4. a 5. b 6. a 7. c 8. b

2 1. sauvegarder 2. éteint 3. enregistrer 4. graver 5. smartphone/portable 6. lecteur (de) CD 7. télécommande 8. ligne 9. jeux vidéo 10. appareil photo (numérique)

3 1. La première page s'appelle la page d'accueil. 2. Tu utilises l'imprimante. 3. Tu utilises la souris. 4. Tu dois te souvenir de ton mot de passe. 5. Non, on sauvegarde les fichiers sur le disque dur. 6. Tu dois télécharger un logiciel.

VOCABULARY QUIZ II

1 Answers will vary.

2 Answers will vary.

3 Answers will vary.

GRAMMAR 3A.1 QUIZ I

1 1. de 2. à 3. à 4. X 5. de 6. à

2 1. apprendre 2. décidé 3. évite 4. adorons 5. continue 6. savent 7. rêvez

3 1. Hier, elle a oublié d'éteindre le moniteur. 2. Mes tantes ont appris à surfer sur Internet la semaine dernière. 3. Nous nous amusons bien à jouer à des jeux vidéo. 4. Mon copain hésite à acheter un smartphone. 5. Vous refusez d'acheter une tablette?

GRAMMAR 3A.1 QUIZ II

1 Answers will vary.

2 Answers will vary.

3 Answers will vary.

GRAMMAR 3A.2 QUIZ I

1 1. s 2. X 3. s 4. es 5. X

2 1. nous sommes parlé 2. nous sommes donné 3. nous sommes retrouvés 4. ne nous sommes plus téléphoné 5. nous sommes quittés

3 1. Ils se sont rencontrés à une fête. 2. Ils se sont regardés toute la soirée. 3. Ils se sont donné leurs numéros de téléphone. 4. Ils se sont retrouvés au café tous les samedis. 5. Ils se sont embrassés pour la première fois hier.

GRAMMAR 3A.2 QUIZ II

1 Answers will vary.

2 Answers will vary.

3 Answers will vary.

Leçon 3B

VOCABULARY QUIZ I

1 1. d 2. h 3. g 4. b 5. a 6. c

2 1. ton permis de conduire 2. le volant 3. faire le plein 4. le capot 5. circulation

3 1. essuie-glaces 2. rétroviseur 3. ceinture de sécurité 4. me garer 5. freins 6. embrayage 7. autoroute 8. pneu crevé 9. pare-chocs 10. policier 11. en panne 12. pression

VOCABULARY QUIZ II

1 Answers will vary.

2 Answers will vary.

3 Answers will vary.

GRAMMAR 3B.1 QUIZ I

1 1. ont découvert 2. ouvrir 3. souffres 4. couvrir 5. découvrons 6. offrez 7. ouvrent 8. a ouvert 9. souffrons 10. couvrir

2 1. souffre toujours avant un examen. 2. ouvrons nos cadeaux. 3. découvre beaucoup de petits magasins chic. 4. couvre les meubles avant de partir. 5. offrons huit mille dollars.

GRAMMAR 3B.1 QUIZ II

1 Answers will vary.

2 Answers will vary.

3 Answers will vary.

GRAMMAR 3B.2 QUIZ I

1 1. attendrais 2. Devrais 3. ferions 4. auriez 5. enverraient 6. recevrais 7. faudrait 8. irions 9. viendraient 10. saurait

2 1. Je voudrais quelque chose à manger. 2. Pourriez-vous me dire où se trouve la librairie? 3. Ça t'ennuierait de faire la lessive? 4. Serait-il possible d'aller au parc aujourd'hui? 5. Nous aimerions regarder la télévision l'après-midi.

3 1. Moi, je ne prendrais pas de dessert chaque jour. 2. Papa, tu ferais de la gym trois fois par semaine. 3. Isabelle et Françoise se mettraient au lit de bonne heure. 4. Maman serait au régime. 5. Nous devrions manger beaucoup de légumes.

GRAMMAR 3B.2 QUIZ II

1 Answers will vary.

2 Answers will vary.

3 Answers will vary.

Leçon 4A

VOCABULARY QUIZ I

1 1. bureau de poste 2. salon de beauté 3. papeterie 4. bijouterie 5. marchand de journaux

2 1. d 2. e 3. c 4. h 5. a

3 1. timbre 2. mairie 3. monnaie 4. fermée 5. dépenses 6. brasserie 7. liquide 8. adresse 9. facteur 10. queue

VOCABULARY QUIZ II

1 Answers will vary.

2 Answers will vary.

3 Answers will vary.

GRAMMAR 4A.1 QUIZ I

1 1. b 2. a 3. c 4. d 5. a 6. d

2 1. croire 2. reçoivent 3. a reçu 4. as vu 5. croyez 6. aperçoivent/voient 7. croit

3 1. D'habitude, Fabrice et moi recevions beaucoup de cadeaux. 2. Tout à coup, on a vu les montagnes derrière l'église. 3. Quand j'étais enfant, je croyais aux extraterrestres. 4. Tu as reçu un appel urgent de ton bureau le week-end dernier? 5. Hier, il s'est aperçu de ses erreurs.

GRAMMAR 4A.1 QUIZ II

1 Answers will vary.

2 Answers will vary.

3 Answers will vary.

GRAMMAR 4A.2 QUIZ I

1 1. Je n'ai ni biologie ni chimie à neuf heures. 2. Personne n'est venu à la maison hier. 3. Non, elle n'a rien lu d'intéressant. 4. Non, il n'y a aucun salon de beauté près d'ici. 5. Non, je ne sors plus avec Laure.

2 1. Léonie ne se réveille jamais à sept heures. 2. Léonie ne parle aucune langue étrangère. 3. Léonie va avec quelqu'un au cinéma. 4. Léonie n'est jamais allée à Dakar./Léonie n'est allée qu'une fois à Dakar. 5. Léonie a mangé quelque chose ce matin.

3 Mardi, nous n'avons rien fait à Paris. Le soir, nous n'avons retrouvé personne au café Renoir. Je ne vais jamais retourner à ce café. Mercredi, nous n'avons visité ni le Louvre ni la tour Eiffel. Jeudi, nous n'avons vu aucun spectacle sur la place Mercure.

GRAMMAR 4A.2 QUIZ II

1 Answers will vary.

2 Answers will vary.

3 Answers will vary.

Leçon 4B

VOCABULARY QUIZ I

1 1. la banque 2. La cabine téléphonique 3. La boulangerie 4. L'université 5. le café

2 1. une avenue 2. un coin 3. un chemin 4. un bâtiment 5. se déplacer

VOCABULARY QUIZ II

1 Answers will vary.

2 Answers will vary.

3 Answers will vary.

GRAMMAR 4B.1 QUIZ I

1 1. achètera 2. chercherai 3. nettoieront 4. iras 5. choisirons 6. appellerez 7. paiera/payera 8. aurons

2 1. Je m'occuperai des courses demain. 2. Nous déposerons la voiture à la station-service demain. 3. Anne répétera au stade demain. 4. J'enverrai un e-mail à oncle Louis demain. 5. Anne et Tristan trouveront les livres à la bibliothèque demain. 6. Tristan sortira la poubelle demain.

3 1. Mes amis et moi ferons un voyage en France. 2. Ian et toi apprendrez le français. 3. Tu ne conduiras pas la nouvelle voiture de papa.

GRAMMAR 4B.1 QUIZ II

1 Answers will vary.

2 Answers will vary.

3 Answers will vary.

GRAMMAR 4B.2 QUIZ I

1 1. serons 2. achèteront 3. ferons 4. pourrez 5. iras 6. devra 7. cherchera 8. deviendrai

2 1. Il pleuvra et il fera mauvais. 2. Mes cousines viendront nous rendre visite. 3. Nous irons au cinéma avec des amis. 4. Les parents de Micheline nous enverront les livres. 5. Ce sera l'anniversaire de Mirabelle. 6. Je devrai aller chez le dentiste.

3 1. Je ferai du cheval ce vendredi matin. 2. Il saura sa nouvelle adresse la semaine prochaine. 3. Elles auront beaucoup de devoirs l'année prochaine.

GRAMMAR 4B.2 QUIZ II

1 Answers will vary.

2 Answers will vary.

3 Answers will vary.

Leçon 5A

VOCABULARY QUIZ I

1 1. f 2. b 3. d 4. h 5. c 6. g

2 1. à l'appareil 2. quitte 3. poste 4. rendez-vous 5. recommandation 6. conseils 7. numéro

3 1. candidats 2. petites annonces / journaux 3. embauche 4. domaine 5. personnel 6. Raccroche 7. employés 8. motivation 9. télécarte 10. Patientez

VOCABULARY QUIZ II

1 Answers will vary.

2 Answers will vary.

3 Answers will vary.

GRAMMAR 5A.1 QUIZ I

1 1. Je vous enverrai le colis dès que je le recevrai. 2. Ils chercheront du travail dès qu'ils finiront leurs études. 3. Les employés seront contents quand ils auront un salaire élevé. 4. Nous embaucherons des spécialistes dès que nous obtiendrons de l'argent. 5. Tu prendras un rendez-vous dès que tes parents arriveront.

2 1. es 2. êtes allé(e)(s) 3. fera 4. comprennent 5. quittera

3 1. Quand j'aurai un travail, mes enfants feront des projets. 2. Dès que vous gagnerez de l'argent, vous achèterez une voiture. 3. Dès qu'il pleuvra, les enfants rentreront chez eux. 4. J'appellerai Paul quand ma mère raccrochera. 5. Nous commencerons le traitement dès que nous saurons les résultats.

GRAMMAR 5A.1 QUIZ II

1 Answers will vary.

2 Answers will vary.

3 Answers will vary.

GRAMMAR 5A.2 QUIZ I

1 1. d 2. a 3. e 4. c 5. b

2 1. Auxquels 2. à laquelle 3. duquel 4. Laquelle 5. Lesquelles

3 1. Laquelle 2. Lesquels 3. Lequel 4. auxquels 5. auxquelles 6. desquels 7. auquel 8. Lequel 9. Lesquelles 10. à laquelle

GRAMMAR 5A.2 QUIZ II

1 Answers will vary.

2 Answers will vary.

3 Answers will vary.

Leçon 5B

VOCABULARY QUIZ I

1 1. un voisin 2. à plein temps 3. embaucher 4. une promotion 5. un homme politique

2 1. une vétérinaire 2. un chauffeur de taxi/de camion 3. un agriculteur 4. une femme au foyer 5. une électricienne 6. un cuisinier 7. un agent immobilier

3 1. assurance-maladie 2. congé 3. exigeante 4. réunion 5. augmentation 6. chômage 7. syndicat 8. plombier

VOCABULARY QUIZ II

1 Answers will vary.

2 Answers will vary.

3 Answers will vary.

4 Answers will vary.

GRAMMAR 5B.1 QUIZ I

1 1. c 2. a 3. a 4. c 5. b

2 1. resterais 2. cherchera 3. sera 4. jouaient 5. tomberez

3 1. Si les enfants étaient fatigués, ils dormiraient. 2. Si le professeur expliquait la grammaire, les élèves comprendraient mieux. 3. Si j'allais à l'étranger, j'aurais un passeport. 4. Si vous étudiiez bien, vous réussiriez à l'examen. 5. Si tu passais l'entretien, tu mettrais un tailleur.

Answers

GRAMMAR 5B.1 QUIZ II

1 Answers will vary.

2 Answers will vary.

3 Answers will vary.

GRAMMAR 5B.2 QUIZ I

1 1. qui 2. où 3. dont 4. que 5. que 6. qui

2 1. que 2. qui 3. dont 4. où 5. qui 6. dont 7. que

3 1. Il a perdu les lunettes qu'il a reçues hier. 2. Je me souviens de cette époque où mes grands-parents nous emmenaient à la montagne. 3. C'est un film classique dont l'actrice s'appelle Rebecca. 4. Le plombier qui a les cheveux noirs est très gentil. / Le plombier qui est très gentil a les cheveux noirs. 5. Arnaud a acheté les pulls que Nicole a choisis.

GRAMMAR 5B.2 QUIZ II

1 Answers will vary.

2 Answers will vary.

3 Answers will vary.

Leçon 6A

VOCABULARY QUIZ I

1 1. d 2. a 3. e 4. f 5. b

2 1. une usine 2. les emballages en plastique 3. gaspiller 4. la pluie acide 5. l'énergie solaire

3 1. nucléaire 2. environnement 3. déchets 4. interdit 5. nuage 6. glissement de terre 7. ordures 8. lois 9. améliorer 10. écologiques

VOCABULARY QUIZ II

1 Answers will vary.

2 Answers will vary.

3 Answers will vary.

GRAMMAR 6A.1 QUIZ I

1 1. Celui 2. celle 3. Celles 4. celui 5. celui 6. ceux-là

2 1. celui 2. Celle 3. ceux 4. celui 5. celles 6. celle 7. Ceux

3 1. Celles qui sont faites en verre. 2. Ceux dont ils ont besoin. 3. Celle où Pierre travaille. 4. Celui que Marion a acheté hier. 5. Celle qui danse avec Karim.

GRAMMAR 6A.1 QUIZ II

1 Answers will vary.

2 Answers will vary.

3 Answers will vary.

GRAMMAR 6A.2 QUIZ I

1 1. f 2. c 3. e 4. b 5. d 6. g 7. a

2 1. mangiez 2. vende 3. buvions 4. prennes 5. interdise 6. obtiennes 7. améliorent 8. mette 9. étudient 10. compreniez

3 1. Il est essentiel que tu viennes chez moi ce soir. 2. Il est possible que Bernice sorte avec Jacques et Denise cet après-midi. 3. Il est bon que vous ne gaspilliez pas d'eau.

GRAMMAR 6A.2 QUIZ II

1 Answers will vary.

2 Answers will vary.

3 Answers will vary.

Leçon 6B

VOCABULARY QUIZ I

1 1. la falaise 2. la pierre 3. la vallée 4. le lapin 5. l'île

2 1. Faux 2. Vrai 3. Faux 4. Faux 5. Faux

3 1. volcan 2. jeter 3. ressources 4. extinction 5. forêt 6. herbe 7. étoiles 8. déboisement 9. désert 10. sentiers

VOCABULARY QUIZ II

1 Answers will vary.

2 Answers will vary.

3 Answers will vary.

GRAMMAR 6B.1 QUIZ I

1 1. fasse 2. venions 3. prennent 4. sois 5. dormes 6. vende

2 1. gardes le secret 2. vous leviez à quatre heures 3. n'ait plus d'argent 4. faire un pique-nique 5. fassiez une grande fête 6. apprendre la mauvaise nouvelle 7. boives de la limonade

GRAMMAR 6B.1 QUIZ II

1 Answers will vary.

2 Answers will vary.

3 Answers will vary.

GRAMMAR 6B.2 QUIZ I

1 1. Mes cousines gagnent plus d'argent que mon frère. 2. Nous avons autant de devoirs que nos amis. 3. Hier, j'ai vu moins de lapins que ma sœur. 4. Il mange plus de croissants que moi. 5. Mes parents et moi gaspillons moins d'eau que notre voisin.

2 Sample answers: 1. Il y a moins de chômage dans la ville de Benjamin que dans celle d'Emma. 2. La ville de Benjamin a autant d'universités que celle d'Emma. 3. Il y a plus d'habitants dans la ville de Benjamin que dans dans celle d'Emma. 4. La ville d'Emma a moins d'usines que la ville de Benjamin. 5. La ville d'Emma a plus de lacs que la ville de Benjamin.

GRAMMAR 6B.2 QUIZ II

1 Answers will vary.

2 Answers will vary.

3 Answers will vary.

Leçon 7A

VOCABULARY QUIZ I

1 1. e 2. d 3. g 4. f 5. b 6. a

2 1. applaudi 2. entracte 3. rôle 4. troupe 5. chanson 6. place(s) 7. célèbre 8. début 9. séance 10. profiter

3 Sample answers: 1. C'est une tragédie. 2. C'est une comédie. 3. Ils s'appellent l'orchestre. 4. Un metteur en scène met en scène une pièce.

VOCABULARY QUIZ II

1 Answers will vary.

2 Answers will vary.

3 Answers will vary.

GRAMMAR 7A.1 QUIZ I

1 1. a 2. b 3. c 4. c 5. b

2 1. veuilles 2. ont rendu 3. puissiez 4. sache 5. font 6. aillent 7. a retenu 8. soit 9. profitez 10. aurons

3 1. ces metteurs en scène soient très célèbres 2. nous sachions jouer de la guitare 3. cette troupe a de belles danseuses 4. tu vas acheter des CD pendant l'entracte 5. Marie-Claude et toi alliez à l'opéra demain

GRAMMAR 7A.1 QUIZ II

1 Answers will vary.

2 Answers will vary.

3 Answers will vary.

GRAMMAR 7A.2 QUIZ I

1 1. Tu préfères la pièce de Pierre ou la tienne? 2. Mes enfants sont sérieux mais les siens sont drôles. 3. Notre opéra est plus long que le vôtre. 4. Notre tante travaille à Chicago mais la vôtre travaille à Seattle. 5. Son compositeur est bon mais les leurs sont super! 6. Tu as écrit à tes parents ou aux nôtres? 7. Sa cousine et la mienne sont allées au concert ensemble. 8. Sa grand-mère parlait souvent de sa chanson mais pas de la leur.

2 1. La mienne habite à Bordeaux. 2. Le mien est avocat. 3. Je n'aime pas les miens. 4. Je ne m'occupe jamais du mien. 5. Je parle rarement aux miennes. 6. J'ai reçu un e-mail des miens hier.

GRAMMAR 7A.2 QUIZ II

1 Answers will vary.

2 Answers will vary.

3 Answers will vary.

Answers

Leçon 7B

VOCABULARY QUIZ I

1 1. un peintre 2. une critique 3. une publicité 4. un programme 5. la météo

2 1. un documentaire 2. un jeu télévisé 3. un dessin animé 4. un feuilleton 5. les informations (infos) / les nouvelles

3 1. horreur 2. science-fiction 3. chef-d'œuvre 4. beaux-arts 5. poétesse 6. publicité 7. ancienne 8. gratuit 9. variétés 10. roman

VOCABULARY QUIZ II

1 Answers will vary.

2 Answers will vary.

3 Answers will vary.

GRAMMAR 7B.1 QUIZ I

1 1. fasse 2. parler 3. conduisions 4. puisses 5. preniez 6. partir 7. dise 8. rester

2 1. Nous allons rester à la maison à moins que les enfants veuillent aller au centre-ville. 2. Ahmed va passer à la banque avant d'aller à la poste cet après-midi. 3. Tu vas continuer à travailler jusqu'à ce que tu finisses tes devoirs. 4. Vous pouvez emprunter leur vélo à condition que vous le rendiez bientôt.

3 1. J'irai au théâtre demain à condition que tu viennes avec moi. 2. Mon oncle prend le bus pour que nous ayons la voiture. 3. Émilie et Justin vont au stade sans que leur père le sache. 4. Nous démissionnons avant que le patron nous renvoie.

GRAMMAR 7B.1 QUIZ II

1 Answers will vary.

2 Answers will vary.

3 Answers will vary.

GRAMMAR 7B.2 QUIZ I

1 1. c 2. f 3. e 4. g 5. h 6. d 7. a 8. b

2 1. répètent 2. faire 3. connaissions 4. finisse 5. peux 6. voulions

3 1. alliez à Paris cet été 2. ayez beaucoup d'examens dans ce cours 3. fassent des randonnées à la montagne 4. soyons contentes de l'appartement 5. viennent de New York dimanche prochain 6. puisses faire la cuisine pour tout le monde

GRAMMAR 7B.2 QUIZ II

1 Answers will vary.

2 Answers will vary.

3 Answers will vary.

Unité préliminaire

Leçon PA

LESSON TEST I

1 1. b 2. c 3. c 4. a 5. b

2 1. la salle de bains 2. un fauteuil; un tapis 3. un miroir/un tableau/une affiche 4. au sous-sol/au garage 5. les étagères

3 1. suis partie 2. ai rendu 3. allais 4. a plu 5. avons fait 6. était

4 1. avons loué 2. a eu 3. pleuvait 4. avons trouvé 5. avait 6. sommes montés 7. sommes entrés 8. n'était pas

5 Answers will vary.

LESSON TEST II

1 1. c 2. b 3. a 4. a 5. b

2 Answers will vary. Sample answer for Photo A: C'est un salon. Il y a deux fauteuils, un canapé et une petite table avec une lampe. Il y a aussi des rideaux (verts) et un tapis. Sample answer for Photo B: C'est une chambre. Bien sûr, il y a un lit. Il y a aussi une affiche sur le mur, une petite table avec une lampe et une commode.

3 1. a perdu 2. sommes arrivées 3. a annulé 4. a donné 5. avait 6. n'était pas

4 1. neigeait 2. faisait 3. n'avais pas 4. suis resté 5. lisais 6. a frappé 7. était 8. est venue

5 Answers will vary.

Leçon PB

LESSON TEST I

1 1. c 2. a 3. b 4. c 5. a 6. b

2 1. un lit 2. un oreiller 3. une couverture 4. un drap 5. un sèche-linge 6. le linge 7. un lave-linge 8. un balai 9. une cuisinière 10. la vaisselle

3 1. déménageait; a commencé 2. balayais; a téléphoné 3. finissaient; sont sorties 4. faisait; est arrivée

4 1. connais 2. sais 3. savez 4. connaissons 5. connaissez 6. connaissent

5 Answers will vary.

LESSON TEST II

1 1. b 2. c 3. a 4. b 5. a 6. c

2 Answers may vary slightly. 1. Il est dans la chambre, il fait le lit. Il y a un oreiller, des draps et une couverture. 2. Elle est dans la cuisine, elle regarde dans le frigo. Il y a un frigo, un congélateur et une cuisinière. 3. Elle est dans la salle de séjour, elle balaie. Il y a un balai, un canapé et une table. 4. Il est dans le couloir, il repasse. Il y a une lampe, un fer à repasser et un mur.

3 1. allais; as téléphoné 2. passait; sommes parti(e)s 3. écriviez; a mis 4. faisaient; a commencé

4 1. connais 2. connaît 3. savez 4. sais 5. savons 6. connaissez

5 Answers will vary.

Unité 1

Leçon 1A

LESSON TEST I

1 1. a 2. b 3. c 4. a 5. b

2 Answers will vary. Sample answers: *rouge*: fraises, tomates, poivrons rouges, pommes; *blanc*: ail, champignons, oignons; *vert*: haricots verts, poires, pommes, poivrons verts; *jaune*: bananes, pêches, poires; *orange*: carottes, oranges, pêches

3 1. est devenue 2. a retenus 3. tient 4. viennent; revenir

4 Answers will vary slightly. Sample answers. 1. Oui, j'ai sorti la poubelle il y a dix minutes. 2. Oui, ils viennent de faire les courses. 3. Oui, nous avons sorti le champagne il y a une heure. 4. On met ça au four pendant deux heures. 5. Oui, je viens de préparer la tarte aux fruits. 5. Oui, elle attend les invités depuis 19h00.

5 1. dois, ne veux pas 2. voulait/a voulu, n'ont pas pu/ne pouvaient pas 3. voulait, devait

6 Answers will vary.

LESSON TEST II

1 1. b 2. a 3. b 4. c 5. c

2 1. viennent; fruits de mer 2. venons; poulet 3. vient; pomme de terre 4. viens; laitue/salade. 5. viens; steak 6. venez; carotte

3 1. est devenu 2. a retenus 3. tient 4. revenir

4 Answers will vary slightly. Sample answers. 1. Oui, ils ont préparé la tarte il y a dix minutes. 2. Oui, elle vient de faire les courses. 3. On met ça au four pendant une heure. 4. Oui, nous avons sorti le champagne il y a une heure.

5. Oui, je viens de sortir la poubelle. 5. Oui, on attend les invités depuis 19h00.

5 1. dois 2. a pu 3. n'ont pas voulu 4. pouvez 5. ai dû 6. voulons

6 Answers will vary.

Leçon 1B

LESSON TEST I

1 1. c 2. a 3. a 4. b 5. c

2 Answers will vary. Sample answer: Le jeune couple dîne au restaurant. Il/Lui va prendre un steak. Elle va prendre des fruits de mer. Il commande les plats. Le serveur leur demande, «...et que voulez-vous boire?» Il y a des assiettes, des fourchettes et une nappe sur la table.

3 1. plus froid 2. aussi chers 3. moins grande 4. meilleure

4 1. le meilleur pain 2. le plus grand marché/ le marché le plus grand 3. les voisins les plus gentils / les plus gentils voisins 4. le plus vieil immeuble/l'immeuble le plus vieux

5 1. peux le lui prêter 2. le leur a donné 3. vous/ nous l'achète 4. devez nous les apporter 5. la lui rends 6. vous/nous les a prises

6 Answers will vary.

LESSON TEST II

1 1. a 2. c 3. c 4. b 5. a

2 Answers will vary. Sample answer: Le monsieur a bien mangé. Il a demandé au serveur «qu'est-ce que avez au menu/pour le déjeuner aujourd'hui?» Le client a commandé une salade verte et du poulet. Ensuite, il a pris des pommes de terre. Après son repas, il a bu un café. Il y a des assiettes, du sel, du poivre, un couteau, une cuillère et une fourchette sur la table.

3 1. moins petite 2. mieux 3. aussi délicieux 4. pire/plus mauvais

4 1. le commerçant le plus sympa 2. la boulangerie la plus extraordinaire 3. les fleurs les plus jolies 4. les escargots les plus fantastiques

5 1. pouvons le leur prêter 2. la lui a donnée 3. nous/vous les achète 4. devez nous les apporter 5. ai oublié de les lui donner 6. dois me/nous les apporter

6 Answers will vary.

Unité 2
Leçon 2A

LESSON TEST I

1 1. b 2. c 3. a 4. b 5. c 6. a 7. c 8. a 9. b 10. c

2 Answers may vary slightly. Sample answer: Dominique prend une douche. Puis, il se lave le visage. Ensuite, il se rase. Enfin, il se coiffe.

3 1. me lave les mains 2. se maquillent 3. te coiffes 4. nous réveillons/nous levons 5. vous habillez

4 1. m'amuse 2. ne se rendent pas compte; Arrêtez-vous 3. vous énervez 4. nous occupons; nous entendons bien 5. te prépares; Dépêche-toi

5 Answers will vary.

LESSON TEST II

1 1. a 2. c 3. a 4. b 5. c 6. c 7. a 8. b 9. c 10. a

2 Answers may vary slightly. Sample answer: Caroline se lève à neuf heures du matin. Puis, à dix heures, elle se lave. Après ça, à onze heures moins le quart, elle s'habille. Enfin, elle se maquille à midi moins dix.

3 1. me brosse les dents 2. se rase 3. te regardes 4. se brossent les dents 5. vous séchez

4 1. me détendre 2. repose-toi 3. nous promenons 4. s'ennuyer 5. se trouve 6. ne se souviennent pas

5 Answers will vary

Leçon 2B

LESSON TEST I

1 1. b 2. c 3. b 4. a 5. b 6. a 7. a 8. c 9. c 10. c

2 1. s'est cassé la jambe 2. a un rhume/éternue 3. a mal à la tête 4. a la grippe 5. s'est foulé la cheville 6. a mal aux dents

3 1. s'est réveillée 2. s'est levée 3. s'est lavé les mains 4. se sont coiffées 5. s'est souvenu 6. se sont disputés 7. se sont détendus 8. s'est endormie

4 y; y; en; en; y; y

5 Answers will vary.

LESSON TEST II

1 1. c 2. a 3. b 4. a 5. c 6. b 7. a 8. b 9. a 10. c

2 Answers may vary slightly. Sample answers: 1. a la grippe/un rhume 2. a mal au ventre 3. s'est cassé la jambe 4. a un rhume la grippe 5. s'est foulé la cheville 6. a mal à la tête

3 1. se sont réveillés 2. s'est rasé 3. se sont habillés 4. se sont regardées 5. s'est occupée 6. se sont détendus 7. se sont couchés 8. s'est endormi

4 y; y; en; y; y; en

5 Answers will vary.

Unité 3
Leçon 3A
LESSON TEST I

1 1. c 2. b 3. a 4. a 5. c

2 1. C'est mon imprimante. 2. C'est mon écran. 3. C'est mon clavier. 4. C'est ma souris. 5. C'est mon portable/smartphone.

3 1. évite de 2. espérons 3. a décidé de 4. a appris à 5. aides à 6. détestent

4 1. Ils se quittent / Ils vont se quitter 2. Vous vous écrivez / Vous allez vous écrire 3. Nous nous voyions / On se voyait 4. Ils s'embrassent

5 Answers will vary.

LESSON TEST II

1 1. c 2. b 3. b 4. b 5. a

2 1. C'est mon lecteur MP3/(de) CD. 2. C'est mon clavier. 3. C'est mon imprimante. 4. C'est ma tablette tactile. 5. C'est mon enregistreur DVR.

3 1. dois 2. avez oublié d' 3. savent 4. hésite à 5. refuse de 6. continuons à

4 1. Ils se disent 2. Nous nous téléphonons / On se téléphone 3. Ils se retrouvent 4. Nous nous donnons

5 Answers will vary.

Leçon 3B
LESSON TEST I

1 1. b 2. a 3. b 4. c 5. b 6. c 7. a 8. c

2 Answers will vary. Sample answers: 1. Le mécanicien vérifie l'huile/le moteur. 2. Vincent fait le plein d'essence. 3. L'agent de police donne une amende. 4. Martine se regarde dans le rétroviseur. 5. Paul regarde le policier et la circulation. Il y a beaucoup de circulation.

3 1. ouvre/offre 2. découvrons/offrons 3. offres 4. ont souffert 5. a couvert 6. avez découvert

4 1. Suzanne et toi réussiriez à oublier le travail. 2. Je ferais une promenade à la plage. 3. Jean et Luc prépareraient un examen. 4. Yves et moi irions à Montréal. 5. Tu te reposerais. 6. Sophie n'attendrait pas avec impatience la fin des vacances. 7. On regarderait un film au cinéma l'après-midi. 8. Nous n'aurions pas (de) cours. 9. Notre professeur n'assisterait pas à une conférence.

5 Answers will vary.

LESSON TEST II

1 1. c 2. c 3. a 4. b 5. b 6. c 7. a 8. b

2 1. la station-service 2. le mécanicien 3. le(s) phare(s) 4. le pneu 5. le moteur 6. le capot 7. le pare-brise 8. le volant 9. la portière 10. le coffre

3 1. offres 2. ouvrons 3. couvrent 4. ai souffert 5. a découvert 6. avez ouvert

4 1. Amélie et toi ne répondriez pas aux questions du prof. 2. Je nagerais souvent à la piscine. 3. Sylvain et Luc ne feraient pas leurs devoirs. 4. Philippe irait à Paris. 5. Tu te promènerais à vélo. 6. Anne-Laure et moi lirions un bon livre. 7. On ferait un pique-nique au parc tout l'après-midi. 8. Nous ne serions pas à la bibliothèque. 9. Les Noirot passeraient une semaine à la plage.

5 Answers will vary.

Unité 4
Leçon 4A
LESSON TEST I

1 1. c 2. a 3. a 4. c 5. b

2 Answers will vary. Possible answers: 1. Elle va à la boulangerie. 2. Elle va à la banque. 3. Elle va à la laverie. 4. Elle va à la poste. 5. Elle va dans une boutique/un magasin (de chaussures). 6. Elle va au distributeur automatique.

3 1. croyez, ai pas vu/ai pas aperçu 2. recevons, as aperçu/as vu 3. ai aperçu/ai vu, reçoivent

4 1. n'ai vu personne 2. n'ai rien entendu 3. n'habite plus 4. n'a pris ni 5. n'y a aucune 6. n'ai jamais vu

Answers

5 Answers will vary.

LESSON TEST II

1 1. c 2. a 3. a 4. b 5. c

2 Answers will vary. Sample answers: 1. Madame Ménard envoie un colis. 2. Yves achète des timbres. 3. Le facteur emporte le courrier. 4. M. Thibault et son fils font la queue. 5. Monsieur Martin met une lettre dans la boîte aux lettres. 6. Bernard met une lettre dans une enveloppe.

3 1. as reçu 2. croyons 3. s'est aperçue/a vu/a cru 4. apercevons/voyons 5. recevait 6. ai vu/me suis aperçu(e)/ai cru

4 1. Non, il n'est jamais en retard. 2. Non, je ne sors plus avec elle/Juliette. 3. Je n'ai parlé avec personne ce matin. 4. Non, je n'ai ni timbre ni enveloppe. 5. Non, je n'ai aucune envie de t'accompagner à la brasserie. 6. Je ne veux rien faire cet après-midi.

5 Answers will vary.

Leçon 4B

LESSON TEST I

1 1. c 2. a 3. b 4. a 5. c

2 Answers will vary. Sample answers: 1. Pascal: Prends à gauche, passe devant la gare et continue tout droit. Ensuite, tourne à gauche dans la rue de Normandie. La brasserie se trouve à l'angle de la rue. 2. Christine: Tourne dans l'avenue de la Paix à gauche, continue tout droit jusqu'à la rue de la Liberté, prends à gauche, le parking est au bout de la rue. 3. Véronique: Prends à droite dans l'avenue de la Paix, continue tout droit jusqu'à la rue de la Promenade, tourne à gauche, la gare est tout au bout de la rue.

3 1. déposerai 2. nettoierons 3. attendra 4. choisira 5. chercherez 6. finiront 7. réfléchiras 8. déménageront

4 1. enverrai 2. ira 3. pourras 4. devront 5. viendront 6. aura 7. faudra 8. recevrons

5 Answers will vary.

LESSON TEST II

1 1. a 2. c 3. a 4. b 5. c

2 Answers may vary. Samples answers: 1. Yannick: Tourne à droite deux fois et prends la rue Denis. Continue jusqu'à la rue de la Promenade et tourne à gauche. La gare est au bout de la rue. 2. Élisabeth: Dans la rue du Château, prends la première à gauche, c'est la rue Denis. Continue tout droit puis tourne à droite dans la rue de Normandie. La brasserie est à l'angle sur la droite. 3. André: Tourne tout de suite à droite dans la rue de la Promenade et marche jusqu'au bâtiment suivant. La mairie est à l'angle, à droite.

3 1. posterai 2. remplirons 3. retirera 4. liras 5. achèterez 6. écriront 7. rendras visite 8. traverseront

4 1. reviendrai 2. fera 3. prendrez 4. irons 5. seront 6. saura 7. devra 8. viendras

5 Answers will vary.

Unité 5

Leçon 5A

LESSON TEST I

1 1. b 2. a 3. c 4. a 5. a

2 Answers will vary.

3 1. aurai 2. réussira 3. prendrons 4. auras 5. finissez 6. a embauché

4 1. laquelle 2. Auquel 3. Duquel 4. Auxquelles 5. De laquelle 6. Lesquelles

5 Answers will vary.

LESSON TEST II

1 1. b 2. b 3. c 4. a 5. c

2 Answers will vary.

3 1. aurai 2. n'est pas 3. s'apercevra 4. ai obtenu 5. aura 6. trouverez

4 1. lequel 2. Lequel 3. À laquelle/De laquelle 4. laquelle 5. Lesquels 6. Lequel

5 Answers will vary.

Leçon 5B

LESSON TEST I

1 1. b 2. a 3. c 4. a 5. c

2 1. chercheur 2. psychologue 3. ouvrière 4. cuisinier 5. pompier

3 1. serons 2. gagne 3. prendrais 4. aurez 5. se repose 6. renverrais 7. travaillait 8. voyagerais

4 1. faisait 2. embauchait 3. allais 4. étais

5 1. que 2. dont 3. qui 4. que 5. où 6. que/où

6 Answers will vary.

LESSON TEST II

1 1. c 2. b 3. c 4. a 5. b

2 1. agriculteur 2. vétérinaire 3. électricienne 4. chauffeur de taxi 5. comptable

3 1. avais 2. prendrais 3. trouvera 4. obtiendriez 5. serais 6. regardions 7. ne gagnera pas 8. quitterais

4 1. prenions 2. renvoyait 3. étais 4. lisions

5 1. qui 2. dont 3. où 4. qu' 5. qui 6. que

6 Answers will vary.

Unité 6
Leçon 6A

LESSON TEST I

1 1. b 2. a 3. c 4. a 5. c

2 Answers will vary. Sample answers: 1. Les enfants ne pourront peut-être plus jouer en plein air si les gens continuent à polluer. Il faut développer le covoiturage. 2. Les plages sont parfois polluées et c'est un danger pour les enfants. Nettoyons les plages tous ensemble! 3. Il faut absolument prévenir les incendies. C'est terrible pour la nature et les animaux, il faut les sauver!

3 1. celle 2. Celui 3. ceux 4. celui-ci/celui-là 5. celui-là/celui-ci 6. celui 7. ceux

4 1. conduises 2. prévienne 3. recyclent 4. finissions 5. achète 6. annonce 7. n'attendiez pas

5 Answers will vary.

LESSON TEST II

1 1. a 2. c 3. b 4. a 5. b

2 Answers will vary. Sample answers: 1. Il est impossible de sauver la planète si on continue à polluer l'eau et l'air. Ce sont deux éléments essentiels à la vie. 2. Il ne faut pas aller à la pêche ici. Il est dommage qu'on pollue l'eau. 3. Il est indispensable qu'on propose des solutions pour mieux préserver l'environnement. Il est essentiel qu'on garde l'eau et l'air purs.

3 1. celui 2. celle 3. celles 4. celui-ci/celui-là 5. celui-là/celui-ci 6. Ceux

4 1. protège 2. interdisions 3. diminuent 4. évitent 5. ne gaspille pas 6. propose 7. ne préserviez pas 8. sauves

5 Answers will vary.

Leçon 6B

LESSON TEST I

1 1. a 2. c 3. b 4. a 5. b

2 1. C'est un écureuil. 2. C'est une vache. 3. C'est une île. 4. C'est un lapin. 5. C'est une pierre 6. C'est une étoile. 7. C'est un serpent.

3 1. soyez 2. fasse 3. ayez 4. lisiez 5. mettes 6. receviez

4 1. finisse 2. attendre 3. ait 4. viennes 5. être

5 1. plus de 2. le plus de 3. moins de 4. autant de 5. plus d' 6. le moins de

6 Answers will vary.

LESSON TEST II

1 1. b 2. b 3. c 4. a 5. c

2 1. un lac 2. un arbre 3. une plante 4. une pierre 5. une forêt 6. un lapin 7. un serpent

3 1. ait 2. écrivent 3. sois 4. fassiez 5. dormiez 6. finisse

4 1. partir 2. vienne 3. téléphoner 4. soient 5. aller

5 1. moins de 2. plus de 3. autant de 4. moins d' 5. le moins d' 6. le plus de

6 Answers will vary.

Unité 7
Leçon 7A

LESSON TEST I

1 1. c 2. c 3. a 4. b 5. a

2 Answers will vary.

3 1. voient 2. fasse 3. veuille 4. lises 5. s'en aille 6. sache

4 1. les siennes 2. la mienne 3. le vôtre 4. les leurs 5. les vôtres 6. le nôtre 7. les siens 8. le mien

5 1. fasse 2. fait/fera 3. mangions 4. prend 5. sache

6 Answers will vary.

LESSON TEST II

1 1. c 2. b 3. b 4. a 5. c

2 Answers will vary.

3 1. aillent 2. sois 3. puissent 4. sachent 5. veniez 6. prenne

4 1. la vôtre 2. le leur 3. la mienne 4. les leurs 5. les miens 6. Le vôtre 7. les siennes 8. le sien

Answers

5 1. est 2. joue 3. sortent 4. ait 5. applaudissent/ applaudiront

6 Answers will vary.

Leçon 7B

LESSON TEST I

1 1. c 2. b 3. a 4. a 5. b

2 Answers will vary.

3 1. passions 2. fasse; gagner 3. réfléchisse; prenne 4. soient 5. veux; parte

4 1. soit 2. réussisses 3. dormir 4. puisses 5. t'amuses 6. veux 7. fasses 8. sois

5 Answers will vary.

LESSON TEST II

1 1. a 2. b. 3. a 4. c 5. a

2 Answers will vary.

3 1. veniez 2. fasse 3. décider 4. veuillent 5. puisse 6. connaisses 7. sois 8. preniez

4 1. puisses 2. te prépares 3. fasses 4. vienne 5. sortes 6. aies 7. soient 8. saches

5 Answers will vary.

Unité préliminaire

UNIT TEST I

1 1. Habitude 2. Habitude 3. Événement unique 4. Événement unique 5. Événement unique 6. Habitude 7. Événement unique 8. Habitude

2 1. la cafetière 2. le fer à repasser 3. le four 4. le frigo 5. le (four à) micro-ondes 6. le grille-pain 7. le lave-vaisselle 8. le sèche-linge 9. le lave-linge 10. le congélateur

3 1. est tombé 2. balayais 3. ont déménagé 4. louait 5. avez fait 6. salissions 7. nettoyais 8. est descendue

4 1. sais, connais 2. sais 3. savons 4. connais 5. connaissaient, reconnaître 6. sait 7. reconnaissez 8. connaissons

5 1. savais, ai appris 2. connaissions, avons rencontré 3. saviez, avez essayé 4. connaissaient, ont déménagé 5. savait, a oublié 6. connaissais, as acheté

6 1. était, ai lavée 2. avait, avons essuyé 3. étaient, ont passé 4. avait, a rangé 5. était, avons sorties 6. fallait, ai repassé

7 1. étais 2. habitais 3. était 4. faisait 5. nettoyait 6. ai déménagé 7. ai loué 8. ai habité 9. ai appris 10. sais

8 Suggested answers: 1. Ils sortaient la poubelle quand le voisin leur a dit bonjour. 2. Il passait l'aspirateur quand Nicolas est tombé. 3. Mireille commençait à faire sa lessive quand sa voisine est montée. 4. Ils lavaient leur voiture quand il a commencé à pleuvoir. 5. Mon frère débarrassait la table quand tu es arrivé.

9 Answers will vary.

UNIT TEST II

1 1. Action 2. Cadre 3. Action 4. Action 5. Cadre 6. Cadre 7. Cadre 8. Action

2 Suggested answers: 1. pour laver mes vêtements 2. pour faire du café 3. pour nettoyer les tapis 4. pour repasser mes pantalons 5. pour nettoyer la vaisselle

3 1. habitais, j'ai emménagé 2. faisais, est morte 3. reconnaissions, a changé 4. louiez, avez achetée 5. vivaient, ont pris

4 Suggested answer: 1. l'as rangée/essuyée 2. ont fait la lessive 3. l'ai nettoyé / l'ai lavé 4. les a sorties 5. l'avons balayé/l'avons nettoyé/avons passé l'aspirateur

5 1. avons passé 2. était 3. avait 4. avaient 5. avons fini 6. a commencé 7. a mis 8. ai passé

6 Sample answers: 1. sait faire son lit 2. ne connaît pas mes parents 3. ne connaissent pas mon immeuble 4. ne savent pas faire leur lessive 5. connaissez (bien) le musée du Louvre 6. sais cuisiner

7 Sample answers: 1. La vaisselle était sale, mais Él isa ne l'a pas lavée. 2. La table à repasser était dans la cuisine, mais Élisa n'a pas repassé le linge. 3. La poubelle était pleine, mais Élisa ne l'a pas sortie. 4. L'aspirateur était dehors, mais Élisa ne l'a pas passé.

8 Answers will vary.

9 Answers will vary.

Unité 1

UNIT TEST I

1 1. c 2. a 3. b 4. a 5. b 6. c 7. c 8. a

2 Sample answers: 1. le poivron vert/les haricots verts/la laitue/les petits pois/la salade 2. la banane/la poire/la pomme/la pêche 3. la viande/le bœuf/le steak/la saucisse/le poulet/le porc/le pâté 4. le sel/le poivre/la moutarde/l'ail 5. la mayonnaise/la moutarde 6. le restaurant/le café/la cantine/la cafétéria 7. la fourchette/le couteau/la cuillère/l'assiette/le bol 8. le petit-déjeuner/le déjeuner/le goûter/le dîner

3 1. depuis 2. pendant 3. il y a 4. pendant 5. depuis 6. il y a 7. depuis 8. pendant

4 1. vient 2. devient 3. retiens 4. maintenons 5. tiennent 6. revenez 7. deviennent 8. maintient 9. retenons 10. Tiens 11. reviens 12. tenez

5 1. Pouvez 2. veux 3. peux 4. devons 5. veut 6. doit 7. peut 8. doivent 9. Voulez/Pouvez 10. dois 11. voulez 12. Pouvons/Voulons/Devons

6 1. meilleur 2. plus polis 3. moins chère 4. moins dangereux 5. plus calmes 6. plus naturelle 7. la moins polie 8. les moins bon marché 9. le plus mauvais/le pire 10. la plus naturelle 11. le plus calme 12. la plus chère

7 1. te les 2. la-moi 3. nous l' 4. les lui 5. les leur

8 Sample answers: 1. Ils viennent d'assister au concert. Maintenant, ils doivent dîner. 2. Nous

Answers

Answers

venons de bien manger. Maintenant, nous devons marcher un peu. 3. Ils viennent de jouer au tennis. Maintenant, ils doivent retrouver les autres. 4. Tu viens de faire les courses. Maintenant, tu dois aller chercher les enfants. 5. On vient de finir de manger. Maintenant, on doit payer l'addition.

9 Answers will vary.

UNIT TEST II

1 1. b 2. b 3. a 4. c 5. c 6. a 7. c 8. a

2 Sample answers: 1. une viande rouge/un morceau de bœuf 2. un objet pour manger 3. un légume orange 4. un repas vers midi 5. des légumes verts

3 1. ai retenu 2. tenait 3. reviennent 4. maintiens 5. est devenue 6. venons/sommes venus 7. teniez 8. retiens 9. retiennent 10. sommes devenus

4 1. veux 2. devais 3. voulons/voulions 4. dois 5. Pouvez 6. voulez 7. veut 8. pouvait 9. devez 10. pouvais/voulais

5 1. la lui 2. te la 3. vous les 4. te les 5. la leur

6 Sample answers: 1. Je viens d'avoir mon diplôme. Maintenant, je veux travailler. 2. Tu viens de prendre quelques kilos. Maintenant, tu veux manger un peu moins. 3. Il vient d'écrire un long message. Maintenant, il veut l'envoyer. 4. Nous venons de commander. Maintenant, nous voulons commencer le repas. 5. Vous venez de payer l'addition. Maintenant, vous voulez partir.

7 Answers will vary.

8 Answers will vary.

9 Answers will vary.

Unité 2

UNIT TEST I

1 1. a 2. b 3. a 4. c 5. b 6. c 7. a 8. c

2 1. la brosse à dents/le dentifrice 2. la brosse à cheveux 3. l'aspirine 4. le savon 5. le rasoir/la crème à raser 6. le maquillage 7. la serviette 8. le shampooing 9. le peigne/la brosse à cheveux 10. le réveil

3 1. enceinte 2. allergies 3. déprimé 4. fièvre 5. fait mal 6. s'est foulé 7. tousse 8. grippe 9. en pleine forme 10. enflé

4 1. me lève 2. m'occupe 3. m'habille 4. me maquille 5. me détends 6. se lavent 7. me réveille 8. me mets 9. se lèvent 10. nous asseyons

5 1. s'asseyent 2. s'énerve 3. s'amusent 4. t'occupes 5. se promène 6. vous reposez 7. se rend compte 8. m'ennuie

6 1. me suis ennuyé 2. t'es reposée 3. nous sommes préparés 4. s'est assise 5. vous êtes trompé 6. vous êtes amusées 7. se sont détendus 8. ne s'est pas énervé 9. ne nous sommes pas promenés 10. t'es mise

7 Sample answers: 1. Tu t'es lavé les dents. 2. Catherine s'est maquillée. 3. Vous vous êtes rasé. 4. Je me suis lavé les cheveux. 5. Ma voisine s'est réveillée. 6. Mme Decroix s'est lavé les mains. 7. Noël s'est coiffé. 8. On s'est couché à 10h30.

8 1. en 2. y 3. en 4. en 5. y 6. en 7. y 8. en

9 Answers will vary.

UNIT TEST II

1 1. b 2. a 3. b 4. c 5. a 6. c 7. b 8. a

2 1. l'oreille 2. le nez 3. les orteils 4. l'œil/les yeux 5. les joues 6. la peau 7. la bouche 8. la main 9. le cou 10. le genou

3 1. mal 2. symptômes 3. fièvre 4. rhume 5. grave 6. ventre 7. fumez 8. santé 9. ordonnance 10. reposez-vous

4 1. se coiffe 2. nous amusons 3. s'assied 4. s'occupe 5. m'intéresse 6. se met 7. te trompes 8. vous ennuyez 9. s'énerve 10. se préparent

5 1. y 2. en 3. en 4. y 5. y 6. y 7. en 8. en

6 1. me suis assise 2. t'es préparé 3. ne s'est pas ennuyé 4. s'est amusé 5. vous êtes détendues 6. se sont inquiétés 7. nous sommes dépêchés 8. vous êtes trompée 9. t'es énervée 10. ne vous êtes pas disputés

7 Sample answers: 1. Je me suis rasé. 2. Vous vous êtes maquillée. 3. Hippolyte s'est lavé le visage. 4. Mlle Desbiens s'est lavé les cheveux. 5. Tu t'es coiffé. 6. On s'est brossé les dents.

8 Answers will vary.

9 Answers will vary.

Unité 3

UNIT TEST I

1 1. c 2. a 3. c 4. b 5. c 6. a 7. b 8. a

2 1. un poste de télévision / un ordinateur / un smartphone / un portable / un lecteur (de) DVD / une tablette / un enregistreur DVR 2. un poste de télévision / un ordinateur / un smartphone / un portable / un lecteur (de) DVD / une tablette / un enregistreur DVR 3. un portable / un smartphone 4. un lecteur (de) CD / une chaîne stéréo 5. un appareil photo (numérique) / un portable / un smartphone 6. une télécommande 7. un essuie-glace 8. un rétroviseur 9. un volant 10. un clavier

3 Sample answers: 1. C'est mon portable. 2. Ma chaîne stéréo est vieille. 3. J'aime mon ordinateur. 4. Ma télévision est petite. 5. Mon écran/moniteur est neuf. 6. Ce sont mes CD préférés.

4 1. Ouvre 2. couvrez 3. souffre 4. découvrent 5. offrons 6. couvres 7. ouvrait 8. ont découvert 9. ai souffert 10. a offert

5 1. de 2. de 3. de 4. Ø 5. à 6. à 7. de 8. Ø 9. à 10. d'

6 1. se sont quittés 2. s'adore 3. ne se connaissent pas 4. nous écrivions 5. se téléphonait 6. vous entendez 7. se sont dit 8. nous retrouvons 9. ne se regarde pas 10. vous êtes donné

7 1. réparerait 2. achèterais 3. ferions 4. changerait 5. mettrions 6. pourrais 7. nettoierait 8. voudraient 9. ferais 10. pourrait 11. ne saurait pas 12. serions

8 Sample answers: 1. Elles s'adorent. 2. Vous vous embrassez. 3. On se quitte. 4. Nous nous disons bonjour.

9 Answers will vary.

UNIT TEST II

1 1. b 2. a 3. b 4. a 5. c 6. b 7. c 8. a

2 Sample answers: 1. pour imprimer un texte 2. pour arrêter la voiture 3. pour sauvegarder des fichiers 4. pour enregistrer des films 5. pour surfer sur Internet

3 Sample answers: 1. tourne les roues. 2. couvre le moteur. 3. nettoient le pare-brise. 4. protègent des accidents. 5. arrêtent la voiture.

4 1. d' 2. Ø 3. de 4. de 5. Ø 6. à 7. à 8. Ø 9. de 10. à

5 1.ouvres 2. découvrez 3. offrent 4. souffre 5. couvre 6. ai découvert 7. offrent 8. avons ouvert 9. souffrais 10. couvrait

6 1. achèterais 2. prendrais 3. serait 4. marcheraient 5. pourrions 6. aurions 7. jouerait 8. démarrerait 9. installerais 10. viendraient

7 7 Sample answers: 1. Ils se connaissent bien. 2. Nous nous disons au revoir. 3. Elles se parlent tous les jours. 4. Vous vous écrivez régulièrement. 5. On ne s'embrasse pas.

8 Answers will vary.

9 Answers will vary.

Answers

Unité 4

UNIT TEST I

1 1. Vrai 2. Faux 3. On ne sait pas. 4. On ne sait pas. 5. Vrai 6. Faux

2 1. d 2. h 3. j 4. f 5. a 6. c 7. i 8. b 9. e 10. g

3 1. vois 2. aperçois 3. croyez 4. s'aperçoivent 5. voyons 6. n'apercevait pas 7. a reçu, s'est aperçue 8. n'avons pas vu, avons cru

4 Suggested answers: 1. la rue du Docteur Mazet 2. la rue Marius Gontard 3. l'avenue Félix Viallet 4. boulevard Gambetta 5. l'avenue Félix Viallet 6. l'université 7. la place Hubert Dubedout 8. chemin Pinal 9. rues Stéphane Jay et Marius Gontard. 10. pont

5 1. tournerez 2. se déplacera 3. descendrons 4. finiront 5. achèteront 6. emprunterai 7. suivras 8. sortirons 9. remplira 10. paiera

6 1. devrez 2. verra 3. seront 4. saurez 5. voudrons 6. pourras 7. aurai 8. ne viendra pas 9. feront 10. irons

7 Suggested answers: 1. Il n'y avait personne dans la boutique. 2. Je n'ai jamais vu cette laverie ici. 3. En général, on ne paie ni en liquide ni par chèque. 4. Loubna ne fréquente plus ce salon. 5. Ils n'ont rien signé. 6. Vous n'avez reçu aucun colis aujourd'hui.

8 Sample answers: 1. Je laverai mes habits à la laverie. 2. Les Gervais retireront de l'argent au distributeur. 3. Vous enverrez un colis à la poste. 4. Tu iras au salon de beauté. 5. Nous achèterons des tee-shirts dans une boutique. 6. Mme Pradier choisira une bague à la bijouterie.

9 Answers will vary.

UNIT TEST II

1 1. Faux 2. On ne sait pas. 3. Vrai 4. Faux 5. Vrai 6. On ne sait pas.

2 Sample answers: 1. acheter des timbres 2. demander des indications 3. ouvrir un compte 4. laver les vêtements 5. surfer sur Internet 6. prendre le journal

3 1. n'aperçoit pas 2. crois 3. reçoit 4. vous apercevez 5. ne voyons pas 6. ne l'ont pas cru 7. apercevais 8. as reçu 9. avez vu 10. ne nous sommes pas aperçus

4 1. traverser 2. à gauche 3. au coin 4. continuer 5. au bout 6. près 7. suivre 8. jusqu'à 9. tout droit 10. à droite

5 1. devras 2. faudra 3. apercevrez 4. prendrez 5. ne ferai pas 6. enverrons 7. suivront 8. irons 9. sauras 10. ne traverseras pas

6 Suggested answers: 1. Personne ne fait la queue. 2. Je n'utilise aucune carte de crédit. 3. Il n'y a ni statue de Louis XIII ni pont sur ce boulevard. 4. Tu ne vois rien là-bas. 5. Cette boutique n'est jamais fermée le dimanche. 6. Ils ne connaissent plus le chemin.

7 Sample answers: 1. La laverie sera ouverte. 2. Le distributeur ne donnera plus de billets. 3. On pourra aller à la poste. 4. Sarah apercevra son amie dans le salon de beauté. 5. Cette boutique ouvrira tard. 6. La bijouterie aura peu de clients.

8 Answers will vary.

9 Answers will vary.

Unité 5

UNIT TEST I

1 1. b 2. a 3. b 4. c 5. c 6. a

2 1. un banquier 2. cuisinier 3. pompier 4. vétérinaire 5. électricien 6. agriculteur 7. banquière 8. cuisinière 9. femme pompier 10. vétérinaire 11. électricienne 12. agricultrice

3 1. décrocher 2. raccrocher 3. combiné 4. messagerie 5. télécarte 6. laisser un message

4 1. Lequel 2. Lesquels 3. Laquelle 4. Lesquelles 5. Laquelle 6. Auquel 7. À laquelle 8. Duquel 9. De laquelle/Desquelles 10. Duquel/Desquels

5 Sample answers: 1. Lequel est au chômage? 2. Laquelle est la mieux payée? 3. Lequel vient de postuler? 4. Lequel a pris un congé? 5. Lesquels travaillent pour la même compagnie?

6 1. demandait 2. était 3. serons 4. embaucheront 5. finirait 6. rappellerons 7. embauchera 8. étaient

7 Sample answers: 1. Voici Mme Planaud, qui vous montrera votre bureau. 2. C'est une profession exigeante que vous avez choisie. 3. L'électricien que j'ai appelé il y a une semaine vient d'arriver. 4. Voici la grande salle où nous avons nos réunions. 5. M. Durand, qui est le patron du syndicat, nous rendra visite bientôt. 6. Le poste dont j'ai démissionné a trop de responsabilités. 7. L'entreprise où on a fait carrière a beaucoup d'employés. 8. Le projet dont je vous parle est important.

8 Suggested answers: 1. Je serai mieux payé quand je dirigerai ma propre équipe. 2. La réunion aura lieu quand cette salle sera libre. 3. Je gagnerai autant que mon patron dès que l'entreprise fera des bénéfices. 4. On embauchera quelqu'un pour ce poste dès qu'on recevra un bon CV. 5. Je renverrai/Nous renverrons du personnel quand je devrai/nous devrons le faire 6. Nous démissionnerons quand nous le pourrons.

9 Answers will vary.

UNIT TEST II

1 1. a 2. c 3. c 4. b 5. a 6. b

2 Sample answers: 1. Il conduit un taxi. 2. Il dirige une entreprise. 3. Elle donne des conseils. 4. Il aide des patients. 5. Elle s'occupe de comptes. 6. Il vend des maisons.

3 Suggested answers: 1. Allô 2. Qui est à l'appareil 3. Ne quittez pas 4. C'est de la part de qui

4 1. Laquelle 2. Lesquels 3. Auquel 4. Duquel 5. laquelle 6. De laquelle/Desquelles 7. Duquel/Desquels 8. Lesquelles

5 1. pourriez 2. aurai 3. devrez 4. aurais 5. prendrez 6. postulaient 7. trouveras 8. déménagerais

6 Sample answers: 1. Vous recevrez la promotion dont nous avons parlé à la réunion. 2. Je suis le cadre qui dirige ce projet. 3. La comptable que nous avons appelée viendra cet après-midi. 4. Ce sont les spécialistes du domaine qui nous intéresse. 5. Tu as pris rendez-vous avec la banquière que nous avons déjà appelée. 6. La carrière dont j'ai toujours rêvé est à la mode.

7 Suggested anwers: 1. On vous appellera quand toute l'équipe sera sûre. 2. Je serai prête à passer un entretien dès que vous le voudrez. 3. Elle prendra un congé dès qu'elle le pourra. 4. Je lirai les petites annonces dès que je saurai ce que je veux faire. 5. Les étudiants gagneront de l'expérience professionnelle quand ils feront un stage. 6. Nous aurons des responsabilités quand nous aurons un meilleur poste.

8 Answers will vary.

9 Answers will vary.

Unité 6

UNIT TEST I

1 1. c 2. a 3. b 4. c 5. a 6. b

2 1. covoiturage 2. écotourisme 3. extinction 4. surpopulation 5. pique-nique 6. déboisement 7. champ 8. Lune 9. catastrophe 10. glissement de terrain

3 Sample answers: 1. celle-ci, celle-là 2. Celles-ci, celles-là 3. Celui-ci, celui-là 4. Ceux-ci, ceux-là

4 Suggested answers: 1. Ceux 2. celles 3. celui 4. Ceux 5. Celles 6. Celle 7. Celui 8. ceux 9. celui 10. celles 11. ceux 12. celles

5 1. sauve 2. recyclions 3. polluiez 4. ne jette pas 5. chasses 6. proposions 7. améliorent 8. continuent 9. devienne 10. choisisses

6 1. arrête 2. aient 3. soient 4. développions 5. devienne 6. se sente 7. nous occupions 8. recyclent 9. grossisse 10. viennent 11. mette 12. s'intéressent

7 1. Je vois plus d'ordures que d'écureuils. 2. Il y a moins d'eau propre que d'eau sale. 3. Je vois plus de voitures que de tables à pique-nique. 4. Il y a autant de pollution que de danger. 5. C'est l'endroit qui reçoit le plus de pluies acides. 6. C'est l'endroit qui a le moins d'animaux.

8 Sample answers: 1. recycle plus de choses. 2. soit moins polluée. 3. nettoyions cette rivière. 4. polluent autant notre air. 5. le covoiturage soit la meilleure solution.

9 Answers will vary.

UNIT TEST II

1 1. a 2. b 3. c 4. b 5. a 6. c

2 1. étoiles 2. lac 3. ramassage des ordures 4. écureuils 5. déchets toxiques 6. covoiturage 7. prévenir 8. pur 9. centrales nucléaires 10. énergie solaire

3 Sample answers: 1. Celui-ci, celui-là 2. celles-ci, celles-là 3. celle-là 4. ceux 5. celle 6. celle 7. celles 8. celui

4 1. chassiez 2. interdise 3. ne pollues pas 4. jettent 5. préserve 6. abolissions 7. devienne 8. prévenions 9. connaisse 10. gaspille

5 1. protège 2. soit 3. ayons 4. roulent 5. recycle, jette 6. essaient 7. réfléchisse 8. ne se sentent pas 9. soient 10. ait, vivent

6 1. Il y a plus de sentiers que de routes. 2. Je vois autant de fleurs que d'herbe. 3. Je vois moins de pollution que de nature intacte. 4. Il y a autant de lacs que de montagnes. 5. C'est l'endroit qui reçoit le plus de soleil. 6. C'est l'endroit qui a le moins d'emballages en plastique.

7 Answers will vary.

8 Answers will vary.

9 Answers will vary.

Unité 7

UNIT TEST I

1 1. c 2. c 3. a 4. a 5. b 6. b

2 1. Femme écrivain 2. compositeur 3. peintres 4. troupe 5. réalisatrice 6. metteur en scène 7. poétesse 8. danseuse 9. orchestre 10. sculpteur

3 1. le mien 2. la leur 3. les nôtres 4. la vôtre 5. les leurs 6. la sienne / les siennes 7. des tiennes 8. aux tiens 9. du nôtre 10. au sien

4 1. comprenne 2. viennent 3. soit 4. choisissent 5. ait 6. soient 7. ayez 8. aime, applaudisse 9. se vendent 10. présente, deviennent

5 1. ayez 2. lisent 3. parte 4. soient 5. disiez

6 1. apprenne, fasse 2. veuille 3. puissiez 4. ailles 5. sachions 6. vouliez 7. allions, visitions 8. appreniez

7 1. Il est possible que vous preniez des places pour ce spectacle. 2. Il est clair que nous sommes en retard. 3. Je ne crois pas que ce dramaturge ait beaucoup de succès. 4. Les chanteurs préfèrent que la salle n'applaudisse pas entre les morceaux. 5. Les critiques pensent que les spectateurs veulent voir des tragédies. 6. Je sais que les enfants de moins de douze ans peuvent voir ce film.

8 Sample answers: 1. ce soit l'affiche d'un film d'horreur. 2. ce soit une image récente. 3. cette femme soit une actrice de télévision. 4. c'est une peinture ancienne. 5. le peintre a fait un chef-d'œuvre.

9 Answers will vary.

UNIT TEST II

1 1. c 2. b 3. a 4. c 5. b 6. a

2 1. tragédie 2. applaudissent 3. places 4. conte 5. tableaux/peintures 6. chœur 7. concert 8. chef-d'œuvre 9. entracte 10. gratuit

3 1. le tien 2. le sien 3. la nôtre 4. la leur 5. des vôtres 6. du vôtre 7. les leurs 8. la tienne 9. du mien / des miens 10. aux siennes

4 1. ait 2. commencent 3. passiez 4. découvrent 5. appellent 6. soit 7. travailles 8. se lèvent 9. adore 10. aiment

5 1. aille 2. puisse 3. soit 4. veuille 5. fasse 6. aillent 7. fassions 8. vouliez 9. preniez 10. puissent

6 1. Il est évident que c'est son chanteur préféré. 2. On ne pense pas qu'ils fassent de la variété. 3. Je doute que vous vouliez passer à la télé. 4. Il est certain qu'on vient voir ton concert jeudi soir. 5. Ils savent que ce théâtre va fermer. 6. Il est possible que vous alliez jouer à Paris.

7 Sample answers: 1. c'est l'affiche d'un film d'horreur. 2. ce film soit un chef-d'œuvre. 3. les acteurs soient bons. 4. l'histoire est mauvaise. 5. beaucoup de monde aille voir ce film.

8 Answers will vary.

9 Answers will vary.

ANSWERS TO EXAMS

Unités préliminaire-3 Leçons PA–3B

EXAM I

1 1. B 2. D 3. A 4. B 5. D 6. C 7. A 8. C 9. A 10. B

2 Answers will vary.

3 1. connais 2. sais 3. reconnais/connais 4. sais/savais 5. reconnaissons 6. reconnais

4 1. étais 2. faisais 3. ai commencé 4. était 5. achetait 6. avait 7. a pris 8. s'est mis

5 1. veux; dois 2. n'as pas pu; devais 3. voulais; pouvais

6 1. apprendrait; s'occuperait 2. construirions; ouvririons 3. offririez 4. iraient 5. essaierais 6. verraient 7. courriez 8. écrirait 9. essaierait 10. t'entendrais

7 Answers may vary slightly. 1. Ils s'écrivent (des e-mails). 2. Nous nous parlons (de nos journées). /Nous nous disons (tout). 3. Ils se connaissent. 4. Nous nous donnons des cadeaux. 5. Elles doivent s'aider.

8 Answers will vary. Sample answers: 1. Une éducation universitaire est plus importante aujourd'hui qu'il y a 20 ans parce qu'il a plus de compétition. 2. Une voiture coûte moins cher aujourd'hui qu'il y a 20 ans si on compare avec le coût de la vie d'il y a 20 ans. 3. Le choix de fruits au marché est meilleur qu'il y a 20 ans parce que les moyens de transport sont beaucoup plus efficaces et qu'on peut avoir des fruits toute l'année.

9 1. en 2. y 3. en 4. y 5. en

10 Answers may vary slightly. 1. nous réveillons 2. me lève 3. Dépêche-toi 4. nous préparons 5. m'énerve 6. se détend 7. m'occupe

11 1. je les leur ai demandées. 2. je vais le lui montrer. 3. je le leur ai envoyé. 4. je les lui achète.

12 Answers will vary.

EXAM II

1 1. A 2. C 3. B 4. D 5. C 6. D 7. B 8. A 9. B 10. A

2 Answers will vary.

3 1. étions 2. faisait 3. est tombée 4. n'avait pas 5. a dit 6. voulait 7. ai sorti 8. ai téléphoné

4 1. voulait; pouvait 2. dois; veux 3. vouliez; n'avez pas pu

5 1. sais 2. ai connu 3. reconnaissent 4. connaît 5. connaissez 6. savons

6 1. feriez 2. serait 3. passerais 4. n'auraient plus 5. irions; verrions 6. ne paierait rien/ne payerait rien 7. marcheraient; prendraient 8. repartirais 9. recevriez 10. se retrouverait

7 Answers may vary slightly. 1. Ils se quittent. 2. Nous nous téléphonons./Nous nous parlons. 3. Ils s'embrassent. 4. Ils s'aiment./Ils s'adorent. 5. Vous vous regardez.

8 Answers will vary. Sample answers: 1. Une maison coûte plus cher qu'il y a 20 ans parce qu'il y a beaucoup de gens qui veulent (en) acheter. 2. Connaître des langues étrangères est plus important aujourd'hui qu'il y a 20 ans parce ce que les gens voyagent plus. 3. La qualité des produits est pire aujourd'hui qu'il y a 20 ans parce qu'on vend plus pour moins cher.

9 1. y 2. en 3. y en 4. y

10 Answers may vary slightly 1. me brosse 2. me lave 3. me regarde 4. se dépêcher 5. s'arrête 6. nous asseyons 7. s'entend

11 1. je le lui ai achetée. 2. je la lui envoie. 3. je vais les lui demander. 4. je le leur ai promis.

12 Answers will vary

Answers

Unités 4–7
Leçons 4A–7B

EXAM I

1 1. C 2. D 3. C 4. A 5. A 6. B 7. D 8. B 9. B 10. A

2 Answers will vary.

3 1. Crois 2. s'est aperçue 3. voient 4. as reçu 5. aperçoivent/voient 6. croyais 7. recevait 8. as vu/crois

4 1. personne ne 2. ne peuvent rien 3. ne fait aucun 4. ne m'aident jamais 5. ne peut améliorer ni le parc ni 6. ne peut plus

5 1. ai vu 2. ont lu 3. aurai 4. entre 5. prendrons 6. arriverai

6 1. ceux 2. Lesquels 3. celui 4. celui 5. Lequel 6. celles 7. Lesquelles 8. celle

7 1. J'ai trouvé le palm dont j'avais besoin. 2. Voilà la fille que je voulais rencontrer. 3. Voilà la calculatrice qui était sur le bureau hier. 4. Mon frère a acheté une voiture dont il avait envie. 5. Voilà le placard où j'ai trouvé le dictionnaire. 6. Patrick sort avec un copain que je trouve pénible.

8 Answers will vary. 1. Si seulement ton appartement était plus grand 2. Si seulement je pouvais acheter une nouvelle voiture! 3. Si seulement une nouvelle boulangerie ouvrait dans le quartier! 4. Si seulement j'avais un poste bien payé! 5. Si seulement il croyait toujours au Père Noël! 6. Si seulement je mangeais mieux!

9 1. irais 2. offrirais 3. espérerait 4. nous achèterions 5. préviendrait 6. aurais 7. serais

10 1. que 2. dont 3. qui 4. où 5. où 6. où 7. dont

11 1. fasse 2. choisissez 3. prenne 4. détestiez 5. sors 6. aillent

12 1. la sienne 2. aux siens 3. le leur 4. des siens 5. les vôtres

13 1. avant 2. à condition que 3. sans 4. à moins que 5. jusqu'à ce que 6. pour

14 Answers will vary.

EXAM II

1 1. D 2. C 3. B 4. A 5. B 6. C 7. A 8. D 9. B 10. C

2 Answers will vary.

3 1. aperçoivent/voient 2. avez vu 3. recevrai 4. crois 5. s'est aperçu 6. voyons/avons vu 7. ai reçu 8. croyez

4 1. ne fait que 2. ne peut rien 3. ne protège ni la Terre ni 4. n'écrivent à personne 5. ne travailles jamais 6. ne prévient aucune

5 1. pourra 2. écrirai 3. se mettront 4. ouvriras 5. indiquera 6. reçois

6 1. lesquels 2. Ceux 3. Celle 4. celui 5. laquelle 6. Celle 7. Lesquelles 8. celles

7 1. Vous avez trouvé le disque que vous cherchiez. 2. Il y a des soldes sur les jeux vidéo que vous avez envie d'acheter. 3. Voici le logiciel que je voudrais utiliser. 4. Guillaume a un nouveau poste de télévision qui a un écran géant. 5. Lola va à la banque où j'ai ouvert un compte de chèques. 6. J'ai un chien que mon frère n'aime pas.

8 Answers will vary. 1. Si seulement cette entreprise t'embauchait! 2. Si seulement tout le monde ne gaspillait pas! 3. Si seulement j'obtenais ce poste! 4. Si seulement je découvrais un nouveau pays chaque année! 5. Si seulement je souffrais moins pour maigrir! 6. Si seulement je savais jouer de la musique!

9 1. recevrait 2. vendriez 3. serais 4. achèterais 5. travaillais 6. faisions 7. améliorerait

10 1. où 2. dont 3. qui 4. que 5. qui 6. où 7. que

11 1. saches 2. a 3. sortiez 4. soient 5. éteignez/éteindrez 6. gaspille

12 1. au tien 2. de la tienne 3. le leur 4. aux vôtres 5. du nôtre

13 1. à moins que 2. pour 3. avant que 4. à condition que 5. sans que 6. jusqu'à ce que

14 Answers will vary.

Unités préliminaire-7
Leçons PA–7B

EXAM I

1 1. C 2. D 3. A 4. B 5. D 6. A 7. C 8. D 9. B 10. A

2 1. connais/reconnais 2. ai connue 3. connais 4. reconnaîtrais 5. connais 6. sais

3 1. ai décidé 2. avait 3. faisait 4. nous sommes promenés 5. avons nagé 6. avaient/ont eu 7. ont préparé 8. s'est bien amusé

4 1. veulent; ne peuvent pas 2. dois; ne veux pas 3. pouvais; voulais 4. devait; n'a pas voulu

5 1. Les lycéens sont moins intellectuels que les étudiants. 2. Les étudiants sont plus responsables que les lycéens. 3. Les étudiants mangent aussi bien que les lycéens. 4. Les étudiants sont de meilleurs élèves que les lycéens. 5. Les lycéens étudient plus que les étudiants. 6. Les lycéens sont aussi intéressants que les étudiants.

6 1. le leur ai envoyé 2. les lui ai posées 3. la lui ai achetée 4. vous l'ai préparé 5. te l'achète 6. les leur ai montrées.

7 1. la bouche 2. les orteils/les doigts de pied 3. le cou 4. le genou 5. l'œil/les yeux 6. la joue 7. la peau

8 1. Oui, il en a commandé. 2. Oui, j'y réfléchis souvent. 3. Oui, elle me les a montrées. 4. Oui, elle en a beaucoup. 5. Oui, elle la lui a donnée. 6. Oui, elle y est allée.

9 1. se sont réveillés 2. s'est mise en colère 3. s'est rendu compte 4. s'est aperçu 5. t'es trompée 6. se sont regardés 7. se sont dit

10 1. vois 2. as reçu 3. offrirons 4. ouvrez 5. pouvez 6. croit

11 1. gagne 2. vendrait 3. étaient 4. pourrons 5. achèteras 6. nettoierais

12 1. ne prévienne pas 2. recyclent 3. améliorions 4. réfléchisses 5. fasse 6. diminue

13 1. les siens 2. la leur 3. la mienne 4. des leurs 5. le nôtre 6. les tiens

14 Answers will vary.

EXAM II

1 1. A 2. B 3. C 4. C 5. D 6. B 7. A 8. B 9. D 10. C

2 1. sais 2. connais 3. connais 4. sais 5. ai connu 6. sait

3 1. avait 2. avons invité 3. sont arrivés 4. pleuvait 5. avaient 6. sont venus 7. se sont bien amusés 8. a dansé

4 1. veux/voudrais; dois/devrais 2. a dû 3. ont pu 4. deviez 5. pouvions; voulions 6. puisse

5 1. Les étudiants sont plus âgés que les lycéens. 2. Les étudiants sont moins naïfs que les lycéens. 3. Les étudiants sont aussi sains que les lycéens. 4. Les étudiants sont mieux payés que les lycéens. 5. Les lycéens font moins la lessive que les étudiants. 6. Les lycéens sont aussi optimistes que les étudiants.

6 1. te l'ai apportée 2. vous l'ai préparé 3. le lui ai acheté 4. les leur envoie 5. te la prête 6. le lui ai rendu

7 1. les jambes/les pieds 2. la tête 3. les oreilles 4. le nez 5. cou 6. un doigt/les doigts 7. le visage

8 1. Oui, elle en a acheté. 2. Oui, j'y suis allé. 3. Oui, il m'en a envoyé. 4. Oui, nous lui en avons parlé. / Oui, je lui en ai parlé. 5. Oui, il/elle les leur a données.

9 1. s'est levée 2. s'est maquillée 3. s'est rasé 4. s'est lavé 5. se sont regardées 6. se sont assis 7. s'est dit

10 1. voyons 2. a offert 3. croyais 4. reçoivent 5. ouvrira 6. veux

11 1. vendons 2. partirait 3. étiez 4. pourras 5. achèterais 6. trouvent

12 1. puisse 2. protège 3. prévienne 4. gaspilles 5. interdisiez 6. jettent

13 1. le tien 2. la vôtre 3. les siennes 4. le leur 5. les vôtres 6. les miens

14 Answers will vary.

Unité préliminaire

Leçon PA

ROMAN-PHOTO

1 1. d 2. b 3. a 4. e 5. c

CULTURE

1 1. a 2. c 3. a 4. b 5. a 6. c

LECTURE SUPPLÉMENTAIRE

1 Answers may vary slightly. 1. Il y a deux appartements à louer. 2. Il est dans une résidence de charme, dans le quartier des hôpitaux et des facultés. 3. Il a deux balcons, une cave et l'immeuble a un ascenseur. 4. La maison en banlieue n'est pas dans un immeuble. Elle a un jardin et une piscine. 5. Il est jeune et agréable. Il y a un cinéma et un musée. 6. Les trois appartements n'ont pas de baignoire. Ils ont une douche. 7. Il y a un canapé, une armoire, une table, des chaises et des étagères. 8. Le logement idéal pour un jeune étudiant est le studio meublé. Il est au centre-ville, près d'un arrêt d'autobus pour les universités. Il est meublé et le loyer n'est pas très cher.

Leçon PB

ROMAN-PHOTO

1 1. a 2. c 3. b 4. a 5. c

CULTURE

1 1. Faux. Les logements français sont plus petits. 2. Vrai. 3. Faux. Les appartements ont rarement un lave-vaisselle. 4. Faux. Les kasbah sont des bâtisses de terre qu'on trouve dans le Sud marocain. 5. Vrai.

LECTURE SUPPLÉMENTAIRE

1 Answers may vary slightly. 1. Ils mettent leur chocolat chaud dans le four à micro-ondes et leurs toasts dans le grille-pain. 2. Non, Madame Arceneaux prépare le café. Je le sais, parce que le café est souvent tout chaud dans la cafetière quand Nadine arrive dans la cuisine. 3. Les enfants font la vaisselle, Nadine range un peu la cuisine et ensuite, ils font les lits. 4. Monsieur Arceneaux fait la cuisine parce que Madame Arceneaux déteste la faire. 5. On fait la vaisselle dans l'évier. Il n'y a pas de lave-vaisselle parce que la cuisine est trop petite. 6. Elle fait la lessive. Non, elle ne quitte pas l'appartement, parce qu'il y a un lave-linge et un sèche-linge dans l'appartement. 7. Les enfants rangent leur chambre, Madame Arceneaux passe l'aspirateur et Nadine enlève la poussière. 8. Oui, elle est contente d'habiter chez les Arceneaux parce que la famille est super, les enfants sont gentils, ils aident pas mal à la maison et Nadine n'a pas beaucoup de travail.

FLASH CULTURE

1 1. quartier 2. appartements 3. résidences 4. maisons 5. balcons

PANORAMA

1 1. c 2. a 3. b 4. a 5. a 6. c 7. c 8. b

Unité 1

Leçon 1A

ROMAN-PHOTO

1 1. b 2. c 3. b 4. a 5. b

CULTURE

1 1. des étoiles 2. du patrimoine mondial de l'humanité 3. de brebis 4. fromage 5. Le gumbo 6. 500

LECTURE SUPPLÉMENTAIRE

1 Answers may vary slightly. 1. C'est un menu pour le déjeuner. 2. On choisit le pâté de campagne/ la quiche au jambon. 3. Oui. Les entrées chaudes sont la douzaine d'escargots, la soupe à l'oignon et la quiche au jambon. 4. Avec le bœuf, ce restaurant sert des carottes, des champignons et des pommes de terre. 5. On peut prendre le thon grillé accompagné de riz ou la sélection de fruits de mer du jour. 6. On propose une tarte aux pommes, un éclair au chocolat et un gâteau aux fraises. 7. Il y a des pêches, des bananes, des poires et des pommes. 8. Answers will vary.

Leçon 1B

ROMAN-PHOTO

1 1. Faux. Valérie aide Sandrine dans la cuisine. 2. Faux. Rachid donne des chocolats à Sandrine. 3. Vrai. 4. Vrai. 5. Faux. Amina est au régime.

CULTURE

1 1. c 2. a 3. b 4. a 5. b 6. b

LECTURE SUPPLÉMENTAIRE

1 Answers may vary slightly. 1. On met des pommes de terre, des tomates, des carottes, un oignon, de l'ail, des haricots verts et des olives vertes. 2. On peut utiliser du poulet ou du bœuf. 3. Non, on a besoin de plus de carottes que de tomates (de moins de tomates que de carottes). 4. On met un demi-kilo de haricots verts. 5. On a besoin de deux cuillères à soupe d'huile. Non, on n'a pas besoin de plus d'eau que d'huile. 6. Non, on sert le tajine dans de grands bols. 7. On sert le tajine avec des tranches de pain et du thé très chaud. 8. Answers will vary.

FLASH CULTURE

1 Answers will vary. Sample answer: Au marché de la Place Richelme, il y a des carottes, des pommes de terre, des tomates, des pêches, des fleurs et des fruits de mer.

PANORAMA

1 1. c 2. b 3. b 4. a 5. c 6. b 7. a

Unité 2

Leçon 2A

ROMAN-PHOTO

1 1. b 2. c 3. b 4. c 5. c 6. b

CULTURE

1 1. b 2. b 3. c 4. a 5. a 6. a

LECTURE SUPPLÉMENTAIRE

1 Answers may vary slightly. 1. On leur recommande de bien se démaquiller le visage. 2. On recommande un savon et un shampooing doux pour la douche et une bonne crème à raser pour les hommes. 3. L'article recommande les massages parce qu'ils permettent aux muscles de se détendre. 4. On peut prendre une douche ou un bain chaud. 5. On doit faire du sport pour rester en forme parce que c'est bon pour le cœur. 6. On ne doit pas se dépêcher. On ne doit pas oublier de prendre son petit-déjeuner. 7. On doit essayer de passer de bons moments avec les gens avec qui on s'entend bien. On doit s'amuser et on doit rire. 8. On ne doit pas toujours s'énerver sans raison et on doit essayer de ne pas se mettre en colère.

Leçon 2B

ROMAN-PHOTO

1 1. b 2. a 3. e 4. f 5. d 6. c

CULTURE

1 1. c 2. a 3. c 4. a 5. a 6. a

LECTURE SUPPLÉMENTAIRE

1 Answers may vary slightly. 1. Elle ne se sent pas bien. Elle est fatiguée et elle se sent très faible. 2. Elle a mal au ventre, elle a mal au cœur le matin et elle a des vertiges. 3. Elle n'a pas de fièvre et elle ne tousse pas. 4. Non, elle n'a pas la grippe et elle n'est pas malade. Le docteur pense qu'elle est enceinte. 5. Elle va devoir en parler au docteur. 6. Elle doit manger sainement et continuer à faire un peu d'exercice. Elle doit aussi se reposer.

FLASH CULTURE

1 Answers will vary.

PANORAMA

1 1. a 2. c 3. b 4. b 5. b 6. a 7. a

Unité 3

Leçon 3A

ROMAN-PHOTO

1 1. Faux. Rachid ne peut pas se concentrer à cause de la musique. 2. Vrai. 3. Faux. Amina n'a pas l'intention de rencontrer Cyberhomme. 4. Faux. Amina retrouve la dissertation de David. 5. Faux. Cyberhomme, c'est Rachid.

CULTURE

1 1. b 2. c 3. b 4. b 5. a 6. b

LECTURE SUPPLÉMENTAIRE

1 Answers will vary. Sample answers: 1. On peut faire des recherches, télécharger des images et de la musique et créer des sites web. 2. Answers will vary. Any three of the following: On peut écrire et sauvegarder des fichiers, créer des programmes

Answers

d'application, écouter des CD, regarder des DVD, utiliser des CD, graver des CD, enregistrer des fichiers numériques. On peut aussi modifier et imprimer des photos numériques. 3. On doit l'éteindre. 4. On peut écouter des CD, regarder des DVD et utiliser des CD. 5. On peut graver des CD. 6. On choisit les fichiers, les applications et les logiciels qu'on veut utiliser.

Leçon 3B

ROMAN-PHOTO

1 1. e 2. b 3. d 4. a 5. c

CULTURE

1 1. Vrai. 2. Faux. Pour les longs voyages, les Français préfèrent prendre le train. 3. Faux. La Smart est une voiture. 4. Vrai. 5. Vrai. 6. Vrai. 7. Vrai.

LECTURE SUPPLÉMENTAIRE

1 Answers will vary. Sample answers: 1. Il doit toujours attacher sa ceinture de sécurité et il doit bien regarder dans le rétroviseur. 2. Il ne faut pas rouler trop vite parce que la vitesse augmente le temps nécessaire pour freiner. 3. Il ne reste pas à gauche et il évite de changer constamment de voie. 4. Answers will vary. Any three of the following: Il faut vérifier les freins, l'huile, les pneus et le moteur. Il faut nettoyer le pare-brise, les phares et les rétroviseurs. Il faut changer les essuie-glaces quand ils sont vieux. 5. Il doit s'arrêter dans une station-service pour faire vérifier sa voiture. 6. Il doit s'arrêter pour aider ou pour proposer d'appeler un mécanicien. Il doit appeler la police s'il y a un accident. 7. Il ne faut jamais conduire si on est très fatigué ou si on a bu de l'alcool. 8. Answers will vary. Any three of the following: Il doit bien respecter le code de la route et il doit être poli. Il ne doit pas dépasser quand ce n'est pas permis. Il doit toujours garer sa voiture dans un parking ou à un endroit où c'est permis.

FLASH CULTURE

1 1. a 2. c 3. b 4. b

PANORAMA

1 1. a 2. b 3. b 4. b 5. a 6. b 7. c 8. b

Unité 4

Leçon 4A

ROMAN-PHOTO

1 1. Faux. La charcuterie n'accepte pas les cartes de crédit. 2. Faux. Rachid emprunte de l'argent à Amina. 3. Faux. La banque est fermée parce que c'est samedi. 4. Vrai. 5. Vrai. 6. David et Sandrine vont aller dans une brasserie.

CULTURE

1 1. c 2. a 3. a 4. b 5. b 6. c

LECTURE SUPPLÉMENTAIRE

1 Answers may vary slightly. 1. Elle doit faire des courses. 2. Il lui demande d'aller chercher leur nouvelle carte de crédit. Elle va aller à la banque et elle va aussi y retirer de l'argent. 3. Elle va apporter un colis pour son mari et elle va acheter des timbres pour l'Amérique. 4. Elle va aller au salon de beauté pour se faire coiffer. 5. Elle va acheter un cadeau d'anniversaire pour son amie Nathalie. 6. Il lui propose de manger ensemble en ville. 7. Ils vont se retrouver à midi et demi, dans une nouvelle brasserie, en ville. 8. Elle va aussi aller à la pharmacie pour acheter de l'aspirine et chez le marchand de journaux pour acheter le journal de son mari.

Leçon 4B

ROMAN-PHOTO

1 1. f 2. a 3. b 4. d 5. c 6. e

CULTURE

1 1. b 2. a 3. c 4. a

LECTURE SUPPLÉMENTAIRE

1 Answers may vary slightly. 1. On traverse le pont et on descend par l'escalier qui est près des bancs. Ensuite, on va tout au bout du quai. 2. Le bateau tournera après l'île Saint-Louis et il partira dans l'autre direction. 3. Non, il est tout près. Il est en face de Notre-Dame, à droite. 4. Le musée du Louvre se trouve à côté de la Conciergerie. 5. Il y a un grand carrefour

et un obélisque. 6. Le Grand Palais est sur l'avenue Eisenhower, pas très loin de la place de la Concorde. 7. Le musée d'Orsay se trouve en face du musée du Louvre. 8. Elle se trouve en face (près) du Trocadéro. 9. La croisière commence à quatre heures de l'après-midi (seize heures) et elle finit vers cinq heures de l'après-midi (dix-sept heures).

FLASH CULTURE

1 1. c 2. b 3. a 4. b 5. c 6. c

PANORAMA

1 1. b 2. c 3. c 4. c 5. c 6. c 7. b 8. b

Unité 5

Leçon 5A

ROMAN-PHOTO

1 1. Faux. Astrid va étudier la médecine. 2. Faux. Stéphane va étudier l'architecture. 3. Vrai. 4. Vrai. 5. Faux. Stéphane va aller à l'Université de Marseille. 6. Faux. Astrid va aller à l'Université de Bordeaux. 7. Vrai.

CULTURE

1 Answers may vary. 1. Il y en a plus de 73 millions. 2. On doit avoir un compte bancaire en France. 3. C'est un langage phonétique qui joue avec le son des lettres et des chiffres. 4. Ils utilisent les SMS parce que c'est moins cher que les appels. 5. Je réponds: rien de spécial. 6. Joueur de football professionnel est un métier bien payé au Sénégal. 7. Les artisans apprennent leurs métiers par un système d'apprentissage. 8. Un bijoutier, un boucher, un plombier et un fleuriste sont des artisans.

LECTURE SUPPLÉMENTAIRE

1 Answers may vary. 1. Les trois grandes sections du CV sont: Études; Expériences professionnelles; Autres renseignements. 2. Le CV ne doit pas dépasser une page. Il doit être tapé à l'ordinateur. 3. On doit indiquer le type de travail qu'on recherche. 4. On les décrit des plus récentes aux plus anciennes. 5. On doit indiquer le domaine d'activité, le poste occupé, la période d'activité, le nom de l'entreprise et la ville où elle se trouve. On doit aussi décrire ses responsabilités. 6. On les mentionne dans la troisième section (Autres renseignements). 7. On décrit ses activités culturelles ou associatives et ses loisirs. 8. On les indique dans la troisième section (Autres renseignements).

Leçon 5B

ROMAN-PHOTO

1 Answers will vary.

CULTURE

1 1. c 2. a 3. c 4. a 5. b 6. b 7. b

LECTURE SUPPLÉMENTAIRE

1 Answers may vary. 1. C'est un métier exigeant mais bien payé. Le candidat motivé réussira et aura des augmentations de salaire. 2. On demande un bon niveau en langue étrangère pour le métier de gérant(e) et pour le métier de conseiller logiciel. 3. Il y a des augmentations de salaire et des promotions fréquentes. 4. Les métiers de plombier, d'électricien et de conseiller logiciel. 5. Pour l'emploi de comptable, on demande un DUT ou un BTS comptable. Pour l'emploi d'électricien, on demande un Bac Pro Électricité. 6. Il dirigera une équipe de 4/5 personnes et il aura la charge de la cuisine de la maison de retraite. 7. Elle pourra prendre ses congés au mois d'août. 8. Il assurera le service clients et il donnera des conseils pour l'utilisation de leur logiciel de comptabilité.

FLASH CULTURE

1 1. d 2. a 3. b 4. c

PANORAMA

1 1. a 2. b 3. a 4. b 5. c 6. a 7. b 8. c

Unité 6

Leçon 6A

ROMAN-PHOTO

1 1. c 2. a 3. c 4. b 5. a

CULTURE

1 1. b 2. b 3. b 4. a 5. a 6. c

LECTURE SUPPLÉMENTAIRE

1 Answers will vary. Sample answers: 1. Les

Answers

Answers

deux ressources principales qu'il ne faut pas gaspiller sont l'énergie et l'eau. 2. On ne doit pas laisser les lampes ou la télé allumées quand on quitte une pièce. On doit remplacer les vieux appareils ménagers par de nouveaux modèles qui gaspillent moins d'énergie. 3. On recommande l'énergie solaire. 4. Il vaut mieux la laver dans le lave-vaisselle parce qu'il gaspille moins d'eau. 5. On peut prendre des douches courtes et utiliser de l'eau de pluie dans son jardin. 6. Il faut choisir de préférence des produits dans des éco-emballages. 7. On peut recycler le plastique, le verre, le papier et les boîtes et emballages en aluminium. On peut créer un compost dans son jardin pour les déchets ménagers. 8. Il ne faut pas les mettre à la poubelle parce ce que c'est dangereux pour l'environnement et pour les personnes qui s'occupent du ramassage des ordures.

Leçon 6B

ROMAN-PHOTO

1 1. V 2. D 3. A 4. S 5. St 6. A; R

CULTURE

1 1. a 2. b 3. b 4. c 5. b 6. a 7. b 8. c

LECTURE SUPPLÉMENTAIRE

1 Answers may vary. 1. Ils font leur circuit dans des parcs du Québec. 2. Ils parlent de l'environnement, des différentes espèces d'animaux et de leurs habitats, et de la préservation en général. 3. Il pense que la nature est magnifique et il trouve qu'il y a beaucoup de plantes et de fleurs intéressantes en cette saison. 4. C'était le déboisement. 5. Aujourd'hui, les arbres ont été sauvés. 6. Elle est très importante pour une espèce particulière d'écureuils. 7. Il y a une fuite dans une usine de la région et le cours d'eau principal est pollué. 8. On recommande de ne plus pêcher dans la rivière et de ne plus nager dans le lac.

FLASH CULTURE

1 1. Notre-Dame de Paris 2. le château de Chenonceau 3. les Alpes 4. le Mont-Saint-Michel 5. la Côte d'Azur 6. l'Alsace

PANORAMA

1 1. b 2. c 3. a 4. a 5. b 6. a 7. c

Unité 7

Leçon 7A

ROMAN-PHOTO

1 Answers will vary.

CULTURE

1 1. b 2. a 3. c 4. c 5. b 6. c 7. c

LECTURE SUPPLÉMENTAIRE

1 Answers may vary. 1. On peut aller au concert, à la Maison des Arts *(Les 4 saisons de Vivaldi)*. 2. Il va y avoir de la danse dans *Vive l'amour!* et dans *La Légende du bateau bleu*. 3. C'est une pièce de théâtre (une tragédie). 4. La célèbre chanteuse va chanter plus de vingt nouvelles chansons. C'est un spectacle qui sera couvert d'applaudissements. 5. Il cherche un bateau bleu qui a disparu il y a cent ans, en Afrique. 6. Il y a le plus d'artistes dans le spectacle *Vive l'amour!* 7. On va pouvoir écouter de la musique dans *Vive l'amour!*, *La Légende du bateau bleu*, Mylène Farmer au Palais Omnisports de Paris Bercy et *Les 4 saisons* de Vivaldi. 8. Answers will vary.

Leçon 7B

ROMAN-PHOTO

1 1. D 2. St 3. S 4. A 5. R

CULTURE

1 1. b 2. c 3. c 4. a 5. a 6. b 7. b

LECTURE SUPPLÉMENTAIRE

1 Answers may vary. 1. C'est un écrivain (un auteur). Il écrit des contes africains. 2. On pourrait voir de beaux tableaux dans le documentaire *Vive Monet!* On pourrait visiter le musée d'Orsay. 3. On devrait regarder la météo de Mohammed Mezza, à treize heures trente. 4. On devrait regarder le journal télévisé, à treize heures et/ou à vingt heures trente. 5. C'est l'histoire de Christine, une étudiante qui abandonne ses études. Elle veut écrire des poèmes. 6. Il y a deux films. Le premier est un film policier et le deuxième est un film de science-fiction. 7. Oui, le dessin animé *Gros chiens-chiens* est un programme pour les enfants. 8. Des artistes participent à cette émission, par exemple des chanteurs, des danseurs et des acteurs.